Idee per imparare

per una **didattica inclusiva**

UNA SCUOLA PER TUTTI

Paride Marseglia
Romina Monaldi

Il potere delle storie 3

ZANICHELLI

File per sintesi vocale
L'editore mette a disposizione degli studenti non vedenti, ipovedenti, disabili motori o con disturbi specifici di apprendimento i file pdf in cui sono memorizzate le pagine di questo libro. Il formato del file permette l'ingrandimento dei caratteri del testo e la lettura mediante software screen reader. Le informazioni su come ottenere i file sono su **www.zanichelli.it/scuola/bisogni-educativi-speciali**

Grazie a chi ci segnala gli errori
Segnalate gli errori e le proposte di correzione su **www.zanichelli.it/correzioni**.
Controlleremo e inseriremo le eventuali correzioni nelle ristampe del libro.
Nello stesso sito troverete anche l'errata corrige, con l'elenco degli errori e delle correzioni.

OBIETTIVI PER LO SVILUPPO SOSTENIBILE
Il contenuto di questo libro non è stato approvato dalle Nazioni Unite e quindi potrebbe non riflettere la posizione ufficiale di questa organizzazione, **www.un.org/sustainabledevelopment**

Zanichelli editore S.p.A. opera con sistema qualità certificato CertiCarGraf n. 477 secondo la norma UNI EN ISO 9001:2015

Realizzazione editoriale:
– Coordinamento editoriale: Lorenzo Rossi
– Coordinamento redazionale: Monica Garbarini
– Redazione: Monica Garbarini, Chiara Miotti (MOG studio editoriale, Milano)
– Segreteria di redazione: Fabiola Astore
– Progetto grafico e impaginazione: Dario Zannier (Studio Indaco, Milano)
– Ricerca iconografica: Francesca Del Puglia
– Disegni: Francesca Capellini (illustrazioni dei brani Unità 1-6, della rubrica *Imparo a pensare* pp. 13, 29, 86 e delle *Mappe dei fondamentali*); Michele Lepera (illustrazioni degli apparati didattici, della rubrica *Imparo a pensare* pp. 43, 57, 71, 99 e dei ritratti di pp. 82-83), Ignazio Fulghesu (illustrazioni de *Il tuo cassetto degli attrezzi* pp. 2, 3, 7, 8, e delle pp. 17, 97, 109, 110, 111, 112, 113, 115, 123, 124)

Realizzazione delle risorse digitali:
– Coordinamento redazionale: Monica Garbarini
– Redazione: Monica Garbarini
– Audio dei brani: Frigo Studio, Milano
– Audiosintesi in 7 lingue: Eicon srl, Torino
– Videolezioni e PowerPoint: Imagina srl, Bologna

Guarda!:
– Coordinamento redazionale: Andrea Milani, Monica Garbarini
– Progettazione esecutiva e sviluppo software: Yoomee srl, Bologna

Copertina:
– Progetto grafico: Studio 8vo, Bologna
– Realizzazione: Francesca Ponti
– Illustrazione di copertina: Francesca Capellini

Prima edizione: ottobre 2022

Ristampa:
5 4 3 2 1 2022 2023 2024 2025 2026

Referenze iconografiche
84a Foto Scala, Firenze
84b Granger Historical Picture Archive/Alamy Stock Photo
84c Sovfoto/UIG/Bridgeman Images
84d Peter Newark Military Pictures/Bridgeman Images
85ab Wikipedia
85c Klubovy/iStock
98a Lorado/iStock
98b Bannafarsai_Stock/shutterstock
98c Caio Pederneiras /shutterstock
101 May_Chanikran/shutterstock
107 Courtesy Lidl
118 Foto promozionale dal film *Les Misérables* (2019), regia di Ladj Ly da IMDB/ https://www.imdb.com/

L'editore ha cercato di reperire tutte le fonti, ma alcune restano sconosciute. L'editore porrà rimedio, in caso di segnalazione, alle involontarie omissioni o errori nei riferimenti.

Questo libro è stampato su carta che rispetta le foreste.
www.zanichelli.it/chi-siamo/sostenibilita

Fotocomposizione: Liana Sala, Monica Basilico (Controlx, Muggiò)

Stampa: Grafica Ragno
Via Lombardia 25, 40064 Tolara di Sotto, Ozzano Emilia (Bologna)
per conto di Zanichelli editore S.p.A.
Via Irnerio 34, 40126 Bologna

Indice

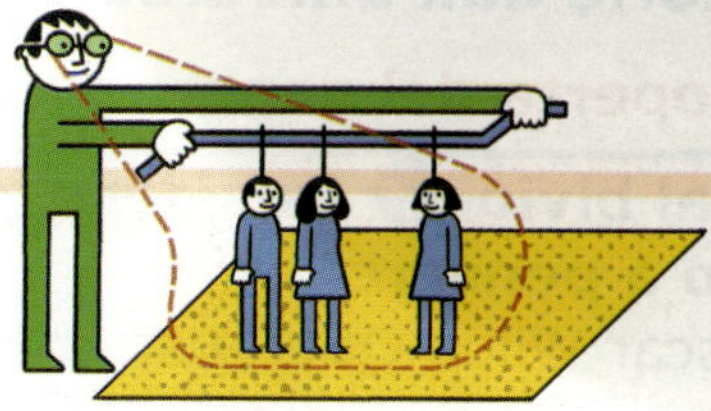

RI SPET TO
DIRITTI
TOL LERAN ZA
ACCO GLIEN ZA
PROTE ZIONE

Il tuo cassetto degli attrezzi

Scarica **GUARDA!** e inquadrami per guardare i video e ascoltare gli audio

1 Il punto di vista narrativo, o focalizzazione

Il **punto di vista narrativo** è la **posizione** da cui il **Narratore osserva i personaggi e gli eventi della storia**. Si chiama anche **focalizzazione** perché è la **prospettiva da cui il Narratore mette a fuoco gli eventi**.

1

2

Nella vignetta 1 il punto di vista è quello delle formiche: è, quindi, un **punto di vista interno** ai personaggi. Il lettore osserva insieme a loro il sole che sorge.

Nella vignetta 2 il punto di vista cambia: i personaggi vedono il sole, ma il lettore è collocato in un **punto di vista esterno** e, quindi, si accorge che è una palla da tennis.

La focalizzazione può essere **zero**, **interna** o **esterna**.

- **Focalizzazione zero** ▶ Il Narratore è **onnisciente**, cioè **conosce la storia dall'inizio alla fine**, **sa tutto dei personaggi** e racconta in **terza persona**.
- **Focalizzazione interna** ▶ Il Narratore **partecipa** alla vicenda, **conosce i fatti quanto il personaggio** in cui si è calato e parla in **prima persona**.
- **Focalizzazione esterna** ▶ Il Narratore **sa meno dei personaggi**, è un **testimone** degli eventi, **non partecipa** alla vicenda e parla in **terza persona**.

Focalizzazione zero, Narratore esterno e onnisciente

Lo chiamavano Scannacristiani e si poteva scommettere che quel soprannome non fosse proprio casuale: in seguito, quest'uomo [...] avrebbe riconosciuto di aver commesso un discreto numero di omicidi.
(adattato da: M. Mancassola, *Non saremo confusi per sempre*, La nave di Teseo, Milano 2018)

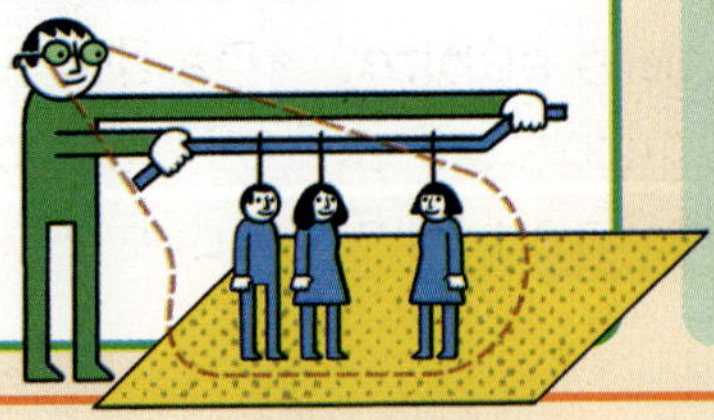

La **focalizzazione** è **zero** perché il **Narratore conosce il soprannome** del personaggio e sa ciò che gli capiterà in futuro.

Focalizzazione interna, Narratore interno

Stavo per superare Salvatore quando ho sentito mia sorella che urlava. Mi sono girata e l'ho vista sparire inghiottita dal grano che copriva la collina. Non dovevo portarmela dietro, mamma me l'avrebbe fatta pagare cara.
Mi sono fermato. Ero sudato. Ho preso fiato e l'ho chiamata.
«Maria? Maria?»
(tratto da: N. Ammanniti, *Io non ho paura*, Einaudi 2014)

La **focalizzazione** è **interna** perché il **Narratore si è calato negli occhi e nel corpo del giovane protagonista**.

Focalizzazione esterna, Narratore estraneo ai fatti

Il ragazzo uscito dal ritaglio di ombra sorrise scoprendo denti bianchi e grandi, con una loro sensuale stortezza.
«E tu sei...?»
«Che ti offro?» [...]
«Per me whisky, per la signorina quello che vuole» ordinò Giovanni.
(adattato da: N. Terranova, *Gli anni al contrario*, Einaudi, Torino 2015)

La **focalizzazione** è **esterna** perché il **Narratore non sa nulla dei personaggi e della vicenda** e riporta solo ciò che vede e ascolta.

Riconosci la focalizzazione

Indica se nei seguenti testi c'è una focalizzazione zero FZ**, interna** FI **o esterna** FE**.**

a. A mezzanotte la luce della finestra di mia moglie era spenta. Mi convinsi, allora, che i miei sospetti dovevano essere ingiustificati. All'improvviso, però, si accese la luce di una lampada e comparve la sagoma di mia moglie. Accanto c'era quella di un uomo. FZ FI FE

b. Maria sentiva un'agitazione nel cuore che non sapeva spiegarsi: anni dopo avrebbe capito che si trattava di quel dolore nascosto che prova chi sa che sta per perdere un figlio e non può fare nulla per impedirlo. FZ FI FE

c. I suoi colleghi gli chiesero subito: «Da dove sei uscito? Perché hai accettato di essere pagato così poco?» E siccome lui non rispondeva, uno di loro, un giovane con i baffi, trovò il modo di urtarlo e di farlo cadere lungo disteso. FZ FI FE

2 La descrizione statica e dinamica di un luogo

VIDEO
I concetti chiave

La **descrizione statica** di un luogo si ha quando il **punto di vista** di chi descrive è **fermo**. La **descrizione dinamica** si ha quando il **punto di vista** di chi descrive è **in movimento** e lo sguardo si muove **in direzioni diverse**.

Per realizzare una descrizione dinamica di solito si segue un preciso **percorso descrittivo**, secondo un **ordine** che può andare, ad esempio, da lontano a vicino, dal basso verso l'alto o dall'esterno all'interno.

Questo ordine è segnalato da precisi **indicatori spaziali** (*dietro*, *accanto*, *dentro*, *a destra*...).

Ecco, ad esempio, alcune descrizioni dinamiche di una casa di campagna.

Da lontano a vicino, o viceversa

All'estremità della strada, da lontano, si vedeva una casa di campagna marrone.

Procedendo in avanti, notai che era dotata di un giardino molto grande e di un lungo porticato.

Giunto davanti alla casa, vidi che le pareti erano in mattoncini.

- Da lontano
- Da vicino
- Davanti

Dal basso verso l'alto, o viceversa

La casa di campagna si innalzava su tre piani.
Il piano terra era circondato da un elegante porticato.
Sopra, il primo piano era circondato da un lungo balcone.
Più in alto c'era un piano mansardato.

- A terra
- Sopra
- In alto

Riconosci il percorso descrittivo

Nella seguente descrizione dinamica sono stati sottolineati gli indicatori spaziali: indica con una crocetta il tipo di percorso descrittivo usato.

Sotto un albero che sbucava da un muretto, trovò un posticino coperto d'erba. Davanti ai suoi piedi scorrevano le onde giallo-oro dell'Elba. Al di là del fiume si stendeva la bellissima città di Dresda che innalzava le torri luminose al cielo. In lontananza le montagne dalle cime appuntite annunciavano la Boemia.
(adattato da: E.T.A. Hoffmann, *Il Vaso d'oro e altri racconti*, Crescere Edizioni, Varese 2017)

a. ☐ Da vicino a lontano.
b. ☐ Dal basso verso l'alto.

3 Le parole e i pensieri dei personaggi: il discorso diretto e il discorso indiretto

VIDEO I concetti chiave

Il **discorso diretto** è la tecnica con cui il Narratore **cede la parola al personaggio** e **riporta esattamente** ciò che questo **dice** o **pensa**.

Il **discorso diretto**:
- è caratterizzato dai verbi **dichiarativi**, come *dire*, *affermare*, *pensare*;
- è segnalato dalle **virgolette** ("… "; «…») o dai **trattini** (-…-).

«Di chi sta parlando» domandò dall'alto a Šarikov, «se non sono indiscreto?»
«Del gatto sto parlando. Una tale canaglia» rispose Šarikov, facendo correre gli occhi.
(tratto da: M.A. Bulgakov, *Cuore di cane*, trad. di E. Guercetti, Garzanti, Milano 1990)

- Le **virgolette** segnalano la **presenza del discorso diretto**.
- I **verbi dichiarativi** seguono le parole dei personaggi.

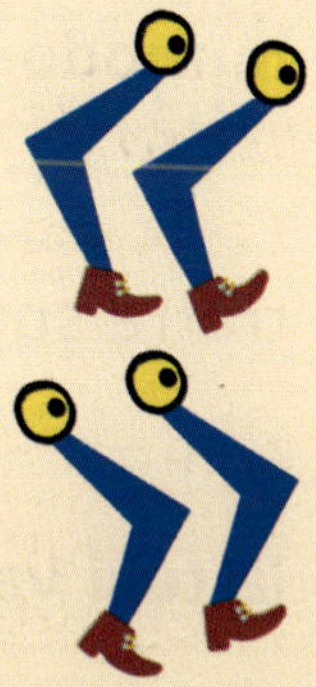

Nel **discorso indiretto**, le parole e i pensieri dei personaggi sono riportati dal **Narratore**, che utilizza la **terza persona**. Il discorso indiretto è segnalato dalla presenza dei **verbi dichiarativi**, senza le virgolette.

Alfonso disse **che aveva lavorato molto alla corrispondenza e che gli dispiaceva di perdere senza colpa il posto conquistato con tante fatiche.**
(adattato da: I. Svevo, *Una vita*, Newton Compton, Roma 1989)

- **Verbo dichiarativo.**
- **Discorso indiretto** introdotto dal **verbo dichiarativo** + *che*.

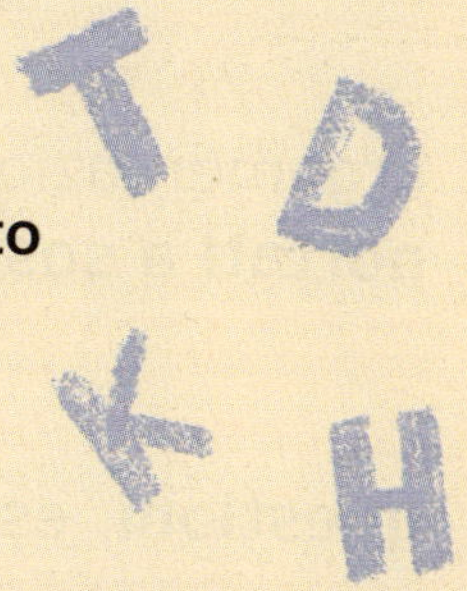

Riconosci il discorso diretto e indiretto

Sottolinea con colori diversi il discorso diretto e il discorso indiretto.

Quando Sara incontrò la sua amica Paola, esclamò: «Voglio sapere una volta per tutte che cosa ne pensi del mio fidanzato Giorgio!».
Paola rispose che Giorgio era il suo primo amore. Poi aggiunse che era pronta a qualunque cosa pur di stare con lui. Sara restò sbalordita davanti a tanto coraggio.

4 La struttura del testo argomentativo: l'antitesi

VIDEO
I concetti chiave

Argomentare significa **sostenere** un'opinione (**tesi**) attraverso solidi **argomenti** che diano prova della **validità** di ciò che si dice.

La **struttura del testo argomentativo** prevede alcune **parti** ben precise, anche se con un **ordine** che può **variare** da testo a testo. Vediamole.

L'esordio ▸ È la **parte iniziale** in cui chi scrive o parla **introduce in modo accurato il tema o il problema** affrontato nel testo.

La tesi ▸ Può essere un'**opinione del tutto personale** oppure può trarre spunto da **opinioni sostenute da altri**.

Gli argomenti a sostegno della tesi ▸ Sono le "**prove**" che rendono la **tesi valida e fondata**.

L'antitesi ▸ È l'**opinione contraria alla tesi**, che può essere riportata dall'autore del testo.

Gli argomenti dell'antitesi ▸ Sono i **ragionamenti** di cui si avvale **chi sostiene l'antitesi**.

La confutazione dell'antitesi ▸ È la parte in cui, attraverso una contro-argomentazione, chi scrive o parla **invalida l'antitesi e gli argomenti portati a sostegno dall'interlocutore**.

La conclusione ▸ È la **parte in cui si possono sollevare nuove questioni**, esprimere proposte o semplicemente ribadire la tesi.

Come abbiamo visto, per **sostenere** un'opinione (**tesi**), spesso è necessario confutare l'**antitesi**, cioè dimostrare che l'opinione contraria è **debole** o **falsa**.

Trova l'antitesi

Indica con una crocetta la frase più adatta a introdurre l'antitesi.

a. ☐ Le conseguenze sono evidenti: ...
b. ☐ Qualcuno potrebbe obiettare che...
c. ☐ È bene ricordarlo sempre!

La "forza" degli argomenti

Gli **argomenti** impiegati a sostegno di una tesi sono di **vario tipo** e possono essere **più o meno validi**. Le diverse tipologie sono:

- **Argomenti di autorità** ▶ Leggi e i pareri di specialisti e studiosi;
- **Argomenti solidi** ▶ Dati statistici, studi riconosciuti e accreditati;
- **Buoni argomenti** ▶ Regole e princìpi largamente condivisi;
- **Argomenti non validi per tutti** ▶ esempi concreti, esperienze personali.

Ecco, ad esempio, due argomenti – che presentano un grado diverso di validità – a sostegno di una tesi.

Tesi ▶ Non è pericoloso muoversi in città in bicicletta.

Mi muovo da anni in città in bici e non ho mai visto nessuno cadere.

Argomento debole basato sull'esperienza personale.

Secondo i dati ISTAT sugli incidenti stradali in Italia, nel 2019 gli automobilisti rimasti vittima di incidenti sono stati 1411, mentre i ciclisti "solo" 253. Ciò dimostra che si tratta di un pericolo percepito più che reale.

Argomento solido basato su dati statistici.

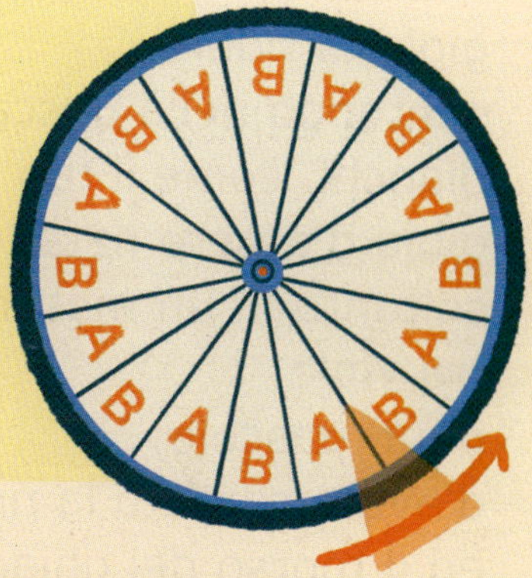

Riconosci gli argomenti

Specifica il tipo di argomento su cui poggia ciascuna affermazione scegliendoli dall'elenco. Segui l'esempio.

legge, documento giuridico • esperienza personale e dati statistici • esempio tratto dalla storia • idea largamente condivisa, basata sull'evidenza

a. La guerra non significa altro che l'uccisione di civili, morte, distruzione.
▶ Esperienza personale e dati statistici .

b. C'è un legame indissolubile tra diritti umani e pace.
▶ ....

c. La guerra è inevitabile.
▶ ....

d. Il fatto che la guerra abbia segnato il nostro passato non significa che debba essere parte anche del nostro futuro.
▶ ....

VIDEO
I concetti chiave

5 Il commento di una poesia: la valutazione personale

Il **commento** di una poesia è un testo che ha lo scopo di cogliere il **significato complessivo** della poesia per esprimere una **valutazione**.

La **valutazione** è la parte più libera del commento perché consiste nella formulazione di un **giudizio personale** sul testo.

Il giudizio personale non deve mai essere generico, ma deve fare sempre riferimento al testo. **Leggi**, ad esempio, il giudizio personale espresso da un tuo coetaneo sulla poesia *Acqua alpina* di Antonia Pozzi. Soffermati anche sulle **domande-guida** che lo hanno aiutato a formularlo.

Acqua alpina

Gioia di cantare come te, torrente;
gioia di ridere
sentendo nella bocca i denti
bianchi, come il tuo greto[1];
gioia d'essere nata
soltanto in un mattino di sole
tra viole
di un pascolo;
d'aver scordato la notte
ed il morso dei ghiacci[2].

(A. Pozzi, in *Parole. Tutte le poesie*, Ancora, Milano 2015)

1. **come il tuo greto:** come i tuoi ciottoli.
2. **ed il morso dei ghiacci**: e la stretta del freddo.

Domande-guida
1. Quali sentimenti e stati d'animo ha suscitato in te la poesia?
2. Quali versi ti hanno colpito di più?
3. Hanno un legame con la tua esperienza?
4. La poesia ti è piaciuta? Perché?

Giudizio personale

La poetessa nel primo verso si rivolge a un torrente di montagna che, scorrendo, "canta" ed emette un rumore gioioso: questo verso suscita in me un senso di freschezza e di allegria che provo spesso durante alcune passeggiate estive in montagna. La poesia mi è piaciuta molto, perché mi fa pensare che la natura incontaminata possa farci rinascere e trasmetterci una grande gioia, proprio come è accaduto alla poetessa.

Riconosci le caratteristiche della valutazione

Indica con una crocetta se le seguenti affermazioni sono vere V **o false** F.

a. La valutazione è la parte più libera del commento di una poesia. V F
b. La valutazione di una poesia si basa sul giudizio personale. V F
c. Il giudizio personale può essere generico. V F
d. Il giudizio personale non deve fare riferimento al testo. V F
e. Nel giudizio personale si può fare riferimento alla propria esperienza. V F

6 Il quotidiano e i suoi articoli

Il quotidiano è un **giornale distribuito tutti i giorni** nelle edicole, che consente al lettore di essere costantemente informato sui fatti accaduti il giorno prima o in quelli immediatamente precedenti.

VIDEO I concetti chiave

Ecco come si presenta la **prima pagina** di un quotidiano.

Testata
Riporta il **nome** del quotidiano.

Articolo di apertura
Tratta l'**avvenimento del giorno**, quello considerato più rilevante.

Articolo di fondo
È l'articolo in cui chi dirige il giornale o un giornalista di spicco esprime la propria **opinione** su un argomento considerato importante.

MERCOLEDÌ 10 NOVEMBRE 2021 www.corriere.it EURO 1,50 ANNO 146 - N. 267

CORRIERE DELLA SERA

FONDATO NEL 1876

L'alluvione del 1951 — Quella notte che la piena del Po cambiò per sempre il Polesine — di Gian Antonio Stella

Il vertice Cop26 — Sono le donne le più colpite dal climate change — di Sara Gandolfi

Noi, gli Usa e la Cina — IL MONDO NUOVO (E DIVISO) — di Danilo Taino

GIANNELLI

Mattarella e i no pass: violenze inaccettabili — La mappa delle aree vietate ai manifestanti

Se la ripresa sarà diseguale — di Melinda French Gates

di Rinaldo Frignani e Adriana Logroscino

New York riapre e si scopre più stanca e meno sicura — di Federico Rampini

Le misure Il sussidio di cittadinanza calerà al primo rifiuto di un lavoro, sarà bloccato al secondo

Manovra, un freno ai partiti

Draghi: nessuna correzione. I giudici sulle concessioni balneari: non oltre il 2023

Caso Eitan: mandato d'arresto per il nonno — di Giuseppe Guastella

L'emergenza Inviati dai bielorussi per premere sulla Polonia

«Sul Reddito abbiamo fatto una rivoluzione» — di Federico Fubini

Tra i disperati al confine «Utilizzati come armi» — di Andrea Nicastro

Dazn chiude la doppia utenza — di Monica Colombo

IL CAFFÈ di Massimo Gramellini — Il metodo Singapore

Articolo di spalla
Presenta una notizia tra le più importanti della giornata.

Vignetta

Fotografia

Civetta
Titolo di un articolo che si trova all'interno del giornale.

I testi che compongono i giornali sono chiamati **articoli**. Una particolare tipologia è l'**articolo di cronaca**.

L'articolo di cronaca

L'**articolo di cronaca** è il **resoconto fedele** di un **fatto** realmente accaduto.

Gli articoli di cronaca sono contraddistinti da alcuni elementi ben visibili: l'**occhiello**, il **titolo**, il **sommario** e il **corpo dell'articolo**. Vediamoli.

Occhiello
Posto sopra il titolo, è costituito da una **frase che contestualizza la notizia**.

Sommario
È un **breve testo** che **riassume** il contenuto dell'articolo.

L'ACCOGLIENZA DEI MIGRANTI DIVIDE IL VECCHIO CONTINENTE: I PAESI A EST CHIUDONO LE FRONTIERE. IN ITALIA TREMILA ARRIVI. SALVINI: TROPPI

Ultimatum taleban, sette giorni per la fuga

Migliaia all'aeroporto, il 31 gli ultimi decolli. L'Europa chiede un rinvio ma Biden: "Rispetteremo la data". Oggi riunione dei 7 Grandi

Titolo
È composto da caratteri più grandi per **dare rilievo alla notizia**. Le dimensioni del titolo sono diverse a seconda dell'importanza della notizia.

Lo scopo di un articolo di cronaca è quello di ricostruire gli eventi; per fare ciò chi scrive deve fornire al lettore la risposta a **cinque domande fondamentali**: le "**5 W**".

1. **Chi?** (WHO?)
2. **Che cosa?** (WHAT?)
3. **Dove?** (WHERE?)
4. **Quando?** (WHEN?)
5. **Perché?** (WHY?)

Il titolo dell'articolo

Il **titolo di un articolo condensa in una frase**, spesso senza verbi, il **contenuto dell'articolo**, spingendo chi legge alla lettura.

Un articolo può avere lo scopo di **informare** o solo di **incuriosire**: a seconda della **funzione** che prevale, il titolo può essere **freddo** o **caldo**.

Il **titolo freddo** ha una funzione descrittiva e si limita a **informare** il lettore di un evento. — Un incendio è scoppiato in un grattacielo di Milano

Il **titolo caldo** ha la funzione di **incuriosire** il lettore e di trasmettergli un'**emozione**. — Inferno di fuoco nel cuore di Milano

Riconosci il titolo caldo e freddo

Indica con una crocetta se i seguenti titoli sono caldi o freddi.

a. Il risveglio del vulcano terrorizza tutti. ☐ caldo ☐ freddo
b. In Italia nascono sempre meno bambini. ☐ caldo ☐ freddo

1 Storie contro l'ingiustizia: il genere realistico-sociale

PER ENTRARE NEL GENERE

Osserva l'immagine e rispondi.

a. Che cosa stanno facendo le donne rappresentate nell'immagine?

....

b. Secondo te, appartengono a una classe sociale umile o elevata?

....

c. La scena raffigurata, a tuo avviso, è ambientata in un contesto agricolo o industriale?

....

VIDEO
I concetti chiave

Che cos'è il genere realistico-sociale

▶ I **romanzi e i racconti realistico-sociali** nascono agli **inizi dell'Ottocento** e raccontano le **problematiche sociali** che emergono a seguito della **Rivoluzione industriale**.

▶ Il o la **protagonista** di queste storie è spesso una **persona comune**, **povera**, con una condizione di **vita misera**.

▶ Gli **antagonisti** sono **individui meschini ed egoisti**, che provano in ogni modo ad ostacolare i tentativi di riscatto del o della protagonista.

▶ I romanzi e i racconti realistico-sociali sono ambientati in un'**epoca contemporanea all'autore** o a lui molto vicina nel tempo.

▶ I **luoghi** rappresentati sono **reali** o verosimili, **umili**, **poveri** e malsani.

▶ Nel genere realistico-sociale, i **fatti** e le **azioni** mettono in evidenza alcuni elementi comuni. Vediamoli

- **LE CONTRADDIZIONI E LE INGIUSTIZIE DELLA SOCIETÀ** Gli esseri umani si dividono in **ricchi e poveri**, **sfruttatori e sfruttati**, **vincitori e vinti**.
- **LA CRITICA VERSO LA SOCIETÀ INGIUSTA** La vicenda che viene narrata esprime una **critica** evidente nei confronti di una **società ingiusta**, che opprime ingiustamente i più deboli.

▶ Il **narratore** racconta le vicende dall'**esterno** e in modo **impersonale**. La **lingua** è spesso **colloquiale** e **dialettale** e riproduce quella utilizzata dai personaggi.

Oppressione o emancipazione?

Tra i protagonisti dei romanzi realistico-sociali, un posto particolare spetta alle **donne**. Dai tempi più antichi, le donne sono **oppresse** e considerate deboli, bisognose di protezione. In queste storie, invece, le donne dimostrano tutta la loro **forza** e lottano con determinazione per **emanciparsi**, cioè per liberarsi dallo **stato di inferiorità** in cui sono sempre state relegate.

Imparo a pensare

Osserva le immagini che rappresentano due diverse figure femminili. Scrivi negli spazi quale delle due sembra una donna OPPRESSA e poco libera e quale una donna libera ed EMANCIPATA.

A

B

Ora rispondi alle domande.

a. Che cosa ti ha permesso di identificare la donna libera ed emancipata?

b. Che cosa caratterizza la condizione della donna che non è ancora del tutto emancipata?

c. Secondo te, ancora oggi le donne si sentono oppresse e devono ancora emanciparsi?

tratto da: *L'Agnese va a morire*, Einaudi, Torino 2005

La vendetta di Agnese

Renata Viganò

DEVI SAPERE CHE...

La storia è ambientata durante la Seconda guerra mondiale. La protagonista è Agnese, una donna che aiuta i partigiani e vive da sola con una gatta, perché suo marito è stato catturato dai nazisti ed è morto. Un giorno i soldati tedeschi vanno a vivere dalla sua vicina di casa, che si chiama Minghina.

ASCOLTA IL BRANO

I soldati tedeschi trasformarono la casa di Minghina in un comando militare. Cuocevano il cibo nella cucina e le due ragazze e tutta la famiglia lavoravano per loro. I tedeschi gridavano gli ordini con voci dure. In compenso davano a Minghina la roba presa nelle case degli altri: liquori, sigarette, vino e cioccolata. Le donne parlavano bene dei tedeschi. Quando dicevano «Kurt, Fritz, il maresciallo» avevano un tono dolce. Soprattutto quando l'Agnese ascoltava. Lei stava zitta e sputava in terra. Aveva un viso largo e un corpo dai movimenti incerti, stava in disparte e in silenzio.

LEGGO E COMPRENDO

sputava in terra: Perché Agnese sputa in terra?

▶ ....

I partigiani non venivano più a fare le riunioni in casa dell'Agnese. Quando erano arrivati i tedeschi, loro si erano nascosti nella valle. Però dall'Agnese mandavano donne sconosciute che si presentavano con una parola d'ordine. Si chiudevano in cucina con lei, poi se ne andavano. Lei usciva con due borse, le portava fino a valle a piedi e tornava dopo molte ore, con le borse vuote.

I tedeschi non si interessavano dell'Agnese. Dicevano: «Matta. Vecchia brutta e matta» e le ragazze ridevano. Una volta un soldato le diede un bicchiere di liquore: «Bere, mama[1]». L'Agnese mise il bicchiere sulla tavola, ci caddero dentro due mosche e lei buttò il liquore in cortile. Il soldato rise: «Dilicata[2], mama. Buone, mosche kaputt[3]». «Imbecille» disse piano l'Agnese.

L'estate passava in un clima di finta pace. Gli aerei non bombardavano, ma si sentivano i rumori dei combattimenti vicini. Ormai tutti si erano abituati. I tedeschi erano prepotenti, ma dentro erano stanchi, disperati. Sentivano l'odore della sconfitta. Il villaggio aveva paura di loro, ma loro avevano paura del villaggio. L'Agnese capiva bene quella paura. E sorrideva.

LEGGO E COMPRENDO

Il villaggio... del villaggio: Perché i tedeschi hanno paura del villaggio?

▶ ....

Un giorno la Minghina uscì di casa gridando. Correva dietro alla gatta nera dell'Agnese con la scopa. La gatta fuggì velocissima e si rifugiò nella cucina dell'Agnese. «Mi ha rubato la salsiccia» urlò la Minghina. L'Agnese chiuse la porta e prese la gatta, che aveva il cuore che le batteva forte. Aveva in bocca un topo. L'Agnese disse: «Ecco la salsiccia» e buttò il topo morto dalla finestra, contro i piedi della Minghina.

Sul muretto del cortile stavano seduti il maresciallo tedesco e una delle figlie di Minghina. Il maresciallo rise e disse: «Gatta kaputt[3]». Dalla strada arrivò Kurt, un soldato grasso. Aveva il mitra e lo teneva stretto contro il petto come un bambino. Il soldato era ubriaco. Il maresciallo gli parlò in tedesco e lui rispose: «Ja, ja[4]» e s'appoggiò al muro, dietro l'angolo della casa. La gatta saltò dalla

1. **Bere, mama:** Bevi, vecchia ("mamma"). Il soldato tedesco parla male in italiano.
2. **Dilicata:** delicata.
3. **kaputt:** morte.
4. **Ja, ja:** sì, sì in lingua tedesca.

5. Katz kaputt: il gatto è morto, in tedesco.

finestra e camminò piano piano nel cortile, poi fece un salto e si mise a correre. Forse cercava il topo. La raffica del mitra la colpì e la gatta rotolò in terra. Sembrava uno straccio nero buttato via.

La ragazza e il maresciallo si avviarono sul sentiero, si tenevano per mano e ridevano. Kurt entrò nella cucina e disse: «Katz kaputt[5], mama».

L'Agnese rimase ferma vicino alla finestra. La luce le batteva sulla faccia pallida, larga e sudata. Lentamente uscì sull'aia, raccolse la gatta morta e la tenne senza guardarla. Poi la posò sotto il pesco e sedette a lungo sull'erba. Quando fu quasi buio, l'Agnese andò verso la casa e si fermò sulla porta. Le sembrò di vedere la gatta sul ripiano dove stava sempre. Kurt, il soldato grasso, dormiva con la testa appoggiata a un mobile della cucina. Quella cosa nera che sembrava la gatta era il mitra di Kurt.

Il suo passo si fece leggero e silenzioso. Andò vicino al mobile, allungò una mano e prese l'arma, ma non riuscì a caricarla. Allora sollevò il mitra per la canna e colpì con forza la testa di Kurt, come quando sbatteva i lenzuoli bagnati.

LEGGO E PENSO

Allora... bagnati: Perché Agnese uccide Kurt? Tu condividi la sua scelta?

Il rumore le sembrò fortissimo. Corse fuori, attraversò il cortile e si nascose. Agnese si distese a terra e alzò piano piano la testa: la casa era buia e silenziosa. Le sembrò di addormentarsi.

La svegliarono il rumore delle voci e di una moto. L'Agnese vide ombre nere che si muovevano nel cortile. Sentì arrivare un camion, i passi pesanti di molti uomini, il rumore di cose pesanti trascinate, voci tedesche. Poi sentì gli urli disperati e terribili delle donne. All'improvviso si accese una fiamma, prima azzurra e bassa, poi rossa e più alta. La fiamma era avvolta nel fumo nero. La casa bruciava.

Allora l'Agnese si alzò decisa e seguì il sentiero attraverso i campi. Camminava svelta e diceva: «Godeteveli, i tedeschi!».

COMPRENDO E ANALIZZO

1. Comprendo le informazioni principali **Indica se le seguenti affermazioni sono vere V o false F.**

a. I tedeschi si stabiliscono a casa della Minghina e la sua famiglia lavora per loro. V F

b. Agnese non fa amicizia con i tedeschi e collabora con i partigiani. V F

c. I tedeschi non badano ad Agnese perché la considerano matta. V F

d. Il soldato tedesco spara alla gatta perché la scambia per un topo. V F

e. Agnese non usa il mitra per uccidere Kurt, perché non vuole attirare l'attenzione dei tedeschi. V F

2. Analizzo il testo **Indica con una crocetta se nelle seguenti descrizioni prevale il senso dell'udito U o della vista V.**

a. Aveva un viso largo e un corpo dai movimenti incerti, stava in disparte e in silenzio. U V

b. Aveva il mitra e lo teneva stretto contro il petto come un bambino. Il soldato era ubriaco. U V

c. Il suo passo si fece leggero e silenzioso. U V

d. Sentì arrivare un camion, i passi pesanti di molti uomini, il rumore di cose pesanti trascinate, voci tedesche. U V

e. La fiamma era avvolta nel fumo nero. U V

CONOSCO LE PAROLE

3. Capisco le parole **Associa a ogni modo di dire il suo significato.**

a. Fare la gatta morta. 3

b. Qui gatta ci cova! 2

c. Avere una bella gatta da pelare. 4

d. Non dire "gatto" se non ce l'hai nel sacco. 1

1. Capire che c'è qualcosa non va.

2. Non fare affidamento su qualcosa che non è ancora a disposizione.

3. Dover affrontare un guaio, una situazione difficile e fastidiosa.

4. Nascondere la propria natura poco onesta sotto un'apparenza mite e corretta.

CONOSCO LE PAROLE

3. Trovo i contrari **Associa a ogni aggettivo il suo contrario.**

a. muscoloso ....
b. peloso ....
c. abbronzato ....

1. glabro, pelato
2. esile, mingherlino
3. chiaro, bianco

IL GENERE REALISTICO-SOCIALE • Valori al bivio: Oppressione o emancipazione?

SCRITTURA GUIDATA

1. A volte ci si sente trascurate o trascurati dai genitori e si vorrebbero maggiori attenzioni. A te capita mai? Rispondi a queste domande e racconta.

a. In quale occasione hai percepito scarsa attenzione da parte dei tuoi genitori?
b. Che cosa hai provato? L'esperienza ti ha fatto crescere?
c. Ritieni che sia meglio avere genitori molto premurosi o che troppe attenzioni possano opprimere i figli?

2. Racconta una breve storia realistico-sociale, ambientata nel presente. Segui queste indicazioni.

a. Scegli la o il protagonista: può essere, ad esempio, una ragazza sola o un ragazzo solo, una madre o un padre single, una persona in difficoltà economica.
b. Racconta gli ostacoli che il o la protagonista deve affrontare per superare gli ostacoli imposti dalla propria condizione sociale.
c. Descrivi lo stato d'animo del o della protagonista, vittima di una società che non li aiuta.

A TE LA PAROLA!

Secondo te, che cosa rende ancora poco libere le donne di oggi? Da che cosa si sentono ancora oppresse? Rispondi, prestando attenzione alle donne che ti circondano.

COMPRENDO E ANALIZZO

1. Comprendo le informazioni principali **Indica se le seguenti affermazioni sono vere V o false F.**

a. I tedeschi si stabiliscono a casa della Minghina e la sua famiglia lavora per loro. V F

b. Agnese non fa amicizia con i tedeschi e collabora con i partigiani. V F

c. I tedeschi non badano ad Agnese perché la considerano matta. V F

d. Il soldato tedesco spara alla gatta perché la scambia per un topo. V F

e. Agnese non usa il mitra per uccidere Kurt, perché non vuole attirare l'attenzione dei tedeschi. V F

2. Analizzo il testo **Indica con una crocetta se nelle seguenti descrizioni prevale il senso dell'udito U o della vista V.**

a. Aveva un viso largo e un corpo dai movimenti incerti, stava in disparte e in silenzio. U V

b. Aveva il mitra e lo teneva stretto contro il petto come un bambino. Il soldato era ubriaco. U V

c. Il suo passo si fece leggero e silenzioso. U V

d. Sentì arrivare un camion, i passi pesanti di molti uomini, il rumore di cose pesanti trascinate, voci tedesche. U V

e. La fiamma era avvolta nel fumo nero. U V

CONOSCO LE PAROLE

3. Capisco le parole **Associa a ogni modo di dire il suo significato.**

a. Fare la gatta morta. ....3....

b. Qui gatta ci cova! ....2....

c. Avere una bella gatta da pelare. ....4....

d. Non dire "gatto" se non ce l'hai nel sacco. ....1....

1. Capire che c'è qualcosa non va.

2. Non fare affidamento su qualcosa che non è ancora a disposizione.

3. Dover affrontare un guaio, una situazione difficile e fastidiosa.

4. Nascondere la propria natura poco onesta sotto un'apparenza mite e corretta.

CONOSCO LE PAROLE

3. Trovo i contrari Associa a ogni aggettivo il suo contrario.

a. muscoloso ....
b. peloso ....
c. abbronzato ....

1. glabro, pelato
2. esile, mingherlino
3. chiaro, bianco

IL GENERE REALISTICO-SOCIALE • Valori al bivio: Oppressione o emancipazione?

SCRITTURA GUIDATA

1. **A volte ci si sente trascurate o trascurati dai genitori e si vorrebbero maggiori attenzioni. A te capita mai? Rispondi a queste domande e racconta.**
   a. In quale occasione hai percepito scarsa attenzione da parte dei tuoi genitori?
   b. Che cosa hai provato? L'esperienza ti ha fatto crescere?
   c. Ritieni che sia meglio avere genitori molto premurosi o che troppe attenzioni possano opprimere i figli?
2. **Racconta una breve storia realistico-sociale, ambientata nel presente. Segui queste indicazioni.**
   a. Scegli la o il protagonista: può essere, ad esempio, una ragazza sola o un ragazzo solo, una madre o un padre single, una persona in difficoltà economica.
   b. Racconta gli ostacoli che il o la protagonista deve affrontare per superare gli ostacoli imposti dalla propria condizione sociale.
   c. Descrivi lo stato d'animo del o della protagonista, vittima di una società che non li aiuta.

A TE LA PAROLA!

Secondo te, che cosa rende ancora poco libere le donne di oggi? Da che cosa si sentono ancora oppresse? Rispondi, prestando attenzione alle donne che ti circondano.

COMPRENDO E ANALIZZO

1. Comprendo le informazioni principali **Indica se le seguenti affermazioni sono vere** V **o false** F.

a. I tedeschi si stabiliscono a casa della Minghina e la sua famiglia lavora per loro. V F
b. Agnese non fa amicizia con i tedeschi e collabora con i partigiani. V F
c. I tedeschi non badano ad Agnese perché la considerano matta. V F
d. Il soldato tedesco spara alla gatta perché la scambia per un topo. V F
e. Agnese non usa il mitra per uccidere Kurt, perché non vuole attirare l'attenzione dei tedeschi. V F

2. Analizzo il testo **Indica con una crocetta se nelle seguenti descrizioni prevale il senso dell'udito** U **o della vista** V.

a. Aveva un viso largo e un corpo dai movimenti incerti, stava in disparte e in silenzio. U V
b. Aveva il mitra e lo teneva stretto contro il petto come un bambino. Il soldato era ubriaco. U V
c. Il suo passo si fece leggero e silenzioso. U V
d. Sentì arrivare un camion, i passi pesanti di molti uomini, il rumore di cose pesanti trascinate, voci tedesche. U V
e. La fiamma era avvolta nel fumo nero. U V

CONOSCO LE PAROLE

3. Capisco le parole **Associa a ogni modo di dire il suo significato.**

a. Fare la gatta morta. 3
b. Qui gatta ci cova! 2
c. Avere una bella gatta da pelare. 4
d. Non dire "gatto" se non ce l'hai nel sacco. 1

1. Capire che c'è qualcosa non va.
2. Non fare affidamento su qualcosa che non è ancora a disposizione.
3. Dover affrontare un guaio, una situazione difficile e fastidiosa.
4. Nascondere la propria natura poco onesta sotto un'apparenza mite e corretta.

tratto da: *L'Arminuta*, Einaudi, Torino 2019

La nuova famiglia

Donatella Di Pietrantonio

DEVI SAPERE CHE...

Una ragazza viene cresciuta in una famiglia che non è la sua. A tredici anni, all'improvviso viene ricondotta dai suoi veri genitori e dai fratelli, che sono molto poveri. La famiglia vera, però, non è felice del suo arrivo. Il titolo del romanzo da cui è tratto il brano è *L'Arminuta*, parola che in dialetto abruzzese vuol dire "la ritornata". La storia è ambientata nell'Abruzzo di alcuni anni fa.

ASCOLTA IL BRANO

I ragazzi più grandi sono tornati verso sera. Uno mi ha salutata con un fischio, un altro non si è nemmeno accorto di me. Sono andati di corsa in cucina e si sono seduti a tavola per cenare. Si sono riempiti i piatti e a me hanno lasciato solo una polpetta di mollica, con pochissima carne. Dopo qualche giorno ho imparato a conquistare il cibo e a difendere il piatto dalle forchette degli altri.

LEGGO E COMPRENDO

Dopo qualche giorno... degli altri: Perché in questa casa bisogna "competere per il cibo"?

▶ ....

Dopo cena i miei genitori si sono ricordati che mancava un letto per me.

«Stanotte dormi con tua sorella, tanto siete magre» mi ha detto il padre. «Domani vediamo.»

«Per starci dobbiamo stenderci all'incontrario» mi ha spiegato mia sorella Adriana. «La coccia[1] di una vicino ai piedi dell'altra. Adesso ce li laviamo, però.»

Abbiamo messo i piedi nella stessa bacinella. «Guarda che acqua nera» ha detto mentre rideva. «Sono stati i miei, i tuoi erano puliti.»

Adriana ha trovato un cuscino per me e siamo entrate nella camera buia: i ragazzi dormivano già e si sentiva odore di sudore.

Noi ci siamo sistemate nel letto. Il materasso era molle e io affondavo al centro. Puzzava delle pipì che lo avevano

1. **coccia:** testa, in dialetto abruzzese.

impregnato, un cattivo odore nuovo per me. Le zanzare pungevano e avrei voluto coprirmi di più con il lenzuolo, ma nel sonno Adriana lo tirava dalla sua parte.

Ho spostato un piede di Adriana e mi sono appoggiata con la guancia alla pianta del suo piede: profumava di sapone. Sentivo con le dita le sue unghie spezzate. C'erano delle forbicine nei miei bagagli, la mattina dopo potevo dargliele.

La luna e le stelle hanno attraversato la finestra aperta: per fortuna da quella parte si vedeva il cielo.

Il padre si è dimenticato di cercare un letto per me.

LEGGO E PENSO

Il padre... per me: Come giudichi questo padre (e anche la madre) che non si preoccupa minimamente di assicurare ai figli un letto dove dormire?

Io e Adriana non gli abbiamo chiesto niente. Ogni sera lei mi prestava una pianta del piede da tenere sulla guancia. Non avevo altro, in quel buio.

Una notte ho sentito un calore bagnato e mi sono alzata di scatto.

LEGGO E COMPRENDO

Una notte... bagnato: Che cosa è accaduto nel letto?

▶ ....

Tra le mie gambe era asciutto. Adriana si è spostata nel buio e ha continuato a dormire.

Dopo un po' mi sono rimessa a letto anch'io e piano piano l'odore di pipì è andato via.

Quasi all'alba uno dei maschi si è agitato per alcuni minuti facendo versi strani.

La mattina Adriana si è svegliata e mi ha guardato senza dire niente. La madre è venuta a chiamarla e ha annusato l'aria.

«Ti sei fatta la pipì addosso un'altra volta, brava. Ci facciamo subito riconoscere» ha detto.

«Non sono stata io» ha risposto Adriana.

«Di sicuro non è stata tua sorella, che è bene educata. Sbrigati, già è tardi.»

Non sono stata veloce a seguirle in cucina. Sono rimasta lì in piedi, mi mancava il coraggio di andare in bagno.

Un fratello si è messo a sedere sul letto, a gambe larghe. Quando mi ha vista, ha iniziato a guardare il mio seno coperto solo dalla canottiera. Ho incrociato le braccia sul petto.

«Hai dormito qui, tu?» ha chiesto.

Ho risposto di sì imbarazzata.

«Hai già quindici anni?»

«No, ne devo compiere quattordici.»

«Però ne dimostri quindici, pure di più. Ti sei sviluppata lesta[2].»

«Tu quanti anni hai?» ho domandato.

«Io quasi diciotto, sono il più grande. Vado già a lavorare, ma oggi no.»

«Perché?»

«Il padrone mi chiama solo quando ha bisogno.»

«Ma che lavoro fai?»

«Il manovale[3].»

«E la scuola?»

«Eh sì, la scuola! Mi sono ritirato alla seconda media, tanto mi bocciavano.»

LEGGO E PENSO

Mi... bocciavano: È giusto ritirarsi da scuola e andare a fare il manovale a tredici anni perché si potrebbe essere bocciati?

Ho visto i suoi muscoli e le spalle forti. I peli scuri gli coprivano il petto abbronzato e la faccia. Era cresciuto presto anche lui. Quando si è stirato ho sentito il suo odore da adulto. Aveva una cicatrice sulla tempia sinistra, forse era una vecchia ferita. [...]

È venuta la madre e gli ha detto di sbrigarsi: un vicino cercava aiuto per i lavori in campagna, in cambio gli darà una cassetta di pomodori.

«Tu vai con tua sorella a pigliare il latte, se volete la colazione» mi ha ordinato la madre. Cercava di parlarmi in modo dolce, ma non ci riusciva.

Nell'altra stanza il bimbo piccolo era arrivato camminando a quattro zampe fino alla borsa delle mie

2. **lesta**: velocemente.
3. **manovale:** aiutante dei muratori; addetto ai lavori pesanti.

scarpe e le aveva sparpagliate. Ne mordeva una. Adriana puliva i fagiolini per il pranzo.

«Guarda che lasci il buono negli scarti» la sgrida la madre.

Non ci ha fatto caso.

«Làvati, così andiamo a comprarci il latte» mi ha detto.

Sono stata l'ultima a usare il bagno. I maschi avevano schizzato l'acqua sul pavimento e ci avevano camminato sopra con le scarpe. A casa mia non avevo mai visto le piastrelle così sporche. Sono scivolata senza farmi male, da ballerina. In autunno di sicuro non riprenderò la scuola di danza e il nuoto.

COMPRENDO E ANALIZZO

1. Ricostruisco le informazioni principali **Ricostruisci l'ordine corretto con cui vengono presentati i fatti nella storia. L'esercizio è avviato.**

- **a.** L'Arminuta scambia un breve dialogo con il fratello. ....
- **b.** Tutti cominciano a mangiare, ma l'Arminuta resta quasi senza cibo. 1
- **c.** I genitori si accorgono che manca un letto per l'Arminuta. ....
- **d.** Mentre il bambino piccolo cammina a quattro zampe, Adriana pulisce i fagiolini per il pranzo. ....
- **e.** L'Arminuta deve condividere tutte le notti il letto con sua sorella Adriana. ....
- **f.** La madre manda il figlio a fare dei lavori in campagna e le figlie a prendere il latte per la colazione. ....
- **g.** Adriana nel sonno bagna il letto di pipì: l'Arminuta si alza, ma poi torna a dormire. ....
- **h.** L'Arminuta va in bagno e scivola a causa del pavimento bagnato. ....
- **i.** Un fratello dell'Arminuta, dopo essersi alzato, le dice che è cresciuta in fretta. ....

2. Individuo le caratteristiche dei personaggi **Completa le frasi con due degli aggettivi in elenco.**

offensivo/a • imbarazzato/a • volgare • rassicurante • sbrigativo/a • ignorante • disponibile • ingenuo/a

- **a.** L'Arminuta è .... e ....
- **b.** Adriana è .... e ....
- **c.** La madre è .... e ....
- **d.** Il fratello è .... e ....

CONOSCO LE PAROLE

3. Trovo i contrari **Associa a ogni aggettivo il suo contrario.**

a. muscoloso ....
b. peloso ....
c. abbronzato ....

1. glabro, pelato
2. esile, mingherlino
3. chiaro, bianco

IL GENERE REALISTICO-SOCIALE • Valori al bivio: Oppressione o emancipazione?

SCRITTURA GUIDATA

1. A volte ci si sente trascurate o trascurati dai genitori e si vorrebbero maggiori attenzioni. A te capita mai? Rispondi a queste domande e racconta.

a. In quale occasione hai percepito scarsa attenzione da parte dei tuoi genitori?
b. Che cosa hai provato? L'esperienza ti ha fatto crescere?
c. Ritieni che sia meglio avere genitori molto premurosi o che troppe attenzioni possano opprimere i figli?

2. Racconta una breve storia realistico-sociale, ambientata nel presente. Segui queste indicazioni.

a. Scegli la o il protagonista: può essere, ad esempio, una ragazza sola o un ragazzo solo, una madre o un padre single, una persona in difficoltà economica.
b. Racconta gli ostacoli che il o la protagonista deve affrontare per superare gli ostacoli imposti dalla propria condizione sociale.
c. Descrivi lo stato d'animo del o della protagonista, vittima di una società che non li aiuta.

A TE LA PAROLA!

Secondo te, che cosa rende ancora poco libere le donne di oggi? Da che cosa si sentono ancora oppresse? Rispondi, prestando attenzione alle donne che ti circondano.

La mappa dei fondamentali

Il genere realistico-sociale

1
I personaggi
- Il **protagonista** è un **individuo comune, povero,** che cerca di modificare la propria condizione di vita.
- L'**antagonista** è un **individuo meschino**, che cerca in ogni modo di vanificare i tentativi di riscatto del protagonista.

L'ALBERO DEI FONDAMENTALI

SINTESI IN 7 LINGUE

ITALIANO
INGLESE
ALBANESE
ARABO
CINESE
ROMENO
SPAGNOLO

2
Lo spazio
I **luoghi** sono **reali** o **verosimili, umili, poveri** e **malsani**.

3
Il tempo
L'**epoca** è **contemporanea** all'autore o a lui molto vicina nel tempo.

4
I fatti e le azioni
La **vicenda** mette in evidenza le **contraddizioni** e le **ingiustizie della società** ed esprime una pesante **critica** nei confronti di chi **opprime ingiustamente** i più deboli.

5
Le tecniche e il linguaggio
- La **voce narrante** è **esterna** e **onnisciente**, e generalmente **non lascia trapelare il proprio punto di vista.**
- Il **linguaggio** tende a ricreare quello **parlato** dai protagonisti e presenta **espressioni dialettali,** citazioni di massime e proverbi.

tratto da: *Racconti*, trad. di O. del Buono, Rizzoli, Milano 2018

Verifica formativa

Il mendicante

Guy de Maupassant

DEVI SAPERE CHE...

Questa storia è ambientata in Francia nell'Ottocento. Il protagonista, che si chiama Cloche, cammina con le stampelle perché è invalido. È un mendicante vagabondo, cioè una persona senza casa che vive chiedendo l'elemosina. Un giorno uccide una gallina del signor Chiquet perché sta per morire di fame e così finisce nei guai.

ASCOLTA IL BRANO

Cloche si lasciò cadere sull'orlo di un fossato vicino al cortile del signor Chiquet. Si sganciò dalle stampelle e restò a lungo immobile. La fame lo torturava. Nell'angolo di quel cortile, al vento gelido, aspettava un aiuto misterioso. Ma non sapeva quando o da chi quell'aiuto sarebbe arrivato.

Un gruppo di galline nere cercava cibo nella terra che nutre tutte le creature. Le galline beccavano un seme o un insetto, poi continuavano la loro ricerca. Cloche guardava le galline senza pensare a niente. Poi la fame gli diede un'idea: una di quelle bestie cotta sul fuoco doveva essere buona da mangiare.

Non pensò che quello era un furto. Prese un sasso, lo lanciò e uccise una delle bestiole più vicine. L'animale cadde sul fianco e le altre galline fuggirono sulle zampe sottili. Cloche, con le stampelle, andò a raccogliere la sua preda, con movimenti simili a quelli delle galline.

Mentre si avvicinava al piccolo cadavere nero macchiato di rosso, sentì un terribile spintone nella schiena, che lo fece cadere a dieci passi di distanza. Il signor Chiquet si lanciò su Cloche e lo coprì di botte: colpiva con il pugno e con il ginocchio, su tutto il corpo del vagabondo, che non poteva difendersi.

Intanto arrivarono gli altri abitanti della fattoria, che si misero a picchiare anche loro il mendicante. Quando furono stanchi lo rialzarono, lo rinchiusero nella legnaia e andarono a chiamare le guardie.

Cloche, mezzo morto, sanguinante e sfinito dalla fame, rimase in terra. Venne la sera, poi la notte, poi il mattino. E lui non aveva ancora mangiato.

Verso mezzogiorno arrivarono le guardie e aprirono la porta della legnaia con prudenza: il signor Chiquet diceva che il vagabondo lo aveva aggredito e che lui si era difeso a fatica.

Il brigadiere[1] gridò:

«Su, in piedi!».

Ma Cloche non poteva muoversi. Cercò di alzarsi, ma non ci riuscì. I due uomini armati lo maltrattarono e lo misero di forza sulle stampelle.

Cloche aveva paura, la paura del topo davanti al gatto. E con uno sforzo enorme riuscì a stare in piedi.

«Avanti!» disse il brigadiere. Cloche camminò. Tutti gli abitanti della fattoria lo guardavano. Le donne gli mostravano il pugno; gli uomini ridevano e lo insultavano: l'avevano preso, finalmente! Potevano liberarsi di lui. [...]

Chiusero Cloche nella prigione del borgo. Le guardie non gli diedero da mangiare e lo lasciarono così fino al giorno dopo. Ma, quando vennero per interrogarlo, all'alba lo trovarono morto per terra. Che sorpresa!

1. **brigadiere**: capo delle guardie.

COMPRENDO E ANALIZZO

1. Comprendo le informazioni principali **Indica con una crocetta se le seguenti affermazioni sono vere** V **o false** F**.**

a. Cloche è un mendicante privo dell'uso delle braccia. V F
b. Cloche è torturato dalla fame. V F
c. Cloche ruba abitualmente le galline delle fattorie. V F
d. Cloche uccide una gallina con un sasso. V F
e. Cloche viene picchiato da Chiquet e dagli abitanti della fattoria. V F
f. Il signor Chiquet chiede a Cloche di ripagargli la gallina. V F
g. Il signor Chiquet dà da mangiare a Cloche. V F
h. Cloche viene lasciato libero di andarsene. V F
i. Cloche viene obbligato ad alzarsi dalle guardie. V F
l. Cloche muore di fame in prigione. V F

PUNTI .... /10

2. Seleziono le informazioni principali **Indica con una crocetta il luogo in cui è ambientato il racconto.**

☐ A

☐ B

☐ C

PUNTI	.... /2

CONOSCO LE PAROLE

3. Individuo il rapporto tra le parole **Cancella il termine che non è sinonimo delle seguenti parole.**

a. mendicante ▶ barbone, clochard, lavoratore, pezzente, straccione
b. vagabondo ▶ giramondo, turista, fannullone, pelandrone, perdigiorno
c. guardia ▶ portiere, sentinella, gendarme, poliziotto, vigile

PUNTI	.... /3

GLI INGREDIENTI DEL GENERE

4. Individuo gli ingredienti del genere realistico-sociale **Seleziona solo gli elementi che caratterizzano il genere realistico-sociale. Sono 5.**

a. ☐ Racconta le problematiche sociali che emergono a seguito della Rivoluzione industriale.
b. ☐ La società rappresentata è giusta e attenta alle esigenze delle classi sociali più umili.
c. ☐ Esprime una critica nei confronti della società.
d. ☐ I protagonisti sono persone umili e oppresse.
e. ☐ L'azione è collocata lontana nel tempo.
f. ☐ Il Narratore generalmente è esterno.
g. ☐ Chi narra commenta la vicenda.
h. ☐ Sono fondamentali le vicende di personaggi storici.
i. ☐ I personaggi principali parlano con un linguaggio colto.
l. ☐ La lingua usata contiene spesso termini colloquiali e dialettali.

PUNTI	.... /5

TOTALE PUNTI	.... /20

2 Storie per diventare grandi: il romanzo di formazione

PER ENTRARE NEL GENERE

Osserva l'immagine e rispondi.

a. Che cosa sta facendo il ragazzo rappresentato nell'immagine?

....

b. Che cosa si vede di strano nello specchio?

....

c. Ti capita mai, guardandoti allo specchio, di chiederti come sarà il tuo aspetto da grande?

....

VIDEO
I concetti chiave

Che cos'è il romanzo di formazione

▶ Il **romanzo di formazione** racconta il **percorso di crescita** di una giovane o di un giovane che raggiunge la **maturità** attraverso le **dure esperienze** della vita.

▶ I **protagonisti** e le **protagoniste** di queste storie sono **ragazzi e ragazze giovani e inesperti**.

▶ Gli **adulti**, spesso **freddi** e **insensibili**, generalmente sono i loro **antagonisti**. Se sono **figure di riferimento positive**, possono anche essere **aiutanti**.

▶ L'**epoca** in cui si svolge la vicenda è **ben riconoscibile**. La **durata** della storia è abbastanza **ampia** e di solito comprende un periodo che va **dall'infanzia fino alla giovinezza** del protagonista o della protagonista.

▶ La storia è ambientata in **luoghi reali o realistici**; il **contesto sociale** della vicenda è **ben descritto**.

▶ Il **romanzo di formazione** presenta **fatti e azioni** che, attraverso le **esperienze tipiche** della crescita, conducono alla:
- CONQUISTA DELL'AUTONOMIA;
- AFFERMAZIONE DI SÉ.

▶ Nel romanzo di formazione, spesso la **narrazione** è in **prima persona** e c'è un uso frequente del **flashback**.

▶ Se la storia è a sfondo **autobiografico**, c'è coincidenza tra **Autore e Narratore**.

Crisi o crescita?

Nei romanzi di formazione i giovani protagonisti e le giovani protagoniste sono **messi** duramente **alla prova**. In effetti, **crescere** significa **mettere in dubbio gli equilibri dell'infanzia per definirne di nuovi**, legati all'età adulta. I momenti di **crisi**, per quanto indesiderati e sgradevoli, sono **indispensabili** per crescere.

Imparo a pensare

Osserva le immagini e scrivi negli spazi quale delle due, secondo te, rappresenta il concetto di CRISI e quale il concetto di CRESCITA.

A

....

B

....

Ora rispondi alle domande.

a. Alla tua età ci sono situazioni nuove in cui ti senti come un equilibrista sul punto di cadere?

....

....

b. Secondo te, in fase di crescita, è normale vacillare e sentirsi insicuri?

....

....

c. Pensi che, quando sarai cresciuto, ti sentirai più sicura o sicuro di te e sarai capace di affrontare le difficoltà?

....

....

tratto da: *Agostino*, Bompiani, Milano 1990

Tutto ammaccato e dolente

Alberto Moravia

DEVI SAPERE CHE...

Il protagonista si chiama Agostino e ha 13 anni. Agostino è in vacanza al mare con la sua giovane e bella mamma, che lui ama molto. Un giorno in spiaggia arriva un ragazzo che invita la madre del ragazzino a fare un giro in barca. Agostino scopre così il sentimento della delusione.

ASCOLTA IL BRANO

La madre di Agostino era sotto l'ombrellone. Lui stava seduto sulla sabbia e aspettava l'ora della gita in mare. All'improvviso qualcuno gli fece ombra: Agostino guardò in alto e vide un giovane bruno e abbronzato che dava la mano a sua madre. Il giovane indicò sulla riva un pattìno[1] bianco e invitò la madre di Agostino a fare una gita in mare. Agostino era sicuro che la madre avrebbe rifiutato. Invece, con grande sorpresa, Agostino la vide raccogliere la sua roba e alzarsi: la madre aveva accettato subito la proposta del giovane con la stessa semplicità e spontaneità che usava nei confronti del figlio. Con la stessa semplicità e spontaneità si rivolse ad Agostino, che stava seduto e faceva scorrere la sabbia nel pugno: gli disse che lui poteva fare il bagno da solo, mentre lei andava a fare un giro con quel giovane.

LEGGO E PENSO

la madre... Agostino: È giusto mettere sullo stesso piano l'atteggiamento che una madre ha con il proprio figlio con quello che può avere con un compagno?

Il giovane andò verso il pattìno e la madre si incamminò dietro di lui con la sua solita lentezza serena. Agostino li guardò e pensò all'emozione che provava quando andava in mare con sua madre: adesso era quel giovane a provare quell'emozione. Vide la madre salire sul pattìno e il giovane remare con forza. Il giovane remava e la madre si teneva con le due mani al sedile e sembrava chiacchierare.

1. **pattìno:** piccola imbarcazione a remi per le gite in mare.

Il pattìno si allontanò dalla riva, divenne sempre più piccolo e sparì nella luce abbagliante del sole.

Agostino rimase solo. Si distese nella sedia a sdraio con un'espressione indifferente. Tutti i bagnanti della spiaggia nei giorni passati avevano visto le sue gite in mare con la madre. Ma quel giorno avevano visto che la madre lo aveva lasciato a terra ed era andata sul pattìno con il giovane. Agostino non voleva far vedere la sua delusione.

LEGGO E COMPRENDO

Agostino... delusione: Qual è l'atteggiamento che Agostino si sforza di assumere davanti ai bagnanti?

▶ ....

Non era offeso perché sua madre aveva preferito il giovane a lui. Era offeso perché sua madre aveva accettato l'invito con gioia. Era come se sua madre tutti quei giorni si fosse sempre annoiata, uscendo in mare con lui. Era come se ci fosse venuta solo perché le mancava una compagnia migliore. Agostino ricordò una cosa simile successa a una festa. A quella festa c'era anche sua cugina, che non aveva un giovane con cui ballare. La ragazza aveva accettato di ballare con lui, anche se era solo un bambino. Ma lei aveva ballato in modo triste e Agostino se ne era accorto. Tuttavia, quando lui l'aveva invitata di nuovo a ballare, la cugina si era subito alzata e aveva sorriso. Ma sua cugina non era andata verso di lui. Era corsa tra le braccia di un ragazzo più grande che l'aveva invitata nello stesso momento. Agostino si era sentito molto umiliato.

Dopo la partenza di sua madre con il giovane del pattìno, Agostino pensò che i due fatti fossero identici. Come la cugina, sua madre aveva aspettato un'occasione per abbandonarlo. Come la cugina, sua madre aveva accettato la prima compagnia che capitava.

In entrambe le situazioni ad Agostino era sembrato di rotolare giù da una montagna, restando tutto ammaccato e dolente.

COMPRENDO E ANALIZZO

1. Selezionano le informazioni principali **Completa la sintesi del brano con le parole corrette, scegliendole dall'elenco.**

delusione • da solo • abbronzato • spontaneità • pattìno • figlio • compagnia • annoiata • madre • proposta • giovane • gita • mare

Una mattina al **a.** ...., davanti ad Agostino e a sua **b.** ...., si presenta un **c.** .... bruno e **d.** .... che invita la madre a fare una **e.** .... in mare col **f.** .... La madre accoglie la **g.** .... con semplicità e **h.** .... e chiede al **i.** .... di fare il bagno **l.** .... Agostino prova **m.** .... Forse tutte le volte che la madre è uscita in mare con lui si è sempre **n.** .... e lo ha fatto solo perché le mancava una **o.** .... migliore.

2. Ricostruisco le informazioni principali **Rimetti in ordine gli eventi principali della festa ricordata da Agostino. Noi ti diamo il primo evento.**

- **a.** La cugina di Agostino balla in modo triste. ....
- **b.** Agostino va a una festa. 1
- **c.** La cugina corre tra le braccia di un ragazzo più grande. ....
- **d.** La cugina di Agostino non ha nessuno con cui ballare. ....
- **e.** La cugina subito si alza e sorride. ....
- **f.** Agostino, anche se è ancora un bambino, balla con sua cugina. ....
- **g.** Agostino invita di nuovo sua cugina a ballare. ....

CONOSCO LE PAROLE

3. Individuo il rapporto tra le parole **Indica con una crocetta il gruppo di parole a cui aggiungeresti quelle nei balloon.**

pattìno

ombrellone

sdraio

bagno

a. ☐ sedia – ombrello – montagna

b. ☐ vacanza – mare – sole

c. ☐ pattinatrice – gara – scivolata

tratto da: *Le tre del mattino*, Einaudi, Torino 2019

Due innocue pillole al giorno

Gianrico Carofiglio

DEVI SAPERE CHE...

Antonio è un adolescente che soffre di epilessia, una malattia che provoca delle crisi ricorrenti. Fortunatamente, grazie a una medicina, riesce ad evitarle e a tenere sotto controllo la sua malattia. Un giorno suo padre gli dice che alla fine dell'anno scolastico dovranno fare un viaggio insieme a lui, per un controllo medico. Antonio reagisce con irritazione a questa notizia.

ASCOLTA IL BRANO

Alle elementari ero nel gruppetto dei primi della classe. Andavo bene in tutto, molto bene in disegno e matematica. La maestra diceva che si vedeva che ero figlio di mio padre, che è un matematico di professione. Questa cosa da bambino mi piaceva, ma poi divenne quasi insopportabile.

Alle medie, per varie ragioni, cambiai: studiavo poco, mi limitavo a prendere la sufficienza.

LEGGO E PENSO

Alle medie... sufficienza: Secondo te, essere brave o bravi a scuola è solo una cosa da bambini delle elementari?

Un giorno incontrai la mia insegnante delle elementari. Non ci vedevamo da tanto e mi chiese se ero sempre bravo in matematica. Risposi che della matematica non me ne importava niente, che detestavo i numeri e le formule. Ricordo il suo sguardo dispiaciuto e ferito. E ricordo molto bene il senso di colpa, quasi di vergogna per ciò che avevo detto e per come l'avevo detto. Dietro alle mie parole avevo percepito un misto di fragilità e di rabbia.

Nei tre lunghissimi anni delle medie mi ero come dimenticato di me stesso.

LEGGO E COMPRENDO

Nei tre... stesso: Che cosa ha dimenticato Antonio di sé stesso, in particolare?

▶ ....

Per questo, quando mio padre mi disse che aveva fissato un nuovo appuntamento con il medico che mi curava, il professor Gastaut, pensai che fosse assurdo.

Era maggio e la visita era fissata per giugno, subito dopo la fine delle lezioni.

«Perché dobbiamo andarci proprio a giugno?» dissi con irritazione.

Mio padre mi guardò per qualche istante, perplesso. Non capiva il tono della mia voce e il senso della mia domanda. Io con le due innocue pillole al giorno – la medicina che prendevo mattina e sera – avevo trovato un equilibrio. Vivevo in modo normale e prendere quella medicina non mi dava nessun fastidio; era come lavarsi i denti, cioè una cosa che fai senza accorgertene. Perché rovinare quell'equilibrio?

Mi ero dimenticato la parola epilessia, mi ero dimenticato di essere epilettico; mi ero dimenticato quel senso di diversità e di esclusione che mi aveva accompagnato per molti mesi. Non volevo tornare sull'argomento. Non volevo avere paura.

«Che significa?» mi chiese lui, mentre si accendeva una sigaretta. «Quando dovremmo andarci, secondo te?» La replica era semplice e per questo mi innervosì ancora di più.

«Non faccio in tempo a finire la scuola e devo già fare questa cosa? A giugno! Magari vorrei andare al mare, rilassarmi e invece devo andare a Marsiglia[1]. Non si può aspettare l'autunno o l'inverno?»

Sul viso di mio padre si disegnò una smorfia di irritazione. Avere a che fare con me, il suo unico figlio, era diventato sempre meno facile.

1. **Marsiglia:** città della Francia, dove si trova il professor Gastaut.

LEGGO E PENSO

Sul viso... meno facile: Secondo te, perché gli adolescenti spesso irritano i loro genitori con risposte seccate e poco ragionevoli?

Respirò profondamente e parlò in modo lento.

«Ascoltami, Antonio. Quando ti ha visitato, Gastaut ha detto che dovevamo rivederci dopo tre anni. I tre anni sono passati. Ce la sbrighiamo in due giorni. Poi ti godi le vacanze.»

«Sto bene, che bisogno c'è?»

«Sì, stai bene, grazie al cielo, ma prendi la medicina. Non vorrai mica prenderla per tutta la vita? È una medicina molto forte e non va bene prenderla per tutta la vita.»

Ovviamente aveva ragione. Cercai una risposta, ma non la trovai. Così me ne andai in modo maleducato, senza salutarlo. Quindici giorni dopo siamo partiti per Marsiglia.

COMPRENDO E ANALIZZO

1. Comprendo le informazioni principali **Indica con una crocetta la risposta corretta.**

a. Antonio era uno dei primi della classe alle
1. □ medie.
2. □ elementari.

b. Il padre di Antonio gli comunica che
1. □ deve fissare un nuovo appuntamento con il professor Gastaut.
2. □ ha già fissato un nuovo appuntamento con il professor Gastaut.

c. Antonio risponde irritato al padre perché
1. □ finita la scuola, vorrebbe andare al mare a rilassarsi.
2. □ vorrebbe fissare l'appuntamento per il mese di maggio.

d. A causa dell'epilessia Antonio
1. □ è peggiorato a scuola.
2. □ si è sentito diverso ed escluso.

e. Il padre di Antonio desidera che suo figlio sia visitato dal professor Gastaut perché
1. □ non vuole che prenda inutilmente medicinali tutta la vita.
2. □ vuole prendersi due giorni di vacanza con lui.

f. Antonio capisce che il padre ha ragione, ma
1. □ continua a discutere e incolpa il padre della sua malattia.
2. □ se ne va in modo maleducato, senza salutare.

2. Individuo le caratteristiche dei personaggi **Specifica se i seguenti aggettivi si riferiscono ad Antonio, al padre di Antonio o alla maestra di Antonio.**

arrabbiato/-a • dispiaciuto/-a • ragionevole • ferito/-a • perplesso/-a • fragile

Padre di Antonio	Antonio	Maestra di Antonio
....	....	....
....	....	....

CONOSCO LE PAROLE

3. Individuo il rapporto tra le parole **Sottolinea la parola che non rientra nella stessa area di significato delle altre.**

colpa • equilibrio • vergogna • irritazione • maleducazione

IL ROMANZO E IL RACCONTO DI FORMAZIONE • Valori al bivio: Crisi o crescita?

SCRITTURA GUIDATA

1. Guarda una tua foto della prima media e descrivi i tuoi cambiamenti. Segui queste domande-guida.

- **a.** Com'è cambiato, a colpo d'occhio, il tuo aspetto fisico?
- **b.** Com'è cambiato il tuo carattere e il tuo modo di vedere le cose?
- **c.** C'è qualcosa del tuo aspetto o del tuo carattere di oggi che non ti soddisfa e che ti mette in crisi?

2. Scrivi un breve racconto di formazione, di cui tu sei il o la protagonista. Segui queste indicazioni.

- **a.** Ripensa a una situazione in cui ti sei sentito solo o sola e in difficoltà.
- **b.** Racconta come hai superato l'ostacolo e con l'aiuto di chi.
- **c.** Spiega perché, a tuo avviso, quella situazione ti ha fatto crescere.

A TE LA PAROLA!

Stai vivendo una fase delicata della tua vita, in cui può capitare di sentirsi soli o sole. Quando ti accade questo, cerchi il conforto degli adulti o preferisci la compagnia dei tuoi amici e delle tue amiche? Spiega il perché della tua scelta.

La mappa dei fondamentali

L'ALBERO DEI FONDAMENTALI

SINTESI IN 7 LINGUE

Il romanzo di formazione

1 Le caratteristiche

Descrive:

- l'**evoluzione** di una giovane o di un giovane verso la maturità;
- la **formazione** grazie alle **dure esperienze della vita**.

2 I personaggi

I **protagonisti** sono ragazze e ragazzi **"acerbi"** e **inesperti**.
Gli **antagonisti** sono **adulti freddi** e **insensibili**.
Gli **aiutanti** sono gli **adulti positivi** che diventano figure di riferimento.

3 Il tempo

- L'**epoca** e il **contesto storico** della vicenda sono **ben riconoscibili**.
- La **durata** della vicenda è abbastanza **ampia**, dall'infanzia fino alla giovinezza del protagonista o della protagonista.

4 Lo spazio

L'**ambientazione** è **realistica** e varia.
Il **contesto sociale** della vicenda è **ben descritto**, ma resta sullo sfondo.

5 I fatti e le azioni

Sono esperienze tipiche:

- la **conquista dell'autonomia** attraverso:
  - la scoperta di sé;
  - il confronto con gli adulti;
  - la separazione dalla famiglia;
  - la relazione di amicizia con il gruppo dei pari;
  - le prime esperienze d'amore;
  - il superamento di ostacoli, di "prove di iniziazione".
- l'**affermazione di sé** o l'**adattamento alla realtà**.

6 Le tecniche e il linguaggio

- **Focalizzazione interna** e racconto spesso in **prima persona**.
- **Coincidenza Autore-Narratore** nelle storie a sfondo **autobiografico**.
- Presenza di **discorso diretto**, **dialoghi** e **monologo interiore**.
- Presenza di **descrizioni soggettive**.
- Uso del ***flashback***.
- **Linguaggio vario**, legato alla condizione sociale dei personaggi.

Verifica formativa

tratto da: *L'isola di Arturo*, Einaudi, Torino 2014

Bacio di madre

Elsa Morante

DEVI SAPERE CHE...

Arturo è un ragazzo orfano di madre e cresciuto con il padre. Ha una giovanissima matrigna, che si chiama Nunziatella e che ha appena avuto un figlio.

ASCOLTA IL BRANO

Ripensavo a quanto mi ero offeso il giorno in cui Nunziatella mi aveva proposto di chiamarla mamma. Non mi sembrava giusto che, mentre io non avevo una madre, lei, invece, avesse un figlio. Ma la mia invidia più grande non l'ho ancora detta: lei gli dava dei baci. Troppi baci. Non sapevo che ci si potesse dare tanti baci: io non ne avevo dati né ricevuti mai! Guardavo quei due che si baciavano come si guarderebbe, da una barca nel mare, una terra che non si può raggiungere, misteriosa e incantata, piena di foglie e di fiori. La madre a volte giocava con il suo bambino come fanno gli animali piccoli con i loro fratelli: lo afferrava, lo stringeva e lo rivoltava, senza mai fargli male. E tutto finiva con tantissimi baci. Gli diceva: «Tengo fame[1]! Ti mangio!», faceva finta di essere una tigre feroce e invece lo baciava. Io vedevo la graziosa bocca del piccolo che si sporgeva a quei bacetti e mi ripetevo che non era giusto: a questo mondo, qualcuno ha tanto e qualcun altro, nulla. Mi sentivo pieno di invidia e di malinconia. Uscivo, e mi pareva che tutti si baciassero: le barche, legate vicine sulla spiaggia, si baciavano; il movimento del mare era come un bacio verso l'isola; le pecore che brucavano baciavano il terreno; l'aria baciava le foglie e l'erba. Perfino le nubi, in cielo, si baciavano! Fra la gente tutti conoscevano il sapore dei baci: le donne, i pescatori, gli straccioni, i ragazzi. Solo io non lo conoscevo. E mi venne una tale nostalgia di provarlo, che notte e giorno non pensavo ad altro. Mi mettevo a baciare, per prova, la mia barca o un'arancia che mangiavo, o il materasso su cui stavo disteso. Baciavo il tronco degli alberi, l'acqua del mare; baciavo i gatti che incontravo

1. **tengo fame**: «ho fame», in dialetto napoletano.

per la strada! E mi accorgevo di dare baci dolcissimi, veramente belli. Ma sentivo contro le mie labbra solo una corteccia ruvida o il salato dell'acqua; o vedevo vicino a me il muso di un animale che faceva le fusa e poi se ne andava. Il paragone con la bocca di Nunziatella, che, oltre a baciare, sapeva dire parole gentili, mi rendeva sempre più triste. Mi dicevo: anch'io, un giorno, bacerò qualcuno. Ma chi sarà? quando? chi sceglierò per la prima volta? E mi mettevo a pensare a diverse donne viste nell'isola, o a mio padre, o a qualche futuro amico. Ma simili baci mi parevano tutti senza sapore, senza valore. Li rifiutavo, anche soltanto nel pensiero, tutti. Non potevo conoscere la vera felicità dei baci, se mi erano mancati i primi, i più belli: i baci della madre. E allora, per consolarmi, immaginavo la scena di una madre che baciava un figlio con affetto quasi divino. E quel figlio ero io.

COMPRENDO E ANALIZZO

1. Comprendo le informazioni principali **Indica con una crocetta se le seguenti affermazioni sono vere V o false F.**

a. Nunziatella non vuole che Arturo la chiami "mamma". V F
b. Arturo non sopporta che Nunziatella baci tanto suo figlio. V F
c. Il bambino si sporge verso la madre quando lei gli parla e lo bacia. V F
d. Nunziatella, qualche volta, stringendo il figlio, gli fa del male. V F
e. Arturo ha ricevuto tanti baci in vita sua. V F
f. Arturo, notte e giorno, pensa sempre ai baci. V F
g. Nunziatella sa baciare e dire parole gentili. V F
h. Arturo non riesce a immaginare sua madre che lo bacia con affetto. V F

PUNTI .... /8

2. Seleziono e collego le informazioni principali **Sottolinea il completamento corretto.**

a. Arturo non ritiene giusto che Nunziatella abbia un figlio perché lui **non ha una madre** / **vuole essere il suo unico figlio**.
b. Arturo pensa che non sia giusto che **non gli lascino baciare il bambino** / **c'è chi ha tanto e chi nulla**.
c. Quando Arturo esce, gli pare che **tutti non facciano che baciarsi** / **i giovani non facciano che baciarsi**.
d. Arturo non potrà mai conoscere la vera felicità dei baci perché **non ha avuto i baci della mamma** / **non sa ancora baciare**.

PUNTI .... /4

CONOSCO LE PAROLE

3. Trovo le parole **Scrivi negli spazi la parola che indica ciò che è rappresentato nelle immagini. Si tratta di parole utilizzate nel racconto.**

a. ....

b. ....

c. ....

d. ....

PUNTI .... /4

GLI INGREDIENTI DEL GENERE

4. Individuo gli ingredienti del romanzo di formazione **Indica con una crocetta gli elementi che caratterizzano i racconti e i romanzi di formazione.**

PROTAGONISTI
- **a.** ☐ Anziani ormai vicini alla morte.
- **b.** ☐ Giovani acerbi e inesperti.

FATTI E AZIONI
- **a.** ☐ Conquista dell'autonomia e affermazione di sé.
- **b.** ☐ Scoperta di mondi paralleli.

ANTAGONISTI
- **a.** ☐ Adulti freddi e insensibili.
- **b.** ☐ Donne senza figli.

AMBIENTAZIONE
- **a.** ☐ Realistica.
- **b.** ☐ Fantastica.

PUNTI .... /4

TOTALE PUNTI .... /20

3 Storie dall'universo dei sogni: il fantastico

PER ENTRARE NEL GENERE

Osserva l'immagine e rispondi.

a. Che cosa c'è di strano nell'immagine?

....

b. Secondo te, l'immagine rappresenta una scena realistica o fantastica?

....

c. Che cosa pensi delle storie che sono frutto della fantasia? Trovi che siano adatte solo ai più piccoli o ti sembrano affascinanti?

....

VIDEO
I concetti chiave

Che cos'è il genere fantastico

▶ I **romanzi** e i **racconti fantastici** si basano su **storie** che all'inizio **sembrano verosimili e realistiche**, ma poi diventano **incredibili** e **assurde**.

▶ I **protagonisti** sono **persone normali** alle quali accade un **fatto straordinario** e misterioso che sconvolge la loro vita.

I **personaggi fantastici** che caratterizzano queste storie hanno **aspetto** e **forme diverse**: possono essere ombre, personaggi misteriosi, entità, animali straordinari...

▶ Le storie fantastiche sono **ambientate** in **luoghi di vario tipo**, che spesso, lungo il racconto, diventano **irriconoscibili** e assumono un significato **simbolico**.

▶ Il **tempo** in queste storie è simile a quello dei **sogni**: può dilatarsi, essere sospeso o tornare indietro.

▶ I **fatti** e le **azioni** prendono avvio da una **vicenda iniziale** che "si complica" a causa di alcuni **eventi inspiegabili**. Vediamoli.

- **L'INGRESSO IN UN'ALTRA DIMENSIONE** Il protagonista entra in una dimensione in cui **spazio** e **tempo** sono **distorti**, come nei sogni.
- **LA METAMORFOSI** Un personaggio della storia subisce una **metamorfosi**, cioè una **trasformazione**, e diventa, ad esempio, più grande o più piccolo.
- **LO SDOPPIAMENTO** Il protagonista **si sdoppia** nella personalità o nell'aspetto.

▶ Nei romanzi e nei racconti fantastici viene impiegata la **tecnica della suspense** che genera mistero e angoscia.

▶ Il **finale** spesso è **aperto**: la vicenda resta come sospesa e genera nel lettore dubbio e sorpresa.

Desiderio o ossessione?

La nostra mente è in grado di concepire **fantasie** incredibili, ma anche di dare voce alle **ansie** e alle **paure**. Quando pensiamo, infatti, possiamo immaginare un **mondo fantastico** in cui finalmente si realizzano i nostri **desideri** più nascosti. Questi, però, portati all'eccesso, possono anche diventare **ossessioni**, cioè **preoccupazioni fisse** e martellanti.

Imparo a pensare

Osserva le immagini e scrivi negli spazi quale delle due, secondo te, rappresenta il concetto di DESIDERIO e quale il concetto di OSSESSIONE.

A

B

Ora rispondi alle domande.

a. Che cosa rappresenta l'immagine **A**? E l'immagine **B**?

b. Perché, a tuo avviso, il personaggio dell'immagine **A** è sorridente e quello dell'immagine **B**, invece, è infelice e insoddisfatto?

c. Secondo te, a quale dei due personaggi assomigli più spesso? Perché?

tratto da: *Il ritratto di Dorian Gray*, trad. di B. Bini, Feltrinelli, Milano 2013

Quella sfumatura di crudeltà

Oscar Wilde

DEVI SAPERE CHE...

Dorian Gray è un giovane inglese bellissimo, ma ama i piaceri e si comporta in modo crudele con le persone. Un suo amico pittore gli ha fatto uno stupendo ritratto. Un giorno, però, rientrando a casa, Dorian scopre che l'espressione del volto nel quadro è cambiata: il ritratto invecchia al suo posto e riflette tutte le azioni crudeli che Dorian commette.

ASCOLTA IL BRANO

Mentre apriva la porta, gli occhi di Dorian caddero sul ritratto che gli aveva fatto Basil Hallward. La sorpresa gli fece fare un balzo indietro. Dorian entrò in camera con un'aria incerta, si tolse il fiore che portava sulla giacca e si fermò. Poi tornò indietro, andò verso il ritratto e lo guardò. Nella debole luce che filtrava attraverso le tende di seta color crema, il volto del quadro sembrava cambiato. L'espressione era diversa; nella bocca c'era una sfumatura di crudeltà. Era senza alcun dubbio una cosa strana.

Si voltò, andò alla finestra e tirò su la persiana. La luce dell'alba inondò la stanza e spazzò via le ombre. Ma l'espressione strana nel ritratto c'era ancora. Anzi, sembrava più intensa. La forte luce del sole mostrava attorno alla bocca del viso dipinto linee crudeli, come se Dorian si guardasse allo specchio dopo avere commesso qualcosa di tremendo.

LEGGO E PENSO

come se Dorian... tremendo: Secondo te, la malvagità dell'animo lascia nel tempo anche dei segni sul volto?

Dorian sussultò, prese dalla tavola uno specchio ovale e si guardò. Sulle sue labbra rosse non c'era nessuna linea di quel tipo. Che cosa significava? Si sfregò gli occhi, si avvicinò al quadro e lo esaminò un'altra volta. Guardando la pittura non vide nessuna alterazione. Eppure tutta l'espressione del volto era cambiata.

Non era immaginazione, era un'orribile realtà.

Dorian si lasciò cadere su una sedia. Gli tornò in mente quello che aveva detto nello studio di Basil Hallward, quando il pittore aveva finito il ritratto. Sì, lo ricordava perfettamente. Aveva espresso il desiderio pazzesco di rimanere giovane per sempre. Voleva che invecchiasse il ritratto, che la faccia sulla tela portasse il peso delle sue passioni e dei suoi peccati, mentre la sua bellezza doveva restare uguale. Voleva che la sofferenza segnasse il ritratto, mentre lui doveva conservare la grazia dell'adolescenza. Il suo desiderio si era forse realizzato? Cose di questo genere erano impossibili e pensarle era mostruoso.

LEGGO E COMPRENDO

Cose... mostruoso: Dorian considera la realizzazione del suo desiderio una benedizione o una maledizione?

▶ ....

Eppure il ritratto stava di fronte a lui con quella sfumatura di crudeltà nella bocca.

COMPRENDO E ANALIZZO

1. Comprendo le informazioni principali **Indica con una crocetta se le seguenti affermazioni sono vere V o false F.**

a. Dorian, quando rientra, non guarda subito il suo ritratto. V F
b. Il volto del ritratto, illuminato dalla luce esterna, sembra cambiato. V F
c. Sono comparsi dei tratti gentili attorno alla bocca raffigurata nel dipinto. V F
d. Dorian, guardandosi allo specchio, vede che la sua bocca è deformata. V F
e. Dorian esamina una seconda volta il ritratto. V F
f. Dorian è entusiasta e non riesce a riflettere. V F
g. Dorian in passato aveva espresso il desiderio che il ritratto invecchiasse al posto suo. V F
h. Il desiderio di Dorian sembra si sia realizzato. V F

2. **Seleziono e collego le informazioni principali** **Indica con una crocetta gli oggetti che si trovano a casa di Dorian.**

A

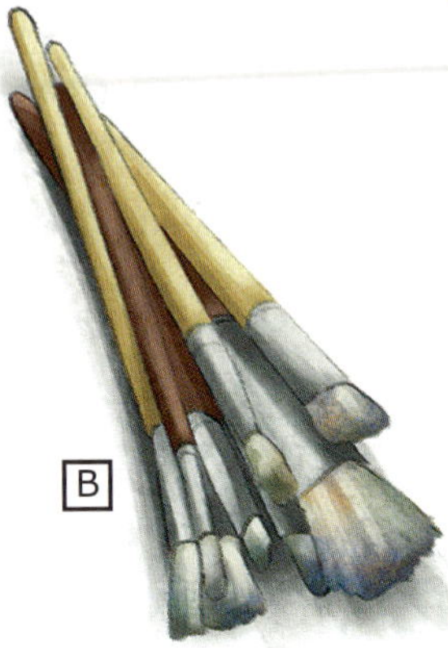

B

C

D

3. **Individuo le caratteristiche dei personaggi** **Completa le frasi che descrivono lo stato d'animo del protagonista con le parole corrette. Sceglile dall'elenco.**

spaventato • sconvolto • sorpreso • incerto

Dorian...

a. appena vede il ritratto, è ....
b. quando entra in camera, è ....
c. quando si guarda allo specchio, è ....
d. quando si lascia cadere sulla sedia, è ....

4. **Analizzo il testo** **Indica con una crocetta in quale delle seguenti frasi è presente una descrizione.**

a. □ Poi tornò indietro, andò verso il ritratto e lo guardò.
b. □ ...il volto del quadro sembrava cambiato. L'espressione era diversa; nella bocca c'era una sfumatura di crudeltà.
c. □ Voleva che invecchiasse il ritratto, che la faccia sulla tela portasse il peso delle sue passioni e dei suoi peccati...

CONOSCO LE PAROLE

5. **Trovo i contrari** **Associa le parole di sinistra al loro contrario.**

a. luce	......	**1.** sofferenza
b. immaginazione	......	**2.** invecchiare
c. rimanere giovani	......	**3.** realtà
d. grazia	......	**4.** ombra

tratto da: *Lettere dalla provincia*, in *Ombre*, Adelphi, Milano 1994

In letargo

Tommaso Landolfi

DEVI SAPERE CHE...

Anne è una ricca signora di Parigi che va a vivere nei suoi possedimenti di campagna. La sua amica Solange rimane in città, perciò Anne le scrive una lettera in cui descrive un fatto incredibile che accade in quei luoghi all'arrivo dell'inverno.

ASCOLTA IL BRANO

Cara Solange,
l'inverno si avvicina a grandi passi, anzi da queste parti è già arrivato e la gente già comincia a cadere in letargo. Ormai non conto più le sacche piene che vedo appese alle travi durante le mie visite nelle case. Da queste sacche fuoriesce in liquido maleodorante come se fossero piene di grasso. Sono coperte dalla fuliggine[1] dei camini, perché sono quasi sempre in cucina. Per quanto schifoso, lo spettacolo all'inizio è sorprendente.

LEGGO E PENSO

Per quanto schifoso... sorprendente: Secondo te, la diffidenza che si prova verso alcune usanze straniere è qualcosa di naturale? Perché?

Confesso che non avevo mai visto una creatura umana in letargo[2]. [...]

Le persone in letargo sono poco visibili, stanno lì immobili come pezzi di legno e non si sentono neppure respirare. Curiosa davvero questa razza[3], che non teme di smettere di vivere per tutto l'inverno. Curiosa e forse saggia; ma lasciamo da parte la filosofia.

Piuttosto mi domando: il letargo qui è un'abitudine, oppure è qualcosa che appartiene alla natura di questa gente? Oppure ancora l'abitudine è diventata la loro natura? Non so che idea farmi.

Chissà poi perché mi perdo in queste riflessioni, forse è un altro effetto di questa vita. Insomma, sta' a sentire.

Qualche giorno fa c'era in una di queste povere case un bimbetto bellino, che io conoscevo, un mio piccolo amico. Lo stavano preparando al letargo. Lui sbadigliava e si fregava i pugni sugli occhi. Ma a me dispiaceva che

1. **fuliggine:** sostanza scura che si deposita nei camini.
2. **letargo:** stato di torpore simile al sonno profondo, tipico di alcuni animali durante l'inverno.
3. **questa razza:** la gente del luogo.

4. **moccioso:** bambino.
5. **leccornìe:** cibi e dolci speciali.

buttasse via così quattro o cinque mesi della sua giovane vita.

LEGGO E COMPRENDO

Ma a me dispiaceva vita: Anne approva che il bambino vada in letargo per diversi mesi?

▶ ....

Parlai ai suoi genitori. Dissi che potevo prendere il bimbo con me per l'inverno. Li avrei liberati di una bocca da sfamare e mi sarei sforzata di tenerlo sveglio, di farlo interessare alla vita, che diamine! Questi mi capirono solo in parte. Chiesero al moccioso[4], lui borbottò qualcosa e alla fine lo portai con me al castello.

È inutile che ti racconti tutto quello che ho fatto per tenerlo in salute e allegro, o anche soltanto sveglio. Non ci sono riuscita. Niente lo divertiva, sbadigliava sempre e sembrava volere soltanto dormire. Anzi, si addormentava davvero qua e là per la casa, tra le mie braccia mentre gli parlavo, mentre mangiava le leccornìe[5] più insolite. Eppure il bimbo è tutt'altro che sciocco.

Per concludere, ho dovuto riportarlo, profondamente addormentato, ai suoi genitori. Loro, con un sorriso che voleva dire che se l'aspettavano, lo hanno subito messo nella sua sacca, dicendo: «E ora se ne riparlerà ad aprile, almeno».

Ebbene, che cosa ne dici?

Oh, ma perché mi scrivi così poco, perché non mi racconti mai di Parigi e della vostra vita? Cosa credi, che io sia diventata davvero una selvaggia?

Addio, scrivi presto.

COMPRENDO E ANALIZZO

1. Comprendo le informazioni principali **Indica con una crocetta la risposta corretta.**

a. Che cosa vede Anne durante le sue visite nelle case?
   1. □ Vede degli animali in letargo.
   2. □ Vede delle sacche appese alle travi.

b. Perché Anne considera queste sacche uno spettacolo schifoso?
   1. □ Perché dalle sacche fuoriesce del grasso.
   2. □ Perché dalle sacche fuoriesce un liquido maleodorante.

c. Perché Anne è sorpresa?
   1. □ Perché le sacche sono tutte di forma e colore diverso.
   2. □ Perché non ha mai visto un essere umano in letargo.

d. Che cosa dice Anne ai genitori di un suo piccolo amico?
   1. □ Dice che è disposta a prendere il bambino con sé per l'inverno.
   2. □ Dice che vuole adottare il bambino.

e. Come reagisce il bambino alle cure di Anne?
   1. □ Dimostra solo il desiderio di dormire.
   2. □ Dimostra interesse e gratitudine.

f. Che cosa è costretta a fare Anne alla fine?
   1. □ Deve riportare il bambino addormentato dai suoi genitori.
   2. □ Deve tornare dai genitori del bambino l'anno seguente in aprile.

2. Ricostruisco le informazioni principali **Indica con una crocetta l'immagine che rappresenta il luogo in cui è ambientata la vicenda.**

3. Analizzo il testo **Indica con una crocetta se nelle frasi è presente un discorso diretto** DD **o un discorso indiretto** DI**.**

a. Dissi che potevo prendere il bimbo con me per l'inverno. DD DI

b. Dissero: «E ora se ne riparlerà ad aprile, almeno». DD DI

CONOSCO LE PAROLE

4. Capisco le parole **Indica il significato che le seguenti parole hanno nel brano che hai letto.**

a. maleodorante
1. □ che emana un odore gradevole
2. □ che emana un odore sgradevole
3. □ che è di cattivo augurio

b. saggio
1. □ colto
2. □ saccente
3. □ sapiente

c. sorprendente
1. □ stupefacente
2. □ gratificante
3. □ allarmante

d. selvaggio
1. □ brutale
2. □ incivile
3. □ libero

IL FANTASTICO • Valori al bivio: Desiderio o ossessione?

SCRITTURA GUIDATA

1. Ti è mai capitato di entrare a casa di qualcuno che conosci e di rimanere meravigliato o meravigliata per qualche ragione? Segui queste indicazioni e racconta.

a. Spiega che cosa ha suscitato il tuo stupore: l'arredamento di una stanza, la presenza di animali, la quantità di giochi disponibili...

b. Descrivi che cosa hai provato (invidia, ammirazione, disgusto...) e spiega perché.

2. Scrivi un breve racconto fantastico, in cui il o la protagonista scopre che il suo animale domestico può parlare. Segui queste indicazioni.

a. Scegli l'animale che più ti ispira per una situazione del genere.

b. Immagina che l'animale, prima fedele e amichevole, diventi poi invadente e insopportabile.

c. Spiega come il o la protagonista, esasperato/-a, riesce a far tornare il suo animale come prima.

A TE LA PAROLA!

Ti capita mai di fissare a lungo il tuo volto allo specchio, mettendo a fuoco tutti i particolari? Spiega perché, secondo te, lo fai. In particolare, racconta di quella volta in cui hai scoperto con stupore un dettaglio che non avevi mai notato prima.

La mappa dei fondamentali

L'ALBERO DEI FONDAMENTALI

SINTESI IN 7 LINGUE

Il fantastico

1 Le caratteristiche

Storie inizialmente **verosimili** che poi diventano **surreali**, inverosimili.

2 I personaggi

- I **protagonisti** sono persone **normali** la cui vita è sconvolta da un **fatto incredibile**.
- I **personaggi fantastici** hanno aspetto e forme **diverse** (ombre, personaggi o forze misteriosi, entità, **animali** straordinari...).

3 Il tempo e lo spazio

- Il **tempo** può dilatarsi, essere sospeso, tornare indietro (dimensione **onirica**).
- I **luoghi** sono di vario tipo, ma spesso sono **irriconoscibili** e rappresentati in chiave **simbolica**.

4 I fatti e le azioni

Nella realtà quotidiana si verificano **eventi straordinari** come:

- l'ingresso in un'**altra dimensione;**
- la **metamorfosi**;
- lo **sdoppiamento**.

5 Le tecniche e il linguaggio

- Narrazione in **terza** o **prima persona**.
- Uso della tecnica della **suspense**.
- **Finale aperto**.
- Presenza di **pause narrative** (**descrizioni e riflessioni**).
- **Linguaggio ricco** di aggettivi e superlativi.

Verifica formativa

tratto da: *Viaggi sulla Luna*, a cura di F. Farina, Racconti edizioni, Roma 2019

Una folle evasione

Walter Fontana

DEVI SAPERE CHE...

L'uomo è sbarcato sulla Luna nel 1969. Tuttavia, dopo quella grande conquista della scienza e della tecnica, in America alcuni hanno cominciato a credere che lo sbarco non sia mai avvenuto. La storia che leggerai si prende gioco di questa teoria che viene detta "complottista".

ASCOLTA IL BRANO

Il giovane Peter è un ingegnere americano. È convinto che lo sbarco sulla Luna del 1969 sia stato una grande finzione e lo vuole dimostrare. Raccoglie quelle che gli sembrano prove, va in tv e alla radio, scrive libri.

Un giorno viene invitato a un importante talk-show[1]. Sull'aereo che lo porta agli studi televisivi si avvicinano due signori. Lavorano per la Nasa[2] e gli dicono che lui ha ragione: nel 1969 nessuno è andato sulla Luna. Spiegano che la Nasa si è inventata tutto perché a quel tempo gli Stati Uniti avevano bisogno di prestigio internazionale. Rivelare la verità sarebbe imbarazzante.

I due signori spiegano anche che nel 1969 non c'era la tecnologia per andare sulla Luna, ma adesso sì. Ha fatto passi da gigante, la tecnologia. «Ad esempio, Peter, questo aereo è in grado di volare oltre l'atmosfera. Lo sai dove siamo diretti? Guarda un po' fuori dal finestrino.»

Nello spazio nero, la Luna si avvicina.

L'invito in tv era finto: aereo, passeggeri, equipaggio fanno parte della trappola. Invece che al suo talk-show, Peter è trasportato sulla Luna. Peter sbarca con la tuta da astronauta in una distesa bianca dove c'è una base abitata. Che sorpresa!

Peter si trova in una comunità di persone come lui, che negano l'impresa lunare. Li hanno deportati lì negli anni per nascondere la verità. Peter inizia la sua vita da deportato spaziale nella base lunare, che si chiama "Non siamo mai stati sulla Luna".

1. **talk-show:** programma televisivo basato su interviste e dibattiti.
2. **Nasa**: è l'agenzia spaziale degli Stati Uniti.

Nella base i prigionieri sono quasi tutti scienziati che nel corso degli anni hanno scoperto la verità. Li hanno trasportati sulla Luna quando i voli spaziali sono diventati davvero possibili. [...]

Alcuni prigionieri progettano una folle evasione: stanno costruendo di nascosto una micro-astronave con materiali di recupero. Dopo mille problemi, grazie anche a Peter che fa funzionare un vecchio computer, riescono nell'impresa. Decollano dalla base lunare. Dopo un minuto, dalla Terra si accorgono della fuga. Gli evasi schivano per miracolo i razzi della Nasa e sbarcano sulla costa del Portogallo. Tuttavia la popolazione li accoglie con indifferenza, anche perché loro argomenti non sono molto convincenti.

«Da dove venite?» chiedono i portoghesi. «Dalla Luna.» «Dalla Luna? E com'è possibile?» «Ci tenevano prigionieri sulla Luna per nascondere una scomoda verità.» «Quale?» «Che non siamo mai stati sulla Luna.» «Ma voi da dove avete detto che venite?» «Dalla Luna.»

Vanno avanti così per ore. E più si agitano, meno credono a loro.

Gli ex prigionieri lunari finiscono a ripetere la loro assurda verità in qualche talk-show a tarda sera, trascurati da tutti.

COMPRENDO E ANALIZZO

1. Selezionoe collego le informazioni principali **Completa la sintesi del brano con le parole adeguate. Sceglile dall'elenco.**

verità • talk-show • 1969 • Portogallo • finzione • trascurati • sbarco • micro-astronave • Luna • spaziali

L'americano Peter è convinto che lo **a.** sbarco .... sulla Luna del **b.** .... sia stato una grande **c.** finzione .... e lo vuole dimostrare. Mentre pensa di recarsi a un **d.** spaziali .... nazionale, viene trasportato sulla **e.** Portogallo .... dove c'è una base abitata da persone che negano l'impresa come lui: finisce così in una comunità di deportati **f.** 1969 .... Peter, però, insieme ad altri prigionieri, riesce a evadere con una **g.** luna .... e sbarca in **h.** verità .... Qui gli evasi non vengono creduti e finiscono per ripetere la loro assurda **i.** talk-show .... in qualche talk-show, **l.** trascurati .... da tutti.

PUNTI .... /10

2. Analizzo il testo **Completa le affermazioni in modo corretto.**

Il racconto è ...

a.
1. ☑ narrato in prima persona.
2. ☐ narrato in terza persona.

b.
1. ☑ ricco di dialoghi.
2. ☐ privo di dialoghi.

c.
1. ☐ prevalentemente descrittivo.
2. ☑ prevalentemente narrativo.

PUNTI	.... /3

CONOSCO LE PAROLE

3. Capisco le parole **Associa ciascun modo di dire basato sulla parola *luna* con il suo significato.**

a. Avere la luna storta. ..b..
b. Volere la luna. ..e..
c. Vedere dei chiari di luna. ..c..
d. Far vedere la luna nel pozzo. ..d..
e. Avere la luna tra le gambe. ..a..

1. Vivere un periodo di difficoltà economica.
2. Essere irritabili, di pessimo umore.
3. Ingannare qualcuno, facendogli credere cose assurde o impossibili.
4. Avere le gambe arcuate.
5. Aspirare a cose troppo grandi.

PUNTI	.... /5

GLI INGREDIENTI DEL GENERE

4. Individuo gli ingredienti del genere fantastico **Indica con una crocetta i due elementi che NON caratterizzano i racconti e i romanzi fantastici.**

a. ☐ personaggi fantastici

b. ☐ ambientazione realistica

c. ☑ ingresso in un'altra dimensione

d. ☐ denuncia dell'ingiustizia sociale

e. ☐ sdoppiamento dei personaggi

f. ☐ metamorfosi dei personaggi

PUNTI	.... /2

TOTALE PUNTI	.... /20

4 Storie che vengono dal futuro: la fantascienza

PER ENTRARE NEL GENERE

Osserva l'immagine e rispondi.

a. Chi sono gli esseri rappresentati nell'immagine?

....

b. Quali altri elementi sono rappresentati?

....

c. Ti capita mai di pensare a come si vivrà in futuro grazie al progresso tecnologico?

....

VIDEO
I concetti chiave

Che cos'è la fantascienza

▶ Come suggerisce la parola, i **romanzi** e i **racconti di fantascienza** narrano storie di **fantasia** che sembrano verosimili grazie ai **fondamenti scientifici** su cui si basano.

▶ Il **protagonista** è generalmente un **essere umano** che viene ostacolato da un **alieno** o da una **macchina**. Questi svolgono il ruolo di **antagonisti**, anche se in alcune storie i ruoli possono essere invertiti.

▶ I romanzi e i racconti di fantascienza sono generalmente ambientati in un **futuro lontano**, ma talvolta anche nel presente o nel passato.

▶ I **luoghi** in cui si svolge la vicenda sono vari: ad esempio, lo **spazio** profondo, **mondi** lontani o la **Terra**, presentata con tratti diversi da quelli consueti.

▶ Nella fantascienza, i **fatti** e le **azioni** presentano alcuni **elementi comuni**. Vediamoli.

- LO SGUARDO RIVOLTO AL FUTURO Alcuni autori immaginano un **futuro positivo e desiderabile**, altri un **futuro angosciante e terribile**.
- IL VIAGGIO NELLO SPAZIO E NEL TEMPO Sono viaggi che permettono di confrontarsi con **altri mondi** o con il **proprio mondo in un'epoca diversa**.
- L'INCONTRO O LO SCONTRO CON GLI ALIENI Gli alieni sono visti talvolta come esseri pacifici e amici, altre volte come **individui ostili**, pronti a conquistare la Terra.
- IL RAPPORTO CON LA TECNOLOGIA, LE MACCHINE E I ROBOT La **tecnologia**, grazie all'intelligenza artificiale, finisce spesso per **dominare gli esseri umani**.

▶ Nei romanzi e nei racconti di fantascienza, si ricorre alla **tecnica della** ***suspense***, ai **colpi di scena** e al **finale a sorpresa**.

Progresso o regresso?

Le storie di **fantascienza** descrivono spesso un **futuro terribile**, pieno di guerre e di terribili calamità, a causa di uno **sviluppo tecnologico** fuori controllo. **Scienza** e **tecnologia**, se utilizzate in modo **sbagliato**, non conducono più al **progresso** bensì sono un fattore di **regresso**, cioè determinano un ritorno al **passato**, un peggioramento della vita dell'uomo.

Imparo a pensare

Osserva le immagini e scrivi negli spazi quale delle due, secondo te, rappresenta il concetto di PROGRESSO e quale il concetto di REGRESSO.

A

....

B

....

Ora rispondi alle domande.

a. Secondo te, il passaggio dalla carrozza all'automobile può essere definito un progresso? Perché?

....

b. L'invenzione dell'automobile, a tuo avviso, ha avuto solo conseguenze positive per l'uomo e l'ambiente?

....

c. Tu ritieni che la tecnologia e la scienza ci garantiranno sempre il progresso o temi che, se impiegate in modo poco consapevole, potrebbero portarci a un regresso?

....

tratto da: *L'esame*, in *Le meraviglie del possibile*, a cura di C. Fruttero e S. Solmi, trad. di C. Fruttero, Einaudi, Torino 2014

Prova d'esame

Richard Matheson

DEVI SAPERE CHE...

Questa storia, scritta nel 1954, si svolge in un futuro immaginario nel quale ogni cinque anni gli anziani devono superare un esame. Se non lo superano, vengono uccisi con una iniezione mortale. Il protagonista del racconto si chiama Tom ed è un uomo di ottanta anni che affronta questo esame con l'aiuto del figlio Les.

ASCOLTA IL BRANO

Poi passarono alle domande sul denaro. Le domande erano «Quanti quarti di dollari ci sono in un biglietto da cinque dollari?» oppure «Se prendo 36 centesimi del vostro dollaro, quanti spiccioli vi restano?».

Bisognava rispondere per iscritto in un certo tempo. Les doveva cronometrare suo padre. Regnava un tranquillo silenzio nella casa, un senso di tepore[1]. Tutto sembrava normale: loro due seduti al tavolo e Terry che cuciva in salotto.

Era questo l'orrore.

La vita continuava come al solito. Nessuno parlava della morte. Il governo scriveva alle persone anziane e loro si presentavano a sostenere l'esame. Chi non superava l'esame doveva passare al Centro governativo per l'iniezione. La legge funzionava perfettamente, il numero di morti rimaneva uguale e non c'era il problema della sovrappopolazione[2]. Tutto avveniva senza un grido e senza emozioni.

LEGGO E PENSO

La legge funzionava perfettamente... emozioni: Perché, secondo te, nella vita reale non si potrebbe mai accettare un metodo simile per risolvere il problema della sovrappopolazione?

Ma erano persone care che venivano uccise.

«Inutile star lì a guardare quell'orologio» disse suo padre a Les. Posso benissimo rispondere a queste domande senza che tu stia a sbavare su quell'orologio.»

«Papà, anche gli esaminatori avranno l'orologio in mano.»

1. **tepore:** calore, intimità della casa.
2. **sovrappopolazione:** si verifica quando la popolazione è eccessiva rispetto alle risorse disponibili in un luogo.

«Tu non sei un esaminatore» scattò Tom.

«Papà, cerco solo di aiutar... »

«E allora aiutami, aiutami... Non star lì a sbavare su quell'orologio.»

«È il tuo esame, papà, non il mio» disse Les, arrabbiato.

«Sì, il mio esame!» esplose suo padre. «Ci avete pensato voi, vero? Ci avete pensato voi a fare in modo che... che... »

Le parole gli mancarono di nuovo, mentre la rabbia aumentava.

«Non è il caso di urlare, papà.»

«E chi urla?»

«Papà, i bambini dormono!» interruppe improvvisamente la voce di Terry.

«E che vuoi che m'importi... » Tom tacque di colpo e si appoggiò allo schienale della sedia. La matita gli cadde dalla mano e rotolò sulla tovaglia.

Tom rimase lì floscio, con i brividi. Respirava in modo faticoso e le mani gli tremavano, senza controllo.

«Vuoi che andiamo avanti, papà?» disse Les, sforzandosi di vincere la rabbia.

«Non chiedo molto dalla vita» Tom mormorò tra sé.

«Papà, andiamo avanti?»

Suo padre si irrigidì. «Se il signore ha tempo da perdere» disse adagio, con orgoglio. «Se il signore può dedicarmi il suo tempo.»

Les riprese a leggere il questionario.

Domande psicologiche? No, era meglio lasciarle perdere.

Come si possono chiedere al proprio padre di 80 anni le sue opinioni sul sesso?

«Allora?» chiese Tom, alzando la voce.

«Mi pare che non ci sia più niente» disse Les. «Sono quattro ore, ormai, che lavoriamo.»

«E tutti quei fogli che hai in mano?»

«Riguardano quasi tutti... l'esame fisico, papà.»

Il vecchio si limitò a dire: «Bell'amico. È proprio un bell'amico il dottore».

«Papà, tu...»

Les s'interruppe. Era inutile parlarne ancora. Il dottor Trask non poteva dargli un certificato medico per evitare quel test.

Les sapeva che suo padre aveva paura di spogliarsi davanti a un medico e di rispondere a domande umilianti. Sapeva che, mentre Tom si rivestiva, il medico lo avrebbe osservato di nascosto, registrando tutti i suoi movimenti, ogni errore, ogni indecisione.

Sapeva che il vecchio aveva terrore di quegli occhi che durante il pasto nella mensa del Centro avrebbero continuato a sorvegliarlo, per vedere se lasciava cadere una forchetta o un cucchiaio, o rovesciava un bicchiere d'acqua o si faceva sgocciolare il sugo sulla camicia.

LEGGO E COMPRENDO

quegli occhi che durante il pasto nella mensa del Centro avrebbero continuato a sorvegliarlo: Perché gli esaminatori avrebbero controllato Tom anche a mensa?

▶ ....

«Ti chiederanno di scrivere il tuo nome e indirizzo» disse Les, per distogliere suo padre dal pensiero dell'esame medico. Il vecchio Tom era molto fiero della sua calligrafia.

Il vecchio raccolse la matita e scrisse. Li metterò nel sacco, pensò mentre la matita scorreva attraverso il foglio rapida e sicura. «Thomas Parker» scrisse, «2719 Brighton Street, Blairtown, New York.»

«E la data» disse Les.

Il vecchio scrisse «17 gennaio 2003» e sentì qualcosa di gelido dentro di sé. Il giorno dopo lo aspettava l'esame.

COMPRENDO E ANALIZZO

1. **Comprendo le informazioni principali** **Indica con una crocetta la risposta corretta.**

a. A quale scopo Tom deve sottoporsi a un esame?
1. □ Per evitare un'iniezione mortale.
2. □ Per ottenere la pensione.

b. Chi lo aiuta a prepararsi per la prova?
1. □ Sua moglie Terry.
2. □ Suo figlio Les.

c. Da chi è stato deluso Tom?
1. □ Da suo figlio Les.
2. □ Dal dottor Trask.

d. Di che cosa ha paura Tom?
1. □ Ha paura di spogliarsi davanti a un medico e di rispondere a domande umilianti.
2. □ Ha paura di dover rivelare informazioni personali.

e. Di che cosa è orgoglioso Tom?
1. □ Della sua forma fisica.
2. □ Della sua calligrafia.

2. **Individuo le caratteristiche dei personaggi** **Indica con una crocetta se le seguenti caratteristiche si riferiscono a Tom** T **o a Les** L.

Tom

a. irritante T L
b. ragionevole T L
c. arrabbiato T L
d. affaticato T L
e. paziente T L
f. delicato T L
g. orgoglioso T L
h. disponibile T L

Les

CONOSCO LE PAROLE

3. **Capisco le parole** **Associa ciascun modo di dire, in cui è presente la parola *sacco*, al suo significato.**

a. mettere nel sacco ....
b. mettere a sacco ....
c. vuotare il sacco ....
d. sembrare un sacco ....

1. rivelare segreti o confidenze
2. ingannare, raggirare
3. avere un aspetto senza forma
4. depredare, fare bottino

tratto da: *Blueprint*, trad. di D. Luciani, Edizioni EL, S. Dorligo della Valle (TS) 2001

La rivolta del clone

Charlotte Kerner

DEVI SAPERE CHE...

Siri è il clone di Iris, cioè la sua copia esatta ottenuta grazie all'ingegneria genetica. Iris è una pianista senza figli con una grave malattia, che vuole tramandare a Siri il suo talento. A 16 anni però Siri va a vivere in un'altra città e, quando Iris va a trovarla, scopre che Siri ha cambiato completamente aspetto: ha i capelli cortissimi con ciocche rosso fuoco.

ASCOLTA IL BRANO

Iris arrivò puntualissima. Quando Siri aprì la porta, Iris rimase senza parole.

«Non mi riconosci?» disse Siri con la sua voce stridula. Iris non riusciva a dire niente per lo stupore.

LEGGO E COMPRENDO

Iris non riusciva a dire niente per lo stupore: Perché Iris è stupita?

▶ ....

Si sedettero al grande tavolo di cucina e Siri le versò un bicchiere di acqua minerale. Iris bevve avidamente.

«Niente paura, madrella[1], sono sempre il tuo genotipo[2]» disse Siri. «Solo l'ambiente mi ha un po' cambiata. Perfino i cloni possono evolversi in modo inaspettato. Ti sei sbagliata. Io sono un errore.»

LEGGO E PENSO

Ti sei sbagliata. Io sono un errore: Un essere umano, secondo te, può mai essere definito un errore?

«No, tu non sei un errore» disse Iris in tono quasi affettuoso.

«Certo che lo sono. Si può sapere perché vivo? Dimmelo una volta per tutte.» Siri parlava con durezza. [...]

«Ma io ti voglio un bene immenso. Sei ingiusta» sussurrò Iris.

«Perché, quello che hai fatto tu è stato giusto? Io sono un essere umano programmato, con uno sviluppo previsto fin dall'inizio» [...]

1. **madrella:** madre. Siri chiama così Iris perché non è una vera e propria figlia, ma un clone.
2. **genotipo:** l'insieme dei geni che determinano le caratteristiche di una persona, come il colore dei capelli o degli occhi.

Iris cercò di restare calma: «Ho sbagliato, lo so, ma Siri, ascolta...».

«No, non voglio più ascoltarti.» Siri si tappò le orecchie. «Adesso ascolto soltanto me.».

Iris si mise a gridare: «Ricordati i bei tempi! Tu hai avuto tutto da me: affetto, talento e incoraggiamento. Eri felice e soddisfatta. E che fai tu? Butti tutto al vento, con cattiveria. Sei solo un... un...».

Iris si bloccò alla parola che stava per dire.

«Vuoi dire un essere irriconoscente?» gridò Siri. «La parola essere ti è rimasta in gola? Non hai il coraggio di dire la verità? Hai paura di me? Ti senti strangolata, uccisa dal tuo clone?»

Siri a un tratto puntò un coltello al collo di Iris. Non sapeva come se lo fosse ritrovato in mano; un minuto prima il coltello era nella ciotola della frutta.

«Ti prego Siri, no!» supplicò Iris.

Ci fu qualche istante di silenzio e poi il coltello cadde sul pavimento di pietra.

Siri fece un respiro profondo.

«Questo clone non è diventato come avevi programmato tu, vero?» disse a sua madre. «Be', puoi sempre buttarlo via. Magari c'è già un sostituto pronto nel congelatore.»

COMPRENDO E ANALIZZO

1. Comprendo le informazioni principali **Indica con una crocetta se le seguenti affermazioni sono vere V o false F.**

a. Quando Siri apre la porta, Iris rimane senza parole. V F
b. Iris pensa che Siri sia un errore. V F
c. Siri si rivolge e a Iris con durezza. V F
d. Iris afferma di voler bene a Siri. V F
e. Siri impugna volontariamente un coltello. V F
f. Siri uccide Iris con un coltello. V F

2. Analizzo il testo **Indica con una crocetta il completamento corretto.**

a. Il racconto è narrato 1. □ in prima persona. 2. □ in terza persona.
b. Il narratore è 1. □ interno alla storia. 2. □ esterno alla storia.
c. Il racconto è ricco di 1. □ discorso diretti. 2. □ discorsi indiretti.

CONOSCO LE PAROLE

3. Capisco le parole **Con l'aiuto delle informazioni presenti nell'introduzione e delle note, scrivi il significato corretto di ciascuna parola.**

a. clone ▶ ....

b. madrella ▶ ....

c. genotipo ▶ ....

LA FANTASCIENZA • Valori al bivio: Progresso o regresso?

SCRITTURA GUIDATA

1. Immagina di avere la possibilità di visitare la tua città nel futuro grazie a una macchina del tempo. Descrivi ciò che vedi e segui queste indicazioni.

a. Decidi se la tua città si è evoluta in positivo o in negativo.
b. Immagina di trovarti in un luogo che conosci bene e descrivi chi lo frequenta e le novità che lo caratterizzano.

2. Scrivi un breve racconto di fantascienza di cui tu sei il o la protagonista. Segui queste indicazioni.

a. Uno degli elettrodomestici che hai in casa, grazie all'intelligenza artificiale, si anima e impone il suo potere su di te e sulla tua famiglia.
b. Tu e la tua famiglia riuscite a liberarvi sfruttando il suo punto debole: la totale mancanza di sentimenti.

A TE LA PAROLA!

Che cosa pensi di quelle persone che parlano sempre del passato come se il progresso fosse qualcosa di negativo? Sei d'accordo con loro o credi che bisogna guardare al presente e al futuro con più fiducia? Spiega il tuo punto di vista, motivandolo in modo opportuno.

La mappa dei fondamentali

L'ALBERO DEI FONDAMENTALI

SINTESI IN 7 LINGUE

La fantascienza

1 I personaggi

- Il **protagonista** è generalmente un essere umano che viene ostacolato dall'**antagonista** (un alieno o una macchina).
- In alcune storie, il protagonista è l'**alieno** o la **macchina**, e l'**essere umano** è l'**antagonista**.

2 Il tempo

Le storie sono generalmente ambientate in un **futuro lontano**, ma non mancano storie ambientate nel **presente** (o nel **passato**).

3 Lo spazio

I **luoghi** sono **vari**: lo **spazio siderale** più profondo, **mondi lontani** o la **Terra**, presentata con **tratti diversi da quelli consueti**.

4 I fatti e le azioni

- Lo sguardo rivolto al **futuro**.
- Il viaggio **nello spazio**.
- Il viaggio **nel tempo**.
- L'incontro o lo scontro con gli **alieni**.
- Il rapporto con la **tecnologia**, le **macchine** e i **robot**.

5 Le tecniche e il linguaggio

- La **vicenda** è **fantastica** e, al tempo stesso, **verosimile**.
- Il **lessico** è **specifico**, scientifico e tecnologico, spesso arricchito da **neologismi**.
- L'autore ricorre a **tecniche di suspense**, a **colpi di scena** e al **finale a sorpresa**.
- Spesso compaiono **analessi e prolessi**, che vivacizzano il **ritmo** dell'azione.

Verifica formativa

tratto da: *Ready player one*, trad. di L. Spini, DeA Planeta, Milano 2017

A scuola su OASIS

Ernest Cline

DEVI SAPERE CHE...

OASIS è un pianeta virtuale: esiste soltanto grazie ai computer. Basta indossare uno speciale visore e si va su OASIS, che è simile a un videogioco. OASIS è un luogo perfetto, mentre la Terra reale in questa storia di fantascienza è povera, inquinata, senza risorse e troppo affollata.

ASCOLTA IL BRANO

Per me la scuola era stata un'esperienza di derisioni, abusi, solitudine. Quando iniziai le medie, mi chiesi se sarei impazzito per i lunghi anni che mancavano.

Poi, un giorno glorioso, il preside annunciò che gli studenti con una media sufficiente potevano chiedere di trasferirsi sul sistema scolastico pubblico di OASIS. Nel mondo reale la scuola pubblica era allo sfascio, troppo affollata e senza soldi. Molte scuole chiedevano agli studenti di seguire le lezioni da casa.

Rischiai di rompermi il collo, mentre correvo verso gli uffici della scuola per firmare la mia domanda di trasferimento. Nel semestre successivo ero alla Scuola Pubblica OASIS numero 1873.

Il mio àvatar[1] non era mai uscito da Incipio, il pianeta del Settore 1 dove i nuovi àvatar nascevano. Su Incipio non si faceva molto: si chattava con gli altri novellini o si andava a far compere in uno dei grandi magazzini che affollavano il pianeta.

Per visitare luoghi più interessanti bisognava pagare il teletrasporto con soldi reali, che io non avevo. Quindi il mio àvatar non poteva lasciare Incipio. Questo finché la mia nuova scuola non mi pagò il costo del teletrasporto su Ludus, il pianeta dove si trovavano le scuole pubbliche.

Ludus aveva centinaia di scuole. Erano tutte uguali perché erano programmate dai computer. Ogni edificio

1. **àvatar:** immagine che rappresenta una persona nel mondo virtuale. Per esempio, un giocatore in un videogioco.

era un pezzetto di software e ogni istituto era una grande e lussuosa Casa del Sapere, con corridoi di marmo, aule grandi come cattedrali, palestre a gravità zero, biblioteche virtuali che custodivano ogni libro mai scritto (se approvato dal consiglio scolastico).

Quando entrai alla SPO n° 1873 per la prima volta, mi sembrò il paradiso. Ogni mattina, invece di affrontare i bulli e i drogati della scuola reale, entravo nella mia tana e rimanevo lì tutto il giorno.

Inoltre, su OASIS nessuno poteva sapere che ero grasso, che avevo i brufoli o che tutti i giorni portavo gli stessi vestiti pieni di buchi.

I bulli non potevano sputarmi, tirarmi le mutande fin sopra la testa o picchiarmi nel parcheggio delle biciclette dopo la scuola.

Non potevano nemmeno toccarmi.

Ero al sicuro, finalmente.

COMPRENDO E ANALIZZO

1. Seleziono e collego le informazioni principali **Indica con una crocetta il completamento corretto.**

a. L'àvatar del protagonista non ha mai lasciato il pianeta Incipio perché
1. ☑ non possiede i soldi necessari per farlo.
2. □ non possiede lo strumento del teletrasporto.

b. La nuova scuola
1. □ paga il costo teletrasporto.
2. ☑ fa sconti sul costo del teletrasporto.

c. Su Ludus le scuole sono
1. ☑ differenti tra loro.
2. □ identiche tra loro.

d. Ogni Casa del Sapere ha
1. ☑ corridoi di marmo, aule luminose, cattedre simili a troni, biblioteche virtuali.
2. □ corridoi di marmo, grandi aule, palestre senza gravità, biblioteche virtuali.

e. Su OASIS il ragazzo si sente finalmente al sicuro perché
1. □ nessuno lo può vedere né toccare.
2. ☑ si sente protetto dai genitori.

PUNTI	.... /5

2. Comprendo le informazioni principali **Indica con una crocetta se le seguenti affermazioni sono vere [V] o false [F].**

a. Per trasferirsi sul sistema OASIS occorre avere a scuola la media sufficiente. V F
b. La scuola pubblica del mondo reale ha molti problemi da decenni. V F
c. Pochi ragazzi nella scuola reale seguono le lezioni da casa. V F
d. L'àvatar del protagonista è abituato a viaggiare da un mondo a un altro. V F
e. Su Incipio la vita è eccitante perché ci sono molte cose da fare. V F

PUNTI .... /5

CONOSCO LE PAROLE

3. Individuo il rapporto tra le parole **Cancella la parola che appartiene a un'area di significato diversa dalle altre.**

a. biblioteca – àvatar – teletrasporto
b. computer – software – corridoio
c. pianeta – tana – gravità
d. derisione – buco – abuso
e. soldi – costo – paradiso
f. palestra – edificio – istituto

PUNTI .... /6

GLI INGREDIENTI DEL GENERE

4. Individuo gli ingredienti del genere "fantascienza" **Seleziona con una crocetta solo i temi tipici della fantascienza.**

a. □ Il viaggio nel tempo e nello spazio.
b. □ La conquista dell'autonomia e dell'affermazione di sé.
c. □ Il rapporto uomo-macchina.
d. □ L'espressione di emozioni e sentimenti.
e. □ L'incontro e/o lo scontro con gli alieni.
f. □ La riflessione sulla tecnologia, le macchine e i robot.
g. □ La narrazione di eventi storici.

PUNTI .... /4

TOTALE PUNTI .... /20

5 La poesia

PER ENTRARE NEL GENERE

Osserva l'immagine e rispondi.

a. Che cosa rappresenta l'immagine? Si tratta di un'immagine che si ispira alla realtà o alla fantasia?

....

b. Ciò che è rappresentato nell'immagine, a tuo avviso, può essere definito "poetico"?

....

c. C'è qualche paesaggio o elemento della realtà che ti circonda che ritieni poco adatto a una poesia? Perché?

....

Che cos'è la poesia

VIDEO
I concetti chiave

▶ La **poesia** ha **origini antiche**. Di epoca in epoca, essa ha assunto **caratteristiche distintive** che si sono mantenute fino all'Ottocento e che hanno a costituito una **tradizione letteraria** ben definita.

▶ La **poesia della tradizione è caratterizzata** da **strutture fisse**, una **forma elaborata** e armonica e un **linguaggio codificato**. La **materia** della poesia è spesso **colta** ed "elevata".

▶ Dalla **fine dell'Ottocento** i poeti si allontanano gradualmente dalla rigidità della tradizione e sperimentano **forme più libere**.

▶ La **poesia del Novecento** presenta **strutture meno rigide** e un **linguaggio nuovo**, non convenzionale. La **materia** della poesia diventa **più ampia** e tocca anche gli aspetti meno "poetici" della realtà.

▶ Nella poesia del Novecento, la **parola poetica** viene sempre più valorizzata grazie alle sue numerose **funzioni**.

- **PAROLE-SIMBOLO** ▶ Le parole possono produrre **suggestioni** e **immagini** e rivelare gli **aspetti misteriosi della realtà**.
- **PAROLE IN LIBERTÀ** ▶ Le parole possono favorire la **libera associazione di idee** e scatenare l'**immaginazione**.
- **PAROLE-FRAMMENTO** ▶ Le parole possono esprimere in **modo essenziale** i **sentimenti** più profondi del poeta.
- **PAROLE-RACCONTO** ▶ Le parole possono **raccontare** con concretezza la **realtà** e testimoniare l'**impegno civile** del poeta.
- **PAROLE-OCCHIALI** ▶ Le parole possono aiutarci a distinguere gli **aspetti meno visibili** della realtà e a diventare più consapevoli.

Armonia o conflitto?

La poesia esprime spesso il **rapporto** che gli esseri umani hanno con **loro stessi**, con **gli altri** e con il **mondo**. I poeti, ad esempio, descrivono spesso la bellezza della **natura** e la magia dell'**amore**, situazioni in cui le persone si sentono in pace e in **armonia** con loro stesse. Nei versi, però, si dà voce anche a **sentimenti** più **dolorosi** e negativi: questi nascono dal **conflitto** interiore, cioè dalla dura **lotta** che l'uomo a volte scatena contro sé stesso e contro gli altri.

Imparo a pensare

Osserva le immagini e scrivi negli spazi quale delle due, secondo te, rappresenta il concetto di ARMONIA e quale il concetto di CONFLITTO.

A

....

B

....

Ora rispondi alle domande.

a. Qual è, secondo te, il significato dell'immagine **A**?

....

....

b. Che cosa prova il ragazzo rappresentato nell'immagine **B**? Perché è ripiegato su sé stesso?

....

....

c. Con quale dei due personaggi ti identifichi di più? Perché?

....

....

tratto da: Poesie, Mondadori, Milano 1990

Sera di Liguria

Vincenzo Cardarelli

DEVI SAPERE CHE...

Il poeta contempla la sera che si avvicina, mentre il paesaggio marino si tinge di rosa e riaffiorano lontani ricordi.

ASCOLTA IL BRANO

Lenta e rosata sale su dal mare
la sera di Liguria, perdizione[1]
di cuori amanti e di cose lontane.
Indugiano le coppie nei giardini,
s'accendon le finestre ad una ad una
come tanti teatri.
Sepolto nella bruma[2] il mare odora.
Le chiese sulla riva paion navi
che stanno per salpare.

1. **perdizione:** sogni in cui ci si smarrisce nel pensiero.
2. **bruma:** foschia.

1. Seleziono e collego le informazioni principali **Completa la parafrasi della poesia con le parole corrette. Sceglile dall'elenco.**

riva • lontani • rosa • sera • innamorati • case •
navi • foschia • finestre • mare • coppie • odore

La **a.** .... in Liguria sale su dal **b.** .... in modo lento e con sfumature di **c.** ...., il pensiero si smarrisce pensando a cuori **d.** .... e a ricordi **e.** ....
Le **f.** .... si attardano nei giardini, nelle **h.** .... si accendono ad una ad una le luci alle **h.** .... , come fossero tanti teatri. Il mare si copre di **i.** .... ed emana un forte **l.** .... Le chiese sulla **m.** .... sembrano **n.** .... che stanno per salpare.

2. Riconosco le figure retoriche **Sottolinea nel testo della poesia due similitudini.**

3. Individuo il rapporto tra le parole **Cancella la parola che NON appartiene al linguaggio marinaresco.**

mare • nave • chiesa • salpare

tratto da: *Azzurro elementare, Poesie 1992-2010*, BUR Rizzoli, Milano, 2013

Da lontano

Pierluigi Cappello

DEVI SAPERE CHE...

La distanza tra chi si ama non è definitiva: può essere annullata dalla forza del pensiero e delle parole.

ASCOLTA IL BRANO

Qualche volta, piano piano, quando la notte
si raccoglie sulle nostre fronti e si riempie
[di silenzio
e non c'è più posto per le parole
e a poco a poco si raddensa una dolcezza intorno
come una perla intorno al singolo grano di sabbia,
una lettera alla volta pronunciamo un nome amato
per comporre la sua figura; allora la notte diventa cielo
nella nostra bocca, e il nome amato un pane caldo,
[spezzato.

PARAFRASI

Quando la notte scende sulla nostra fronte e si riempie di silenzio, quando non c'è più posto per le parole e un po' alla volta prende corpo una dolcezza intorno, come una perla intorno al singolo granello di sabbia, allora, qualche volta, pronunciamo piano piano, una lettera alla volta, il nome della persona amata fino a comporre la sua figura; allora nella nostra bocca la notte si trasforma in cielo e il nome della persona amata in pane caldo e spezzato.

1. Comprendo le informazioni principali **Seleziona solo le affermazioni che sono vere.**

Il nome della persona amata viene pronunciato

a. ☐ piano piano.
b. ☐ di giorno.
c. ☐ una lettera alla volta.
d. ☐ quando si fa silenzio.
e. ☐ quando si percepisce un senso di amarezza.
f. ☐ senza comporre nessuna figura.
g. ☐ quando ci si addormenta.

2. Seleziono e collego le informazioni principali **Indica con una crocetta le immagini evocate nella poesia.**

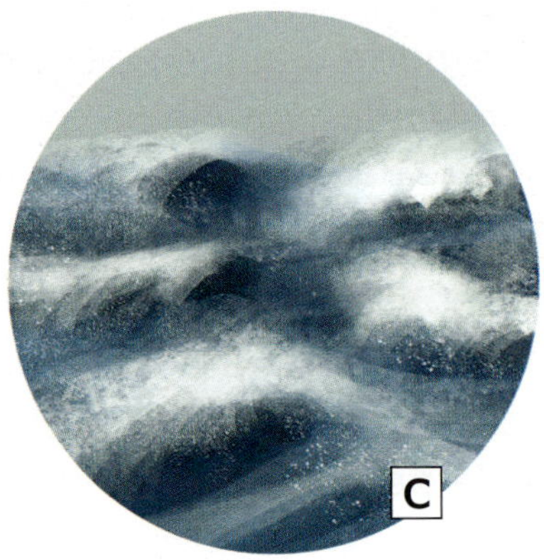

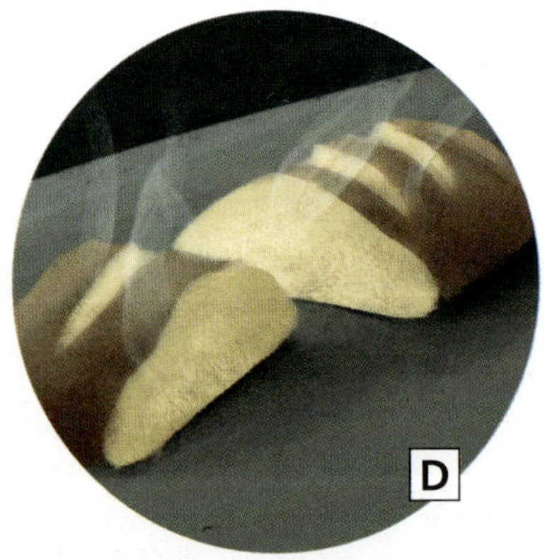

3. Comprendo le figure retoriche **Completa nel modo corretto la spiegazione della similitudine presente ai versi 4-5.**

mente • nome • pensiero • amata • sabbia • perla

Come il granello di **a.** .... penetra nell'ostrica e produce una **b.** .... , così il dolce **c.** .... della persona **d.** .... penetra nella **e.** .... e spinge a pronunciare il suo **f.** ....

tratto da: *La presenza di Orfeo*, Libri Scheiwiller, Milano 1993

Piccoli canti

Alda Merini

DEVI SAPERE CHE...

C'è una solitudine che non abbandona mai le persone che, come la poetessa, hanno avuto una vita di sofferenze e di amori infelici.

ASCOLTA IL BRANO

[...] S'anche ti lascerò per breve tempo,
solitudine mia, se mi trascina
l'amore, tornerò, stanne pur certa;
i sentimenti cedono[1], tu resti. [...]

1. **cedono:** si affievoliscono.

1. Comprendo le informazioni principali **Indica con una crocetta la risposta corretta.**

a. A chi si rivolge la poetessa?
1. □ A sé stessa.
2. □ Alla solitudine.

b. Che cosa può spingere la poetessa a rinunciare alla solitudine?
1. □ L'amore
2. □ L'amicizia.

c. Che cosa si affievolisce nel tempo?
1. □ I sentimenti
2. □ La gioia di vivere.

d. Che cosa resta nel tempo?
1. □ I sentimenti
2. □ La solitudine.

2. Riconosco le figure retoriche **Indica con una crocetta la figura retorica di significato presente nell'espressione *se mi trascina / l'amore*.**

a. □ Metafora. **b.** □ Personificazione. **c.** □ Similitudine.

3. Individuo il rapporto tra le parole **Indica con una crocetta qual è il rapporto nella poesia che hai letto tra le parole *lasciare* e la parola *tornare*.**

a. □ Somiglianza.
b. □ Uguaglianza.
c. □ Antitesi, contrapposizione.

LA POESIA • Valori al bivio: Armonia o conflitto?

SCRITTURA GUIDATA

1. **Ti è mai capitato di sentirti in colpa o a disagio con te stessa o con te stesso? Racconta, seguendo queste indicazioni.**
   a. Spiega che cosa ti rimproveravi e se hai parlato con qualcuno di ciò che sentivi.
   b. Racconta come hai superato questo stato d'animo così negativo.
   c. Rifletti sui motivi per i quali ti senti più spesso in colpa o a disagio.
2. **Amicizia, affetto, natura, libertà... pensa alle cose che ti fanno sentire in armonia con te stessa o con te stesso e scrivi una poesia. Segui queste indicazioni.**
   a. Pensa a quella volta in cui sei stato o sei stata particolarmente bene, sperimentando uno stato di gioiosa serenità.
   b. Utilizza un'originale similitudine per spiegare il tuo stato d'animo.
   c. Concludi la poesia, elencando gli "ingredienti" necessari per sentirsi in armonia con sé stessi o sé stesse e con gli altri.

A TE LA PAROLA!

Ti capita mai di sentirti in conflitto con gli altri, come se ci fosse tra te e loro una lotta continua, anche se invisibile? L'orgoglio, la mancanza di rispetto, il pregiudizio...: che cosa conduce a questo scontro? Spiega il tuo punto di vista in proposito, facendo riferimento alla tua esperienza.

La mappa dei fondamentali

L'ALBERO DEI FONDAMENTALI

SINTESI IN 7 LINGUE

La poesia

1 Poesia della tradizione

- Strutture fisse.
- Forma del testo elaborata e armonica.
- Materia spesso colta ed "elevata".
- Linguaggi codificati.

2 Poesia del Novecento

- Strutture meno rigide.
- Forma del testo meno artefatta.
- Materia più ampia, legata anche agli aspetti meno "poetici" della realtà.
- Linguaggio non convenzionale, con molteplici possibilità espressive.

3 Funzioni del linguaggio poetico

- PAROLE-SIMBOLO ▶ Produrre suggestioni ed evocare immagini.
- PAROLE IN LIBERTÀ ▶ Suscitare libere associazioni di idee e scatenare l'immaginazione.
- PAROLE-FRAMMENTO ▶ Esprimere in modo ermetico l'universo interiore del poeta.
- PAROLE-RACCONTO ▶ "Rispecchiare" con concretezza la realtà.
- PAROLE-OCCHIALI ▶ Isolare e rendere evidenti gli aspetti meno visibili dell'esperienza umana.

Verifica formativa

tratto da: *Satura 1962-70*, Mondadori, Milano, 1971

Ho sceso, dandoti il braccio

Eugenio Montale

DEVI SAPERE CHE...

Il poeta si rivolge alla moglie morta, confessandole che sente tanto la sua mancanza: era lei, infatti, ad avere uno "sguardo" attento sulla realtà, nonostante ci vedesse molto poco a causa della miopia.

ASCOLTA IL BRANO

Ho sceso, dandoti il braccio, almeno un milione di scale
e ora che non ci sei è il vuoto ad ogni gradino.
Anche così è stato breve il nostro lungo viaggio.
Il mio dura tuttora, né più mi occorrono
le coincidenze, le prenotazioni,
le trappole, gli scorni di chi crede
che la realtà sia quella che si vede.

Ho sceso milioni di scale dandoti il braccio
non già perché con quattr'occhi forse si vede di più.
Con te le ho scese perché sapevo che di noi due
le sole vere pupille, sebbene tanto offuscate,
erano le tue.

PARAFRASI

Ho sceso, porgendoti il braccio, almeno un milione di scale e ora che non ci sei più sento il vuoto ad ogni gradino. Nonostante ciò, mi è sembrato breve il nostro lungo viaggio. Il mio continua ancora adesso, e non mi importano più i casi della vita, gli impegni, gli inganni, le delusioni di chi crede che la realtà consista nell'apparenza delle cose. Ho sceso milioni di scale porgendoti il braccio, non perché con quattro occhi forse si vede meglio. Le ho scese con te, perché sapevo che, tra noi due, gli unici occhi capaci di vedere erano i tuoi, anche se erano tanto offuscati.

COMPRENDO E ANALIZZO

1. Comprendo le informazioni principali **Indica con una crocetta la risposta corretta.**

a. Di chi sente la mancanza il poeta?
1. □ Della figlia morta.
2. □ Della moglie morta.

b. Quale azione compiuta insieme alla lei viene ricordata dal poeta?
1. □ L'azione di scendere le scale, dandosi il braccio.
2. □ L'azione di prenotare in anticipo, per evitare brutte soprese.

c. A che cosa ha ormai rinunciato il poeta?
1. □ A occuparsi delle tante questioni che di solito creano affanno e tristezza.
2. □ A muoversi e a viaggiare, se ci sono scale da affrontare.

d. Quale categoria di persone viene nominata nella poesia?
1. □ Coloro che amano stare da soli.
2. □ Coloro che credono alle apparenze.

e. Tra il poeta e sua moglie, chi aveva una "vista" più acuta sulla realtà?
1. □ La moglie.
2. □ Il poeta.

PUNTI .... /5

2. Riconosco la struttura **Indica con una crocetta se le seguenti affermazioni sono vere vere V o false F.**

a. La poesia è composta da tre strofe. V F
b. Le strofe non sono composte dallo stesso numero di versi. V F
c. C'è uno schema fisso delle rime. V F
d. Non c'è nessuna rima. V F
e. All'inizio di ogni strofa viene ripetuta la stessa espressione. V F
f. L'ultimo verso è il più breve. V F

PUNTI .... /6

CONOSCO LE PAROLE

3. Comprendo le figure retoriche **Associa a ogni metafora la spiegazione corretta.**

a. le scale	....	**1.** la capacità di guardare alla realtà oltre le apparenze
b. il viaggio	....	**2.** le difficoltà della vita
c. la vista	....	**3.** la vita

PUNTI .... /3

4. Capisco le parole **Sottolinea il significato corretto di ciascun modo di dire che contiene l'espressione *a quattr'occhi* o la parola *quattrocchi*.**

a. "Essere un quattrocchi" significa

1. □ essere una persona che porta gli occhiali **2.** □ avere una vista acutissima.

b. "Parlare con qualcuno a quattr'occhi" significa

1. □ parlare davanti a tutti **2.** □ senza testimoni.

c. "Raccontare qualcosa a quattr'occhi" significa raccontare qualcosa

1. □ incontrandosi di persona **2.** □ approfondendo la questione.

PUNTI	.... /3

GLI INGREDIENTI DEL GENERE

5. Individuo gli ingredienti del genere poetico **Indica con una crocetta le caratteristiche della poesia del Novecento. Sono 3.**

a. □ Strutture fisse.
b. □ Strutture meno rigide.
c. □ Linguaggio non convenzionale.
d. □ Linguaggio codificato.
e. □ Materia spesso colta ed "elevata".
f. □ Materia legata anche agli aspetti meno "poetici" della realtà.

PUNTI	.... /3

TOTALE PUNTI	.... /20

6 Dentro la Storia: il Novecento

PER ENTRARE NELL'EPOCA

Osserva l'immagine e rispondi.

a. Chi sono, secondo te, i personaggi rappresentati nell'immagine?

....

b. Sapresti dire a quale periodo storico fa riferimento l'immagine?

....

c. Secondo te, è importante che anche la letteratura ricordi certi eventi storici, anche se dolorosi? Perché?

....

Che cos'è il Novecento

Noi abbiamo detto: «No!»

Tutti i personaggi che vedete nelle immagini sono eroi ed eroine del Novecento, noti perché hanno saputo dire "no" alla guerra, al razzismo, alla violenza, al sessismo... Per errore, però, a ognuno di loro è stata associata l'azione di un altro. Siete capaci di rimediare, attribuendo ai personaggi i fatti corretti?

Emmeline Pankhurst

....

a. Nel 1924 ho pronunciato nel Parlamento italiano un celebre discorso contro Mussolini e i fascisti.

Martin Luther King

....

b. A capo delle Suffragette, sono diventata un'icona del femminismo e ho combattuto per il voto alle donne.

Massimiliano Maria Kolbe

....

d. Mi sono schierato contro la segregazione e la persecuzione delle persone di colore e nel 1963 ho pronunciato il celebre discorso *I have a dream*.

Benedetto XV

....

c. Ho rischiato la vita per salvare migliaia di bambini confinati nel ghetto di Varsavia.

Rosa Parks

....

e. Sono un'attivista pakistana: i talebani mi hanno sparato per il mio impegno per l'affermazione dei diritti civili e per il diritto all'istruzione.

Andra Bucci

....

f. Sono stata una "testimone di giustizia" italiana, e per questo nel 2009 la 'ndrangheta mi ha uccisa.

Giacomo Matteotti

....

g. La mia vita è finita nel campo di concentramento di Auschwitz per aver preso il posto di un prigioniero condannato al bunker della fame.

Lea Garofalo

....

h. Ero solo una bambina quando, insieme a mia sorella Tatiana, sono stata deportata in un campo di concentramento in quanto ebrea.

Irena Sendler

....

i. Mi sono schierato contro l'intervento dell'Italia nella Prima guerra mondiale, che ho definito "l'inutile strage".

Malala Yousafzai

....

l. È vero: ero nera, ma nel 1955 mi sono rifiutata di cedere il posto sull'autobus a un bianco. Per questo sono stata arrestata.

Alla scoperta del Novecento

Il Novecento è stato un secolo segnato da grandi progressi, ma anche da terribili eventi storici, come la nascita delle dittature e le due guerre mondiali. Però, grazie alle conquiste civili fatte in questo secolo sono state poste le basi per un mondo più giusto e solidale.

1 La Prima guerra mondiale

Il conflitto (1914-1918) nasce come guerra-lampo ma poi si trasforma in una lunga guerra di trincea. In questo stesso periodo, in seguito alla Rivoluzione del 1917, nasce l'URSS e gli Stati Uniti assumono sempre più importanza a livello internazionale.

2 Le grandi dittature

Dopo la Prima guerra mondiale si impongono in Europa alcuni grandi dittature: il fascismo di Benito Mussolini in Italia, il nazionalsocialismo di Adolf Hitler in Germania, lo stalinismo di Iosif Stalin in Unione Sovietica. Accomunati da una visione politica simile, Mussolini e Hitler si alleano e trascinano il mondo nella Seconda guerra mondiale.

3 La Seconda guerra mondiale

La guerra (1939-1945) viene scatenata dalla Germania e contrappone le forze dell'Asse (Germania, Italia e Giappone) a quelle dell'Intesa (Inghilterra, Francia, USA e URSS). In questo periodo accadono eventi terribili che coinvolgono tanti civili, come lo sterminio del popolo ebraico e l'uso delle bombe nucleari sulle città giapponesi di Hiroshima e Nagasaki.

4 La Shoah

Le leggi razziali di Norimberga del 1935 danno inizio alla Shoah, cioè lo sterminio sistematico degli ebrei. Alla fine della Seconda guerra mondiale gli ebrei vittime delle persecuzioni razziali sono circa sei milioni.

5 La Resistenza

Dopo il 1943 in Italia si assiste alla nascita della Resistenza, cui partecipano i partigiani, uomini e donne che si oppongono al nazismo e al fascismo. Essi, mettendo a rischio anche la vita, creano azioni di disturbo contro i nazisti e i fascisti della Repubblica di Salò.

6 La "guerra fredda"

Dopo la Seconda guerra mondiale, gli USA e l'URSS, due potenze molto diverse tra loro, si spartiscono il mondo in due zone di influenza: il Patto Atlantico sotto controllo americano, e il Patto di Varsavia sotto controllo sovietico. Inizia così la Guerra fredda, che termina solo con la caduta del muro di Berlino (1989).

1. Prima guerra mondiale 1915-1918, reparto di fanteria italiana in una trincea.
2. Ritratti di Benito Mussolini, Iosif Stalin e Adolf Hitler.
3. L'enorme fungo provocato dallo scoppio della bomba atomica su Hiroshima, 6 agosto 1945.
4. Ghetto di Varsavia, 1943: un bambino ebreo di sette anni alza le mani in segno di resa.
5. Tino Petrelli, *Gappiste a Milano*, Tre ragazze aggregate ai gruppi partigiani (la prima a sinistra è la sceneggiatrice cinematografica Anna Maria "Lù" Leone), a piazza Brera nel giorno della liberazione di Milano, 26 aprile 1945.
6. Le bandiere dell'Urss e degli Usa, sintesi della Guerra fredda.

Democrazia o dittatura?

Il **Novecento** è il secolo in cui, in diversi Stati, si impone la **dittatura**, basata sul potere di **un solo uomo**. A questa forma di governo si contrappone la **democrazia**, in cui i **cittadini** e le **cittadine partecipano** attivamente allo Stato e condividono il potere. La letteratura ha raccontato molte volte questa contrapposizione che spesso si è trasformata in **scontro** aperto, soprattutto nel Novecento.

Imparo a pensare

Osserva le immagini e scrivi negli spazi quale delle due, secondo te, rappresenta la DEMOCRAZIA e quale la DITTATURA.

A

....

B

....

Ora rispondi alle domande.

a. Che cosa stanno facendo i personaggi rappresentati nella figura A?

....

b. Che cosa mostra in modo simbolico la figura B?

....

c. Tra democrazia e dittatura, secondo te, qual è la forma di governo più giusta e più rispettosa di tutti i cittadini e le cittadine?

....

tratto da: *Marcia su Roma e dintorni*, Einaudi, Torino 2014

Un sussulto di coscienza

Emilio Lussu

DEVI SAPERE CHE...

Emilio Lussu è stato uno scrittore politico che ha combattuto contro il fascismo. In questo racconto descrive un episodio avvenuto in Sardegna nel dicembre 1922: i fascisti puniscono un avvocato democratico perché è contrario a Benito Mussolini, il capo del fascismo.

ASCOLTA IL BRANO

Il passo sottolineato è oggetto dell'esercizio 2 a p. 89.

Fra i prigionieri c'era un importante oppositore del fascismo, che era un avvocato socialista-democratico. Aveva sessant'anni ed era malaticcio.

La preoccupazione per la famiglia e il desiderio di vivere lo avevano convinto a sottomettersi ai fascisti: aveva dovuto bere l'olio di ricino[1] in doppia dose, perché era un personaggio importante.

I fascisti lo avevano catturato a letto. Era seminudo e soffriva per il freddo più degli altri. Aveva bevuto l'olio di ricino a occhi chiusi: sperava che dopo sarebbe tornato a casa. Non sapeva di essere il protagonista del programma. Ma lo scoprì presto.

Il comandante dei fascisti fece mettere un grande tavolo al centro della piazza. Poi ordinò all'avvocato di salire sul tavolo e di tenere un discorso a favore di Mussolini.

L'avvocato con tutta la dignità che gli era rimasta rispose che non avrebbe parlato.

«Non facciamo scherzi» ribatté il comandante. «Ha parlato tutta la sua vita insegnando menzogne e vorrebbe stare zitto ora che deve dire la verità?»

E ordinò al suo aiutante di dare due colpi di manganello[2] all'avvocato. Il pover'uomo non disse nulla.

In quel momento arrivarono due figlie dell'avvocato: una ancora bambina e l'altra di quindici anni.

Passarono attraverso il gruppo dei fascisti e si buttarono tra le sue braccia. L'incontro non commosse il comandante.

1. **olio di ricino:** un potente lassativo. L'olio di ricino in grandi quantità può provocare la morte; i fascisti costringevano i nemici a berlo e lo usavano come una forma di tortura.
2. **manganello:** bastone corto e tozzo, spesso usato come strumento di violenza dai fascisti.

Un vero guerriero non deve scomporsi né di fronte alla forza né di fronte al pianto.

LEGGO E PENSO

Un vero... pianto: Secondo te, un uomo che comanda può provare commozione e manifestarla pubblicamente?

Allontanò le due ragazze e in modo gentile invitò di nuovo l'avvocato a parlare. Lui rifiutò e l'aiutante lo colpì ancora. Il vecchio non si lamentò.

Le figlie gridavano: «Non uccidete il babbo! Non uccidete il babbo!».

Nuovo invito a parlare e ancora un altro rifiuto. Ma, prima che l'aiutante colpisse, le due ragazze arrivarono davanti al comandante.

«Non uccida il babbo» imploravano le ragazze.

«Ma parli dunque!» urlò il comandante «e non faccia piangere queste due innocenti creature.»

Le due ragazze capirono che il babbo poteva salvarsi parlando e supplicarono: «Parla babbo! Parla dunque!».

Ciò che non aveva potuto il manganello, poterono le lacrime delle due figliole.

LEGGO E COMPRENDO

Ciò che non aveva... figliole: Che cosa fa il padre quando vede le sue figlie piangere?

▶ ....

L'avvocato si decise a parlare e salì sul tavolo. I fascisti lanciarono un urlo di vittoria. Avevano vinto. L'avvocato parlava.

«Il buon governo di Mussolini... » incominciò.

«Parli prima delle scelleratezze[3] della democrazia» interruppe il comandante esaltato.

L'avvocato parlò di queste scelleratezze.

«Dica che hanno tradito la patria!»

L'avvocato lo disse.

I fascisti si divertirono molto: risa e insulti accompagnavano ogni frase dell'avvocato.

«Ora, inneggi[4] a Mussolini» suggerì il comandante.

L'avvocato inneggiò. Tutti ridevano.

A questo punto avvenne l'imprevisto. Pallido e

3. **scelleratezze:** cattiverie, crimini.
4. **inneggi:** inneggiare significa sostenere qualcuno con entusiasmo.

barcollante, l'avvocato sembrò piegarsi su se stesso e, con un filo di voce, gridò al comandante: «Briganti!».

E cadde dal tavolo.

Sembrava morto. Ma il prete, che faceva anche da medico, vide che era solo svenuto: non era niente di grave. Il comandante ordinò di metterlo su una barella e di portarlo a casa. L'avvocato scomparve, accompagnato dalle figlie.

COMPRENDO E ANALIZZO

1. Comprendo le informazioni principali **Indica con una crocetta se le seguenti affermazioni sono vere V o false F.**

a. L'avvocato viene catturato mentre è ancora a letto. V F
b. L'avvocato viene torturato perché si oppone ai fascisti. V F
c. I fascisti gli fanno bere la stessa quantità di olio di ricino che danno agli altri oppositori. V F
d. Il comandante gli ordina di tenere un discorso in piedi su una sedia. V F
e. L'avvocato accetta subito di fare un discorso che esalta Mussolini. V F
f. L'avvocato viene trovato in piazza dalla moglie. V F
g. Il comandante non si commuove di fronte al pianto dei familiari dell'avvocato. V F
h. Alla fine, l'avvocato si ribella ai fascisti. V F

2. Analizzo il testo **Rileggi il passo sottolineato a p. 87, quindi indica con una crocetta la risposta corretta.**

a. Com'è il Narratore?
   1. □ Interno, perché racconta la vicenda in prima persona.
   2. □ Esterno, perché è una voce narrante che racconta in terza persona.

b. Quale focalizzazione è presente?
   1. □ Focalizzazione esterna, perché il Narratore osserva la vicenda come un testimone esterno.
   2. □ Focalizzazione zero, perché il Narratore sa tutto della vicenda che racconta.

CONOSCO LE PAROLE

3. Individuo il rapporto tra le parole **Riordina gli aggettivi in modo che il loro significato sia di intensità crescente. Segui l'esempio.**

a. infuriato • alterato • arrabbiato > alterato → arrabbiato → infuriato
b. morto • pallido • svenuto • barcollante >

.... → .... → .... → ....

tratto da: *Il re bianco*, Einaudi, Torino 2009

I colleghi di papà

György Dragomán

DEVI SAPERE CHE...

Questa storia si svolge in Romania durante la dittatura che terminò nel 1989. Dzsátá ha 11 anni e suo padre è stato arrestato perché si oppone alla dittatura. Per non spaventare il ragazzino, il giorno dell'arresto il papà gli aveva detto che le persone con cui andava via erano suoi colleghi. In realtà erano poliziotti, che un giorno si presentano di nuovo a casa di Dzsátá.

ASCOLTA IL BRANO

Alla porta d'ingresso c'erano i colleghi di papà, gli stessi con cui l'avevo visto andarsene via. Fui così sorpreso che non riuscii a spiccicare parola. Allora l'uomo alto con i capelli grigi mi guardò e mi chiese se la mamma era in casa. Io annuii[1] e pensai che forse papà aveva mandato un regalo.

Volevo dirgli di entrare, che la mamma sarebbe stata felicissima di vederli. Ma non feci in tempo ad aprire bocca che quello con i capelli bianchi mi rimproverò: «Ti ha fatto una domanda, non hai sentito?».

«Certo», risposi, «sì, è in casa.»

«Allora entriamo», disse quello più basso.

«Ci sono i colleghi di papà», dissi ad alta voce. «Hanno sicuramente portato una sua lettera o un suo regalo.»

La mamma stava bevendo l'acqua da una tazza. Le sue mani si bloccarono, mi lanciò un'occhiata, poi guardò i colleghi di papà. La vidi impallidire di colpo, abbassò la tazza, era arrabbiata sul serio.

LEGGO E COMPRENDO

La vidi... serio: Perché la mamma impallidisce ed è seriamente arrabbiata?

▶ ....

«Che cosa siete venuti a fare?», chiese ai colleghi di papà.

Sbatté la tazza sul bancone in modo così violento che tutta l'acqua schizzò fuori. Poi ordinò di andare via subito.

Ma i due erano entrati dietro di me in cucina. Quello alto con i capelli grigi non salutò neppure.

«Quindi lei non ha spiegato niente al bambino?», chiese

1. **annuii:** feci cenno di sì con la testa.

alla mamma. La mamma scosse la testa e disse: «Questi non sono affari vostri».

Ma l'uomo alto con i capelli grigi le disse: «È stato un errore perché, prima o poi, lui lo verrà a sapere. Queste cose è meglio affrontarle subito perché la menzogna produce solo menzogna».

Allora la mamma scoppiò a ridere: «Sì è vero, dimenticavo che voi siete gli amici della verità». Il più basso ordinò alla mamma di tenere la bocca a freno e lei rimase in silenzio.

LEGGO E PENSO

Allora... della verità: Anche tu saresti scoppiato a ridere in quella circostanza? Perché?

L'uomo con i capelli grigi mi chiese: «Ehi tu, ragazzino, credi ancora che siamo colleghi di tuo padre?». Non risposi nulla, ma sentii il mio corpo bloccarsi, come durante l'ora di ginnastica, quando finisci il test di corsa e non hai più aria nei polmoni.

Il tizio con i capelli grigi mi sorrise e disse: «Non siamo colleghi di tuo padre, ma agenti della Securitate[2]. Tuo padre è stato arrestato perché è un nemico dello Stato. È prigioniero in un campo di lavoro e non tornerà mai più. Anzi, forse è già morto».

Non appena terminò la frase, la mamma afferrò la tazza e la lanciò in terra, rompendola in mille pezzi. Per un istante calò il silenzio.

«Ora basta», sbottò la mamma, «dovete smetterla. Se volete portare via anche me fate pure, ma lui lasciatelo in pace, è solo un bambino. Spiegatemi che cosa siete venuti a cercare».

Il più basso disse che erano passati senza un motivo ma, già che erano lì, davano un'occhiatina e magari trovavano qualcosa.

La mamma allora chiese se avevano il permesso per farlo. Quello alto con i capelli grigi sorrise e disse alla mamma che non avevano bisogno di permessi, non c'era nulla di male se davano un'occhiatina.

La mamma allora gridò: «Non ne avete il diritto, levatevi dai piedi, sparite da casa mia, perché se non lo fate subito vado a sedermi davanti al Palazzo del Municipio, con le

2. **Securitate:** polizia segreta nella Romania del dittatore Ceaușescu.

3. **perquisire:** ispezionare un luogo, frugando dappertutto, per cercare prove di un reato.
4. **smammate:** ve ne andate. Deriva dal verbo "smammare".

braccia incrociate, e rimango là per protesta a chiedere la liberazione di mio marito. È prigioniero da oltre sei mesi, ma mica potete farlo così, senza un processo. Esiste una Costituzione e ci sono delle leggi, serve un permesso per perquisire[3] una casa. O me lo mostrare o smammate[4]».

LEGGO E PENSO

Esiste... casa: Pensi che sia giusto che la polizia possa perquisire senza autorizzazione una casa, anche se non c'è nulla da nascondere?

Quello con i capelli grigi sorrise alla mamma e disse che tutta quella grinta le donava e che mio padre soffriva di sicuro per la sua mancanza perché lei era una donna stupenda. Era un vero peccato che non si sarebbero mai più rincontrati.

La mamma arrossì, era tesa in ogni muscolo del corpo e pensai che volesse dare uno schiaffo all'uomo dai capelli grigi. Credo di non averla mai vista così arrabbiata. La mamma andò direttamente alla porta d'ingresso, la aprì e disse: «Ora basta, fuori di qui».

COMPRENDO E ANALIZZO

1. Comprendo le informazioni principali **Indica con una crocetta la risposta corretta.**

a. Secondo Dzsátá, perché i "colleghi" di suo padre sono venuti a casa sua?
 1. □ Per portare una sua lettera o un suo regalo.
 2. □ Per comunicare che suo padre sta per tornare.

b. Come reagisce la madre di Dzsátá, quando vede i due poliziotti?
 1. □ Grida e lancia a terra la tazza.
 2. □ Impallidisce e abbassa la tazza che tiene in mano.

c. Perché il padre di Dzsátá è stato arrestato?
 1. □ Perché è un nemico dello Stato.
 2. □ Perché è un ladro.

d. Dove si trova il padre di Dzsátá?
 1. □ È rinchiuso in un carcere di massima sicurezza.
 2. □ È prigioniero in un campo di lavoro.

e. Secondo i poliziotti, quante probabilità hanno Dzsátá e sua madre di rivedere il padre?
 1. □ Molte.
 2. □ Nessuna.

2. **Individuo le caratteristiche dei personaggi** **Le seguenti caratteristiche (tutte al singolare e maschile) si riferiscono ai poliziotti [P] o alla mamma di Dzsátá [D]?**

- **a.** irritante [P] [D]
- **b.** coraggioso [P] [D]
- **c.** arrabbiato [P] [D]
- **d.** insensibile [P] [D]
- **e.** determinato [P] [D]
- **f.** invadente [P] [D]
- **g.** orgoglioso [P] [D]
- **h.** libero [P] [D]

CONOSCO LE PAROLE

3. **Capisco le parole** **Scrivi il significato delle seguenti espressioni.**

- **a.** Spiccicare parola ▶ ....
- **b.** Tenere la bocca a freno ▶ ....
- **c.** Sbottare ▶ ....

DENTRO LA STORIA: IL NOVECENTO • Valori al bivio: Democrazia o dittatura?

SCRITTURA GUIDATA

1. **Non sempre è possibile esprimere liberamente la propria opinione. Racconta un episodio in cui non hai potuto farlo. Segui queste indicazioni.**

- **a.** Indica il contesto in cui ti trovavi: a scuola, in famiglia, con gli amici...
- **b.** Spiega chi ti ha impedito di parlare, in che modo e perché.
- **c.** Descrivi come ti sei sentita o sentito nel momento in cui non hai potuto esprimere liberamente il tuo pensiero.

A TE LA PAROLA!

A scuola capita a volte di lavorare in gruppo per realizzare una ricerca o un progetto: in queste occasioni tu tendi a importi sugli altri o cerchi di ascoltare tutte e tutti e di mediare? Secondo te, se c'è qualcuno che "comanda", si finisce prima o è più difficile arrivare a una soluzione condivisa? Spiega il tuo punto di vista, motivandolo con qualche esempio tratto dalla tua esperienza.

Verifica formativa

tratto da: *Trilogia dell'Altipiano*, Einaudi, Torino 2015

L'arrivo della guerra

Mario Rigoni Stern

DEVI SAPERE CHE...

La Prima guerra mondiale scoppiò nel 1914 dopo l'assassinio dell'erede al trono austro-ungarico, nella città di Sarajevo, in Bosnia. Questo brano racconta come il vecchio Tönle apprende la notizia. Tönle è un pastore che vive tra le montagne del Trentino, in una zona che nel 1914 era vicina al confine tra Italia e Impero austro-ungarico.

ASCOLTA IL BRANO

Il 28 giugno 1914 vi furono le pistolettate di Sarajevo[1], ma la notizia a Tönle la portò un carbonaio più di un mese dopo.

Lui stava pascolando le pecore e il carbonaio andava verso la Grotta della Capra; si erano fermati a bere l'acqua fresca che usciva dalla roccia.

«Ho sentito giù in paese, all'Osteria della Faiona,» disse il carbonaio, «che in Serbia hanno ammazzato il figlio di Francesco Giuseppe. Dovrebbe anche essere scoppiata la guerra con la Russia e con la Francia.»

«Il figlio di Franz Josef[2]?» chiese Tönle. «Ma è morto nel 1889. Forse hanno ucciso l'arciduca Francesco Ferdinando, l'erede del trono.»

«Sì, quello» confermò il carbonaio, «con la moglie, dicono in osteria.»

Tönle non era andato a scuola, ma aveva imparato a leggere e a far di conto quanto bastava, si faceva capire in tre o quattro lingue e poi aveva sempre avuto passione per la storia dei paesi dove ogni anno lo portavano le necessità della vita. Ascoltando aveva imparato tante cose.

Spiegò al carbonaio: «Sarà l'Austria-Ungheria che avrà dichiarato guerra alla Serbia, e così la Russia avrà dichiarato guerra all'Austria-Ungheria; allora la Germania farà guerra alla Russia e la Francia alla Germania. Ma noi siamo nella Triplice Intesa con l'Austria e la Germania...». Parlavano così mentre le pecore pascolavano l'erba

1. **pistolettate di Sarajevo:** l'attentato di Sarajevo. Il 28 giugno 1914 il nazionalista serbo Gavrilo Princip sparò all'erede al trono austro-ungarico Francesco Ferdinando e a sua moglie Sofia, uccidendoli.
2. **Franz Josef:** Francesco Giuseppe, imperatore austro-ungarico nel 1914.

nuova, l'acqua usciva tra le fessure della roccia e i merli svolazzavano tra i mughi[3].

Quando il carbonaio si allontanò su per il sentiero, Tönle si sedette sopra un sasso al sole e accese la pipa. Gli occhi guardavano le pecore, ma il pensiero era altrove.

Ma che strano, pensò, sotto l'Austria avevo un comandante con il nome italiano e sotto l'Italia un comandante con il nome austriaco. Ma poi fumando la pipa e ancora pensando concluse che non era strano per niente; i signori, in Italia o in Austria, sono sempre signori e per la povera gente chi comanda non cambia niente. A lavorare toccava sempre a loro, a fare i soldati e a morire in guerra anche. Ma forse in Germania verrà la rivoluzione proletaria[4] come aveva spiegato Marx nel *Manifesto*[5], che lui aveva letto con i minatori. Che anno era? Forse il 1890.

Certo che lui in guerra non lo avrebbero chiamato. I suoi figli sì, li avrebbero richiamati. Lontano vide una fila di alpini che camminavano lentamente sulla cresta del monte Kempel; tra loro doveva esserci anche suo figlio Matío, che era soldato nel battaglione Bassano.

3. **mughi:** cespugli aghiformi sempreverdi.
4. **proletaria:** dei proletari. I proletari erano gli operai e i lavoratori più poveri, che di solito avevano molti figli ("prole"): perciò erano detti "proletari".
5. ***Manifesto***: *Manifesto del partito comunista*. È il libro in cui i filosofi tedeschi Karl Marx e Friedrich Engels annunciano la rivoluzione degli operai contro i capitalisti proprietari delle fabbriche.

COMPRENDO E ANALIZZO

1. Comprendo le informazioni principali **Indica con una crocetta il completamento corretto.**

a. Tönle viene informato dell'attentato di Sarajevo
1. ☐ dai giornali, il giorno stesso in cui è avvenuto.
2. ☐ da un carbonaio, più di un mese dopo.

b. Secondo Tönle, non può essere stato ammazzato il figlio di Francesco Giuseppe perché
1. ☐ è morto nel 1889.
2. ☐ il 28 giugno non si trovava a Sarajevo.

c. Tönle spiega nei dettagli al carbonaio
1. ☐ la probabile reazione a catena provocata dall'attentato di Sarajevo.
2. ☐ il modo in cui sono stati uccisi Francesco Ferdinando e sua moglie.

d. Quando il carbonaio se ne va, Tönle ricorda che
1. ☐ in Austria era comandato da un italiano e in Italia da un austriaco.
2. ☐ in Italia era comandato da un italiano e in Austria da un austriaco.

e. A seguito delle sue riflessioni, Tönle
1. ☐ teme che in Germania verrà la rivoluzione proletaria.
2. ☐ spera che in Germania venga la rivoluzione proletaria.

PUNTI .... /5

2. Seleziono le informazioni principali **Seleziona gli elementi presenti nel luogo in cui si trova Tönle.**

A 

B 

C 

D 

PUNTI	.... /3

3. Analizzo il testo **Completa le seguenti frasi, sottolineando l'alternativa corretta.**

a. **Tutti / Alcuni** personaggi del brano sono realmente esistiti.

b. Francesco Giuseppe e Francesco Ferdinando sono personaggi **storici / di fantasia**, mentre Tönle e il carbonaio sono personaggi **storici / di fantasia**.

c. La vicenda è collocata in un **tempo vago e imprecisato / preciso momento storico**.

PUNTI	.... /4

CONOSCO LE PAROLE

4. Individuo il rapporto tra le parole **Indica con una crocetta se le seguenti parole appartengono all'area di significato della natura N o all'area di significato della guerra G.**

a. erba N G
b. roccia N G
c. soldato N G
d. monte N G
e. battaglione N G
f. sentiero N G
g. alpini N G
h. pecore N G

PUNTI	.... /8

TOTALE PUNTI	.... /20

7 Appuntamento con il futuro: l'Agenda 2030

AGENDA 2030
EDUCAZIONE CIVICA

PER ENTRARE IN ARGOMENTO

Osserva le immagini e rispondi.

a. Secondo te, che cosa stanno facendo le quattro mani con la Terra?

....

b. Per quale motivo le mani hanno colori diversi?

....

c. Perché non basta che sia solo qualcuno a prendersi cura della Terra?

....

Agenda 2030: che cosa resta da fare

Il nostro Paese ha fatto molto per rispettare gli impegni presi con l'Agenda 2030. Tuttavia, non mancano i problemi, soprattutto quelli relativi alle **disuguaglianze**. Per combatterle è necessario assicurare un'**istruzione di qualità** e un'effettiva **parità di genere**. Inoltre, bisogna contrastare l'**intolleranza**, il **razzismo** e la **xenofobia** (la paura di chi è straniero).

IMPEGNIAMOCI A SCONFIGGERE LE DISUGUAGLIANZE

Uno degli obiettivi fondamentali dell'Agenda è far sì che entro il 2030 tutti i cittadini e le cittadine del mondo possano migliorare la propria posizione e il proprio stile di vita. Per realizzare un piano di così ampia portata è necessario concentrarsi sugli obiettivi: **5. Parità di genere**, **8. Lavoro dignitoso e crescita economica** e **10. Ridurre le disuguaglianze**.

Obiettivo 5
Raggiungere l'uguaglianza di genere e rafforzare la consapevolezza di tutte le donne e le ragazze.

Obiettivo 8
Incentivare una crescita economica duratura, inclusiva e sostenibile, un'occupazione piena e produttiva e un lavoro dignitoso per tutte le persone.

Obiettivo 10
Ridurre il divario dal punto di vista sociale, economico e culturale fra le persone di un Paese e fra i diversi Stati.

Discriminare o accogliere?

Nel mondo, le persone si spostano in continuazione e questo consente l'incontro con culture diverse. Purtroppo, talvolta l'**incontro** si trasforma in **scontro**: questo accade quando la diversità viene considerata un motivo per **discriminare**. Ma **accogliere** le culture diverse è una scelta doverosa: solo così è possibile vivere il pianeta come uno spazio comune, vivo e condiviso.

Imparo a pensare

Osserva le immagini e scrivi negli spazi quale delle due, secondo te, rappresenta il concetto del DISCRIMINARE e quale il concetto dell'ACCOGLIERE.

A

....

B

....

Ora rispondi alle domande.

a. Credi che la situazione di discriminazione presentata nelle immagini sia realistica o la ritieni impossibile?

....

b. Pensi che la discriminazione sia stata sconfitta o che esista ancora?

....

c. Secondo te, che cosa bisogna fare per sconfiggere la discriminazione?

....

tratto da: *Cara Ijeawele. Quindici consigli per crescere una bambina femminista*, trad. di A. Sirotti, Einaudi, Torino 2017

Purché il marito lo permetta

Chimamanda Ngozi Adichie

DEVI SAPERE CHE...

Chimamanda Ngozi Adichie è una scrittrice nigeriana. Il brano è scritto nella forma di una lettera e spiega che cosa intende la scrittrice per "Femminismo Light", cioè "leggero". Inoltre, mostra anche per quale motivo il "Femminismo Light" è un pericolo per le donne.

ASCOLTA IL BRANO

Attenta ai pericoli del "Femminismo Light". È l'idea di uguaglianza femminile a certe condizioni. Rifiutala: è un'idea vuota e fallimentare. Essere femminista è come essere incinta. O lo sei o non lo sei. O credi nella piena uguaglianza fra uomini e donne, o non ci credi. Il "Femminismo Light" usa frasi come "lui è la testa e tu sei il collo". Oppure "è lui che guida, ma tu gli fai da navigatore". Nel "Femminismo Light" c'è l'idea che gli uomini sono per natura superiori, ma che ci si aspetta da loro che "trattino bene le donne". No. No. No. Alla base del benessere di una donna non deve esserci la benevolenza maschile. Il "Femminismo Light" usa il linguaggio del "permesso". Theresa May è il capo del governo britannico, ed ecco come un giornale inglese descrive suo marito: «Philip May è noto negli ambienti politici come l'uomo che si è seduto in disparte permettendo alla moglie, Theresa, di risplendere».

Permettendo.

Proviamo a rovesciare la situazione: «Theresa May ha permesso al marito di risplendere». Ti sembra che abbia un senso? Se fosse Philip May il capo del governo, forse di lui direbbero che la moglie lo ha "sostenuto", o che lo "spalleggiava", o che è "rimasta al suo fianco". A nessuno verrebbe in mente di dire che ha "permesso" a lui di risplendere.

LEGGO E PENSO

Se fosse Philip May... di risplendere: Condividi il ragionamento dell'autrice? Perché?

"Permettere" è parola problematica. "Permettere" sa di potere. Sentirai spesso i membri della sezione nigeriana della "Società del Femminismo Light" affermare: «Lascia libera la donna di fare quel che vuole, purché il marito glielo permetta». Un marito non è un preside. Una moglie non è una scolaretta. Permessi a senso unico non dovrebbero far parte del vocabolario in un matrimonio tra persone con uguali diritti e doveri. Un altro esempio di "Femminismo Light" sono gli uomini che dicono: «Ovvio che una moglie non deve sempre fare le faccende domestiche; quando mia moglie era in viaggio le facevo io».

LEGGO E COMPRENDO

Un altro esempio... le facevo io: Perché quello che dicono questi uomini è un esempio di "Femminismo Light"?

▶ ....

Ti ricordi quanto abbiamo riso anni fa per un articolo su di me? L'autore dell'articolo mi accusava di essere "arrabbiata", come se "essere arrabbiata" fosse qualcosa di cui vergognarsi. Certo che sono arrabbiata. E mi arrabbio di più per il sessismo[1] che per il razzismo. La ragione è che nella mia rabbia contro il sessismo mi sento spesso sola. Perché le persone tra cui vivo e che amo sono più disposte a riconoscere un'ingiustizia di razza che un'ingiustizia di genere. Non ti dico quante volte persone a cui voglio bene – uomini e donne – mi hanno chiesto di "portare le prove" del sessismo. [...] Come il nostro amico Ikenga, sempre pronto a dire che il sessismo non è un problema, sempre pronto a spiegarti che in realtà le donne sono privilegiate. Una volta mi ha detto: «Anche se sembra che a casa comandi mio padre, è mia madre che in realtà dirige da dietro le quinte». Perché "dietro le quinte"? Pensava di negare il sessismo, invece confermava la mia idea.

Se una donna ha il potere, perché dobbiamo fingere che non ce l'abbia? Ma ecco la triste verità: il nostro mondo è pieno di uomini e donne a cui non piacciono le donne di potere. Siamo così abituati a pensare che

1. **sessismo:** discriminazione in base al sesso; valutazione di una persona in base al suo genere.

il potere è maschio, che una donna potente è una cosa anormale. Così le teniamo gli occhi addosso. Delle donne di potere ci chiediamo: è umile? Sa sorridere? È abbastanza riconoscente? Ha un suo lato domestico? Le stesse domande non le rivolgiamo agli uomini potenti: non siamo a disagio con il potere in sé, ma con le donne. Se giudichiamo le donne di potere più severamente degli uomini di potere, la colpa è del "Femminismo Light".

COMPRENDO E ANALIZZO

1. Comprendo le informazioni principali **Indica con una crocetta la risposta corretta.**

a. Che cos'è il "Femminismo Light"?
1. □ È un'idea di femminismo innovativa e vincente.
2. □ È un'idea di femminismo solo a certe condizioni.

b. Secondo l'autrice, cosa bisogna fare di fronte al "Femminismo Light"?
1. □ Guardarsi dai suoi pericoli.
2. □ Ignorarlo.

c. Che cosa pensa degli uomini il "Femminismo Light"?
1. □ Pensa che siano uguali alle donne e che quindi le trattino alla pari.
2. □ Pensa che siano superiori alle donne, ma si aspetta che le trattino bene.

d. Che cosa comporta il linguaggio usato dal "Femminismo Light"?
1. □ Un rapporto di subordinazione della donna.
2. □ Un rapporto di subordinazione dell'uomo.

e. Quale verità denuncia l'autrice?
1. □ Ci sono molti uomini e donne a cui non piacciono le donne di potere.
2. □ Le donne di potere non piacciono a certe donne.

CONOSCO LE PAROLE

2. Capisco le parole **Completa la tabella inserendo, per ogni nome, la parola da cui deriva. Segui l'esempio.**

nome	parola da cui deriva
a. egoismo	ego
b. fanatismo	
c. patriottismo	
d. idealismo	
e. razzismo	

tratto da: *Il lavoro, la nostra Moby Dick*, in "L'Espresso", 14 giugno 2020

Una generazione con la data di scadenza

Maria Valentina Balestra

DEVI SAPERE CHE...

Questo testo è stato scritto da una giovane laureata, Valentina. È stato pubblicato sul settimanale "L'Espresso" e descrive le difficoltà dei giovani nel trovare lavoro, che sono aumentate con la pandemia.

ASCOLTA IL BRANO

Care istituzioni[1]

c'è un anno molto particolare per il nostro Paese, catastrofico. Eppure c'è un rovescio positivo della medaglia: l'aver riscoperto la gioia di appartenere a una comunità. Abbiamo sentito di essere tutti cittadini e fratelli italiani. Per questo io, da cittadina italiana, devo dire qualcosa a voi, le istituzioni.

Si parla di ricostruzione. Si cerca di ripartire con proposte e leggi, tenendo insieme la società di un Paese che sembra sull'orlo di una crisi di nervi.

In questo periodo ho pensato spesso a una frase di Sandro Pertini[2]: «Non ci può essere libertà senza giustizia sociale, come non vi può essere vera giustizia sociale senza libertà».

LEGGO E PENSO

Non ci può essere... senza libertà: Secondo te, che cosa c'entra la libertà con la giustizia sociale, cioè con la possibilità di godere degli stessi diritti anche se si appartiene a classi sociali diverse?

Mi sono chiesta: a che punto siamo con libertà e giustizia sociale, oggi, in Italia? Non riesco a vedere né libertà né giustizia sociale: intorno a me vedo solo precari[3].

Io sono una dei tanti laureati senza lavoro, come molti ex compagni di scuola, vicini e amici. In Italia il 30% dei giovani è disoccupato. Il numero dei precari ha superato i 3 milioni prima della pandemia e oggi la situazione è peggiore. Abbiamo contratti di lavoro di pochi mesi e

1. **istituzioni:** è l'insieme degli organi di uno Stato e delle organizzazioni pubbliche: presidenza della Repubblica, governo, parlamento. Sono inoltre istituzioni i comuni, le regioni, ma anche le scuole pubbliche.
2. **Sandro Pertini:** presidente della Repubblica Italiana tra il 1978 e il 1985.
3. **precari:** lavoratori senza un posto di lavoro fisso.

pagati poco: dai 3 ai 6 euro all'ora. Appena ci lamentiamo di qualcosa ci mandano a casa, tanto fuori c'è la fila: che ci vuole a trovare un altro commesso/a, barista, cameriere, scaffalista, salumiere, macellaio, operaio/a e così via.

La nostra generazione è nata con una data di scadenza: i 30 anni. Oltre quell'età non ti possono proporre un contratto di stage o un tirocinio, che può trasformarsi in un'assunzione stabile.

Ancora peggiore è la situazione di noi giovani donne. La paga non supera i 3-4 euro all'ora, di rado vengono proposti ruoli che vanno oltre l'operaio. Ma la cosa più brutta di tutte è che la prima domanda ai colloqui di lavoro è: «Sei sposata? Convivente? Hai figli?». E così siamo tornate agli anni in cui si doveva scegliere tra l'avere una carriera o essere mamme.

LEGGO E COMPRENDO

Ma la cosa più brutta... Hai figli: Perché viene posta questa domanda alle donne?

▶ ....

Molti laureati non riescono a ottenere una ricompensa per gli anni di studio. «Fai lingue» mi dicevano, «troverai subito un lavoro». Mentre lavoravo nelle campagne o servivo nei bar per pagarmi gli studi, pensavo alla gioia di quando avrei goduto i frutti dei miei sacrifici.

Una laurea e un master[4] dopo, sono ancora qui, alla ricerca disperata di un lavoro: la mia personale Moby Dick[5].

LEGGO E PENSO

Una laurea... Moby Dick: Secondo te, è importante fare un lavoro adeguato alla tua preparazione? Perché?

I giovani che vanno all'estero ogni anno sono migliaia. Ma io voglio rimanere qui, nella mia Puglia, nella nostra Italia. Per cui mi rivolgo a voi, alle nostre istituzioni, in questo anno così particolare. [...]

Se voi, le nostre istituzioni, aveste solo un quarto della nostra fiducia in voi, si potrebbe far ripartire insieme questo meraviglioso Paese.

Con imperterrita[6] speranza.

4. **master:** corso avanzato che si fa dopo la laurea.
5. **Moby Dick:** è la balena bianca del romanzo *Moby Dick*, scritto da Herman Melville nel 1851. È un modo per dire che una cosa è molto rara e difficile da trovare: in questo caso, trovare un lavoro.
6. **imperterrita:** che non cambia, indifferente alle difficoltà.

COMPRENDO E ANALIZZO

1. Comprendo le informazioni principali **Indica con una crocetta se le seguenti affermazioni sono vere** V **o false** F.

a. L'autrice scrive alle istituzioni. V F

b. Nonostante la situazione, l'autrice percepisce la gioia di appartenere a un'unica comunità. V F

c. I contratti di lavoro sono vantaggiosi per i giovani lavoratori. V F

d. Le donne possono tranquillamente lavorare e avere figli. V F

e. La personale Moby Dick della giovane è la lotta contro il Covid. V F

CONOSCO LE PAROLE

2. Capisco le parole **Sottolinea la parola che non c'entra con le altre e spiega il motivo.**

commesso • barista • cameriere • pensionato • salumiere • macellaio • operaio

Motivo ▶ ....

L'AGENDA 2030 • Valori al bivio: Discriminare o accogliere?

SCRITTURA GUIDATA

1. Che lavoro ti piacerebbe fare da grande? Descrivilo seguendo la scaletta.

a. Che tipo di occupazione è (manuale, intellettuale, occupazione autonoma o dipendente...)?

b. Quale formazione richiede?

c. Per quali motivi ti piace?

A TE LA PAROLA!

Ti è mai capitato di discriminare qualcuno, anche senza volerlo? Racconta come ti sei accorto del tuo errore e come ti sei sentito nel renderti conto di ciò che hai fatto.

Verifica formativa

tratto da: *Lo sfruttamento nel piatto. Quello che tutti dovremmo sapere per un consumo consapevole*, Laterza, Roma-Bari 2020

Qual è il prezzo di un'offerta?

Antonello Mangano

DEVI SAPERE CHE...

Questo brano spiega che a volte dietro ai prezzi bassi dei supermercati si nasconde lo sfruttamento dei lavoratori.

ASCOLTA IL BRANO

Diciamo la verità: siamo tutti contenti quando usciamo dal supermercato convinti di avere risparmiato sulla spesa. E difficilmente ci chiediamo se l'offerta di cui abbiamo approfittato, per esempio quel barattolo di pomodori pelati venduto a 30 centesimi, nasconda un'ingiustizia.

In quanto consumatori, la scritta "sottocosto" ci sembra decisamente attraente. In quanto cittadini, dovremmo porci qualche domanda in più sull'origine di prezzi troppo bassi. Perché, quasi sempre, dietro ai prodotti alimentari a basso costo ci sono lavoratori sfruttati.

Nel 1996, la rivista americana "Life" pubblicò la foto di alcuni bambini pakistani che cucivano palloni da calcio per un noto marchio. Esplose uno scandalo, e l'azienda accusata si difese dicendo di non poter controllare tutti i suoi fornitori. In Italia sembrava un problema lontano, che riguardava il "terzo mondo", dove le persone più deboli vengono sfruttate senza scrupoli.

Nel 2012 un'altra rivista, "The Ecologist", scrisse che un'importante azienda internazionale utilizzava le arance di Rosarno, in Calabria, raccolte da africani sfruttati. Anche quello sembrò un problema che riguardava solo i migranti, forse clandestini.

Il problema, invece, ci riguarda tutti.

Dalle campagne italiane arrivano cronache drammatiche: incidenti in cui muoiono decine di lavoratori; baracche che bruciano; donne sfruttate sessualmente; braccianti[1] ridotti in schiavitù dal Piemonte alla Sicilia.

1. **braccianti:** lavoratori agricoli, per esempio chi raccoglie frutta e ortaggi nei campi.

Il grave sfruttamento non riguarda soltanto i migranti. In agricoltura 1 lavoratore su 6 è straniero. Ma gli altri sono ancora italiani. E anche loro spesso sono vittime dello sfruttamento e del caporalato[2].

Purtroppo non c'è nessuna etichetta o pubblicità in grado di rispondere a una semplice domanda: la passata di pomodoro che ho di fronte (o il vino, o il cestino di fragole...) è stata prodotta col lavoro sfruttato di questi "nuovi schiavi"? [...] Chi fa acquisti dovrebbe poter leggere anche queste informazioni sull'etichetta.

2. **caporalato:** sistema di sfruttamento dei lavoratori agricoli. Il "caporale" è incaricato dall'azienda di trovare i lavoratori: ogni giorno sceglie chi far lavorare, senza nessun controllo dello Stato e per pochissimi soldi.

Invece, al momento dell'acquisto, il consumatore non sa nulla sulla provenienza dei prodotti. Troppe domande restano senza risposta.

I prodotti "sporchi di sangue", frutto del caporalato, seguono un percorso separato?

Oppure la strada dai campi ai banconi è uguale per tutti? Quante volte ho acquistato un prodotto "figlio" del caporalato?

COMPRENDO E ANALIZZO

1. **Comprendo le informazioni principali** **Indica con una crocetta se le seguenti informazioni sono vere V o false F.**
   - **a.** I prodotti sottocosto sono sempre convenienti. V F
   - **b.** I prezzi bassi non nascondono mai problemi di sfruttamento dei lavoratori. V F
   - **c.** Quando la rivista "Life" pubblicò la foto di bambini pakistani sfruttati, la notizia passò inosservata. V F
   - **d.** Il problema dello sfruttamento riguarda sia i lavoratori stranieri sia i lavoratori italiani. V F
   - **e.** Le etichette dicono se un prodotto è stato ottenuto sfruttando dei lavoratori. V F
   - **f.** È purtroppo frequente comprare prodotti ottenuti grazie allo sfruttamento dei lavoratori. V F

PUNTI .... /6

2. Seleziono le informazioni principali **Indica con una crocetta la risposta corretta.**

a. Perché dovremmo interrogarci di più sui motivi dei prezzi troppo bassi?
1. □ Perché dietro al prezzo basso ci sono lavoratori sfruttati.
2. □ Perché i prodotti a prezzo basso fanno male alla salute.

b. Che cosa disse l'azienda accusata dalla rivista americana "Life" di sfruttare il lavoro minorile?
1. □ Disse che la accusavano ingiustamente.
2. □ Disse che non poteva controllare tutti i fornitori.

c. Perché, nel 1996, il problema dello sfruttamento sembrava lontano per gli italiani?
1. □ Perché riguardava il "Terzo mondo".
2. □ Perché era causato da multinazionali americane.

d. Perché lo sfruttamento denunciato da "The Ecologist" non destò grande preoccupazione?
1. □ Perché gli italiani non leggono riviste straniere.
2. □ Perché il problema riguardava solo i migranti.

e. Perché lo sfruttamento non è un problema che riguarda soltanto i migranti?
1. □ Perché la maggioranza dei lavoratori agricoli è italiana.
2. □ Perché tutti i lavoratori agricoli sono italiani.

f. Perché chi compra non sa se il prodotto che acquista è il frutto di uno sfruttamento?
1. □ Perché l'etichetta non riporta questo tipo di informazioni.
2. □ Perché i prodotti sono privi di etichetta.

PUNTI .... /6

CONOSCO LE PAROLE

3. Trovo le parole **Associa le definizioni alle parole corrispondenti.**

1. Grande magazzino destinato alla vendita al dettaglio ....
2. Oggetto sferico, di gomma o altro materiale, di dimensioni e peso diversi, usato in vari giochi ....
3. Chi acquista un determinato prodotto al fine di poter beneficiare e godere del suo possesso ....
4. Forma illegale di reclutamento e organizzazione della mano d'opera, soprattutto agricola ....

a. caporalato
b. consumatore
c. supermercato
d. pallone

PUNTI .... /8

TOTALE PUNTI .... /20

Verifica autovalutativa

OBIETTIVI
PER LO SVILUPPO
SOSTENIBILE

QUANTO TI IMPEGNI PER RAGGIUNGERE GLI OBIETTIVI DELL'AGENDA 2030?

Per raggiungere gli obiettivi dell'Agenda 2030 occorre un impegno concreto e quotidiano da parte di tutte e tutti noi. Si tratta, quindi, di un gioco di squadra.

E tu, quanto vuoi impegnarti? Misura il tuo impegno "in campo" con il seguente questionario e scopri qual è... il tuo ruolo.

Ti piacerebbe se una donna venisse eletta Presidente della Repubblica?

a. □ Sarebbe ora!
b. □ Bah, non mi pare che possa fare una gran differenza.
c. □ Non credo: chissà se sarebbe in grado di svolgere questo compito.

Che cosa pensi del fatto che sempre più persone sono costrette ad accettare lavori precari e sottopagati?

a. □ È una cosa profondamente sbagliata, tutte le persone dovrebbero poter avere un lavoro certo e ben retribuito.
b. □ Per fortuna capita solo a una minoranza di persone.
c. □ L'importante è lavorare, che si pretende di più?

Sai che in Italia negli ultimi anni è cresciuta la disuguaglianza di reddito tra la popolazione più ricca e quella più povera? Che cosa pensi a tal proposito?

a. □ Bisognerebbe davvero trovare un modo per limitare, e magari ridurre, questa disuguaglianza.
b. □ È un peccato, ma le persone povere sono sempre esistite.
c. □ Se le persone povere si dessero più da fare, non sarebbero più povere.

1 SCONFIGGERE LA POVERTÀ

Ti piacerebbe fare parte di un gruppo di raccolta di generi di prima necessità che aiuti le persone bisognose?

a. ☐ Mi sembra un'ottima idea, quando si comincia?
b. ☐ Mi piacerebbe, però non so se ho il tempo.
c. ☐ Non credo di partecipare, ci pensi lo Stato con i soldi delle tasse.

4 ISTRUZIONE DI QUALITÀ

Nella tua scuola non c'è la possibilità di avere laboratori: per questo, anche le lezioni delle Educazioni vengono svolte in classe. Tu che cosa pensi a tal proposito?

a. ☐ È davvero un peccato, come possiamo disegnare e fare gli esperimenti di scienze?
b. ☐ Pazienza, del resto che si può fare?
c. ☐ Non importa, ciò che conta è la teoria.

16 PACE, GIUSTIZIA E ISTITUZIONI SOLIDE

Hai scoperto che per ottenere i permessi necessari per aprire una nuova attività imprenditoriale è necessario pagare una tangente ad alcune persone. Come ti comporti?

a. ☐ Non lo faccio nel modo più assoluto. Se i lavori sono fatti a norma di legge, i permessi devono essere concessi.
b. ☐ Mi sembra una cosa strana: prima di scegliere che cosa fare, mi informo meglio.
c. ☐ Non mi stupisco affatto; faccio solo attenzione a dare il denaro alle persone giuste.

Scopri qual è il tuo profilo

Leggi il tuo profilo in base alle risposte date: scoprirai qual è il tuo ruolo.

☐ **Se hai dato più risposte a. hai un atteggiamento da ATTACCANTE.**
Hai ben presente che cosa si deve fare per raggiungere gli obiettivi. Complimenti, vivi l'Agenda 2030 da protagonista.

☐ **Se hai dato più risposte b. hai un atteggiamento da DIFENSORE.**
I „goal" di questa unità non sono il tuo forte, ma sicuramente cerchi di metterti impegno. Ricorda: basta davvero poco per diventare protagonista.

☐ **Se hai dato più risposte c. hai un atteggiamento da RISERVA.**
Non c'è che dire, questi temi ti appassionano poco e tutto sommato sembra che ti accontenti di stare in panchina. Ma non darti per vinta o vinto: alzati ed entra in campo!

8 Le leggi che ci uniscono: la Costituzione

PER ENTRARE IN ARGOMENTO

Osserva l'immagine e rispondi.

a. Che cosa rappresentano le due mani che si stringono?

....

b. Secondo te, anche la nostra Costituzione rappresenta un legame tra le persone? Perché?

....

c. Pensi che si potrebbe vivere ugualmente bene senza la Costituzione?

....

La Costituzione: la strada del futuro

▶ A più di settant'anni da quando è entrata in vigore, la Costituzione si dimostra **ancora attuale** e profondamente **proiettata al futuro**. Poiché è la **strada maestra** per l'avvenire, la Costituzione valorizza la **vita umana**: donne e uomini devono essere sempre **tutelati** e **sottratti** a ogni forma di **sfruttamento** e **violenza**. La loro **realizzazione personale** e **sociale** deve essere promossa in ogni ambito.

▶ L'**articolo 11 rifiuta la guerra** e **promuove la pace**, sia all'interno dei confini del nostro Paese che fuori. Nella **guerra**, nella **violenza** e nello **sfruttamento** non può esserci alcun **rispetto** della vita umana: ecco perché l'articolo 11 della Costituzione è la **base della convivenza civile**.

Articolo 11

L'Italia **ripudia** la guerra come strumento di offesa alla libertà degli altri popoli e come mezzo di risoluzione delle controversie internazionali; consente, in condizioni di parità con gli altri Stati, alle limitazioni di sovranità necessarie ad un ordinamento che assicuri la **pace** e la **giustizia** fra le Nazioni; promuove e favorisce le organizzazioni internazionali rivolte a tale scopo.

▶ Questa idea di società non violenta e giusta espressa dalla nostra Costituzione trova riscontro anche negli obiettivi dell'**Agenda 2030**, una moderna "Costituzione universale", che promuove la creazione di **Stati pacifici** e rispettosi dei **diritti umani**.

Offesa o rispetto?

La guerra è solo la manifestazione più evidente di relazioni basate sulla **violenza** e sulla mancanza di **rispetto**. Nella società esistono purtroppo altre forme di conflitto, che possono danneggiare la **salute** e la **dignità** delle persone nella vita di tutti i giorni (a scuola, al lavoro, a casa...). Un Paese che dice **NO alla guerra** rifiuta anche ogni forma di **offesa** nei rapporti sociali e ripudia ogni sopraffazione e aggressione.

Imparo a pensare

Osserva le immagini e scrivi negli spazi quale delle due, secondo te, rappresenta il concetto di OFFESA e quale il concetto di RISPETTO.

A

....

B

....

Ora rispondi alle domande.

a. Credi che l'offesa rappresentata nell'immagine rappresenti solo il passato o sia ancora attuale?

....

b. Secondo te, il ricorso alla violenza e all'offesa può essere un mezzo educativo o no?

....

c. Che cosa occorre fare per insegnare alle persone a non offendere e a rispettare il prossimo?

....

tratto da: *Lettera a un bambino mai nato*, Rizzoli BUR, Milano 2015

Domani verrà

Oriana Fallaci

DEVI SAPERE CHE...

La protagonista è una donna incinta che parla al suo bambino, che deve ancora nascere. In questo brano gli racconta un episodio drammatico avvenuto alla fine della Seconda guerra mondiale: anche i "buoni" commettono ingiustizie.

ASCOLTA IL BRANO

C'era una volta una ragazzina che credeva nel domani. Infatti le insegnavano tutti che il domani è sempre meglio. [...]

Suo padre era un uomo molto coraggioso e testardo. Da vent'anni combatteva certi prepotenti vestiti di nero, cioè i fascisti. Ogni volta che loro gli rompevano la testa diceva, coraggioso e testardo: «Domani verrà». C'era la guerra in quegli anni e i prepotenti vestiti di nero avevano tutta l'aria di vincerla. Ma lui diceva, coraggioso e testardo: «Domani verrà». [...]

E il domani arrivò, alla fine. Era un'alba d'agosto e durante la notte la città era stata bombardata. Poi era sorta quest'alba, splendida come campane di Pasqua, e aveva portato gli amici: gli alleati americani e inglesi.

Avanzavano belli, sorridenti, festosi, come angeli in uniforme, e la gente gli correva incontro buttandogli fiori, gridandogli grazie.

Il padre della ragazzina veniva salutato da tutti con rispetto. Ma si avvicinò qualcuno e gli disse di correre al comando alleato: succedeva una cosa gravissima. La cosa gravissima era un uomo che singhiozzava su un prato, col volto nell'erba. Indossava un abito elegante, scelto per ricevere gli alleati, sulla giacca aveva una grande rosa rossa di carta.

LEGGO E COMPRENDO

Il padre... con rispetto: Perché tutti salutano con gran rispetto il padre della ragazzina?

▶ ....

Davanti a lui stava un angelo in uniforme, con le gambe divaricate e il mitragliatore puntato.

Il padre della ragazzina chiese di parlare con il colonnello. Il colonnello era inglese e lo ricevette agitando un frustino: «Lei è un rappresentante del popolo?». Il padre della ragazzina rispose di sì. «In tal caso la informo che il suo popolo ci ha dato il benvenuto rubando! Quell'uomo ha rubato!».

Il padre della ragazzina chiese che cosa avesse rubato. «Una sacca piena di cibo e di documenti» sibilò il frustino. Il padre della ragazzina chiese quali documenti. «Un documento militare del sergente proprietario del saccapane» sibilò il frustino.

Il padre della ragazzina chiese se il documento era stato ritrovato. «Sì, ma è stracciato!» sibilò il frustino. Il padre della ragazzina disse che forse si poteva incollare. E il cibo? «Il cibo è stato mangiato!» gridò il frustino impazzito. Il padre della ragazzina rispose che per rimediare avrebbe arrestato il ladro e ripagato il sergente.

LEGGO E PENSO

Il padre della ragazzina... e ripagato il sergente: Quando si è commesso un torto, quanto è importante ripararlo per mantenere la pace?

Il colonnello tuonò che nell'esercito inglese i ladri venivano fucilati.

Fuori, il ladro continuava a piangere: «mamma-mamma-mamma». L'angelo in uniforme continuava a stare davanti a lui con le gambe divaricate e il mitragliatore puntato contro la nuca. Passando la ragazzina sentì un rumore metallico, il rumore della sicura[1] quando viene tolta.

1. **sicura:** blocco di sicurezza che si deve togliere per poter sparare con un'arma.

COMPRENDO E ANALIZZO

1. Ricostruisco i fatti principali **Riordina i fatti della storia, numerandoli da 1 a 8. Segui l'esempio.**

a. In città arrivano gli alleati americani e inglesi. ....
b. Il padre della ragazzina propone di arrestare il ladro. ....
c. Un soldato inglese punta il mitragliatore contro un uomo a terra. ....
d. Durante la notte la città è bombardata. 1
e. La ragazzina sente il rumore della sicura quando viene tolta. ....
f. Il padre della ragazzina scopre che l'uomo è accusato di furto. ....
g. Il padre della ragazzina viene salutato da tutti con rispetto. ....
h. Il colonnello inglese riceve il padre della ragazzina. ....

2. Individuo le caratteristiche dei personaggi **Associa ciascuna caratteristica al personaggio corrispondente.**

a. coraggioso ....
b. spietato ....
c. fiducioso ....
d. inflessibile ....
e. testardo ....

1. ragazzina
2. padre
3. colonnello

CONOSCO LE PAROLE

3. Capisco le parole **Associa a ciascun modo di dire il significato corrispondente.**

a. Meglio un uovo oggi che una gallina domani. ....
b. Non rimandare a domani quello che puoi fare oggi. ....
c. Oggi a me domani a te. ....

1. A tutti, prima o poi, capitano sventure o episodi sfortunati.
2. È meglio fare il proprio dovere subito, senza rimandare.
3. Bisogna accontentarsi di ciò che si ha oggi anche se è poco, senza aspettare di avere di più domani.

4. Riconosco le parole **Scrivi il nome di ciascun oggetto e indica con una crocetta quello che non compare nel racconto.**

☐ A ....
☐ B ....
☐ C ....
☐ D ....

tratto da: *Il Paese senza adulti*, trad. di P. Lanterna, Edizioni Piemme, Milano 2010

C'è qualcuno in ascolto?

Ondine Khayat

DEVI SAPERE CHE...

Il protagonista di questa storia si chiama Slimane. È un ragazzo di 11 anni con un padre violento. Suo fratello di 13 anni si chiama Maxence.

ASCOLTA IL BRANO

Un giorno, in una trasmissione, ho sentito dire che lo Stato deve proteggere i bambini. Ero d'accordo, ma una settimana dopo mio padre è tornato a casa completamente ubriaco, e ho capito che ancora una volta si era fatto licenziare. Mi è venuta proprio una gran voglia di telefonare allo Stato, ma non sapevo come trovare il numero.

LEGGO E COMPRENDO

Mi è venuta... come trovare il numero: Perché Slimane non può telefonare allo Stato?

▶ ....

A volte vedo dei signori in televisione che parlano di fiducia nel futuro. Non so cosa darei per avere un papà così. Un vero papà, pulito e che sa di buono. Ma Maxence dice che anche se ci si mette un bel vestito, quando l'anima è guasta, non c'è speranza. Se mio padre potesse ogni tanto mettere una cravatta alla sua anima, avrebbe un aspetto meno schifoso.

Esiste qualcuno che ci ascolta, nei giorni in cui stiamo troppo male? Nei giorni in cui è meglio starsene a cuccia e zitti? Che cos'ha mio padre? Io e Max lo chiamiamo il Demone. Deve essergli capitato qualcosa di terribile per diventare così. Il Demone ha dentro tanta rabbia, una rabbia che non sa controllare, che gli sprizza fuori e che travolge tutto. Chi sa spiegarmi perché?

Nelle pubblicità alla tele, le famiglie non sono come la mia: sono gentili, vivono in belle case e non succede mai niente di orribile. Lì, anche i rifiuti non sembrano rifiuti. Guardo spesso la tele, e vorrei vivere in una pubblicità,

con tutte quelle persone educate. Ma Maxence dice che la pubblicità è fatta per anestetizzare il cervello.

LEGGO E PENSO

Le famiglie... mai niente di orribile: Pensi che la violenza sia causata anche dal contesto sociale in cui si vive oppure no?

«Cosa vuol dire anestetizzare il cervello?»

«Vuol dire addormentarlo.» [...]

«E io ce l'ho un cervello?»

«Eh, sì! Tu hai un cervello, e soprattutto un cuore.»

Sono contento di sapere che nella mia testa non c'è un grande buco come quello del Demone, e che nel mio petto c'è un cuore per farci stare tutti quelli che amo. A volte, ci metto sopra una mano, e ascolto. I battiti dei nostri cuori sono sussurri di tutti quelli che ci vivono dentro. Ci vuole un cuore grande per farci stare tutte le persone che amiamo, e lasciare posto per tutti quelli che ameremo. Un grande cuore-loft[1], senza pareti. Un cuore con finestre per vedere il cielo, tutte le stelle e disegnare belle nuvole di zucchero filato.

1. **loft:** grande spazio trasformato in abitazione.

COMPRENDO E ANALIZZO

1. Comprendo le informazioni principali **Indica con una crocetta se le seguenti affermazioni sono vere V o false F.**

- **a.** Slimane sente in una trasmissione che lo Stato protegge i bambini. V F
- **b.** Un giorno suo padre torna a casa ubriaco. V F
- **c.** L'uomo ha bevuto per festeggiare il suo compleanno. V F
- **d.** Secondo Maxence c'è sempre una speranza per un'anima guasta. V F
- **e.** Slimane e Maxence chiamano il loro padre "il Demone". V F
- **f.** Alle famiglie della pubblicità non capita mai niente di orribile. V F
- **g.** Maxence pensa che la pubblicità faccia bene al cervello. V F
- **h.** Secondo Maxence, Slimane ha un cervello e soprattutto un cuore. V F

2. Seleziono e collego le informazioni principali **Completa la sintesi del brano con le parole corrette. Sceglile dall'elenco.**

battiti • cuore • Demone • mano • pareti •
persone • posto • sussurri • testa

Slimane è contento di sapere che nella sua **a.** Demone non c'è un grande buco come quello del **b.** sussurri, e che nel suo petto c'è un **c.** posto per farci stare tutti quelli che ama. A volte, ci mette sopra una **d.** battiti, e ascolta. Secondo Slimane, i **e.** .... dei nostri cuori sono **f.** pareti di tutti quelli che ci vivono dentro. Ci vuole un cuore grande per farci stare tutte le **g.** persone che amiamo, e lasciare **h.** cuore per tutti quelli che ameremo.

CONOSCO LE PAROLE

3. Capisco le parole **Associa ciascuna espressione figurata con il significato corrispondente.**

a. avere l'anima guasta 3
b. mettere la cravatta all'anima 1
c. starsene a cuccia 2

1. stare buoni e calmi
2. essere cattivi
3. diventare gentili

LA COSTITUZIONE • Valori al bivio: Offesa o rispetto?

SCRITTURA GUIDATA

1. Ti è mai capitato di mancare di rispetto a qualcuno? Racconta la circostanza in cui è capitato. Segui la scaletta.
1. Chi è la persona verso cui hai mancato di rispetto?
2. Qual è stata la causa del tuo comportamento?
3. Pensi di aver fatto la scelta giusta o, se tornassi indietro, ti comporteresti diversamente? Perché?

A TE LA PAROLA!

Fa' che i tuoi famigliari ti rispettino piuttosto che temerti, perché l'amore segue il rispetto più che il timore. • DEMOSTENE

Anche tu pensi che l'equilibrio in famiglia nasca più dal rispetto che dal timore? Motiva la tua risposta con esempi tratti dalla tua esperienza.

Verifica formativa

tratto da: *Un elefante nella stanza*, trad. di R. Magnaghi, Il Castoro, Milano 2014

Persone perbene

Susan Kreller

DEVI SAPERE CHE...

Masha dice alla nonna che in una famiglia di conoscenti i genitori picchiano i loro figli, Julia e Max. Ma la nonna non le crede.

ASCOLTA IL BRANO

La nonna diceva sempre che una persona pulita si riconosceva perché toglieva lo sporco anche dagli angoli più difficili. Se io in quella serata di luglio avessi rivelato alla nonna che i Brandner avevano della polvere negli angoli, addirittura dei gomitoli interi, mi avrebbe ascoltato. Ma in quella serata di luglio, mentre la nonna asciugava i bicchieri in cucina, ho detto solo che i Brandner ammazzano i figli di botte. E tutto ciò che alla nonna è venuto in mente di rispondere è stato: perché dici una cosa del genere?

L'avevo detto perché i Brandner ammazzavano i figli di botte. Se non erano ancora morti era solo un caso.

«Sei matta, Masha, santo cielo.»

«Nonna, non te lo dico tanto per dire. Quelli ammazzano i figli di botte, lo so.»

«Non può essere, nel modo più assoluto! Mi hai capito? Non può essere. Fine, discorso chiuso.»

«Perché non può essere? Ascoltami!»

«Masha! I Brandner sono i proprietari del negozio di automobili, lo sai anche tu. Sai che sono persone perbene. Lo sanno tutti. Una cosa del genere qui non può capitare!»

«Julia ha dei lividi enormi. E Max un taglio bello grosso sulla fronte.»

«E allora? Tutti i bambini ce li hanno. Quando eri piccola eri uguale. Cadevi in continuazione. Masha, tutti i bambini sono pieni di ammaccature.»

«Quelli picchiano i loro figli!»

«Masha! Non sai quello che dici! Sai quanto è imbarazzante per noi, se dici queste cose? Se le dici anche a qualcun altro?»

«Nonna, i lividi erano sulla pancia!»

«Smettila, sciocca, basta! I Brandner non farebbero mai una cosa del genere, mai, sono gente rispettabile! Da chi credi abbiamo comprato la nostra macchina?»

«Ma io ho visto quello che lui fa ai suoi bambini.»

«Come hai fatto a vederlo? E che cosa hai visto, un paio di schiaffi? A tuo padre, quando era piccolo, non hanno fatto mai male.»

«Forse sì. Guardalo ora.»

«Masha, si può sapere che ti prende? Ti annoi o cosa?»

«Nonna! Ho sbirciato dalla finestra. Ho visto quell'uomo che spingeva Max contro il muro. Ho sentito le urla.»

«Max grida spesso, è fatto così. E chissà cos'hai visto!»

«Nonna. Solo il signor Brandner gridava. Max non fiatava nemmeno.»

COMPRENDO E ANALIZZO

1. Comprendo le informazioni principali **Indica con una crocetta la risposta corretta.**

a. La nonna di Masha da che cosa riconosce una persona pulita?
1. □ Dalle scarpe.
2. □ Dagli angoli della stanza.

b. Che cosa fanno i Brandner secondo Masha?
1. □ Picchiano i figli.
2. □ Tengono la casa sporca.

c. Perché la nonna non crede a Masha?
1. □ Perché considera i Brandner, persone perbene.
2. □ Perché Masha racconta spesso bugie.

d. Perché Masha è sicura di ciò che dice?
1. □ Perché i bambini dei Brandner hanno raccontato di essere stati picchiati.
2. □ Perché i bambini dei Brandner hanno i corpi coperti di lividi.

e. Di che cosa la nonna accusa Masha?
1. □ Di avercela con i Brandner.
2. □ Di mettere in giro false voci.

f. Anche la nonna picchiava il padre di Max quando era piccolo?
1. □ No, i bambini non si sfiorano neanche con un dito.
2. □ Sì, un paio di schiaffi non gli hanno fatto mai male.

PUNTI	.... /6

2. **Comprendo le informazioni principali** **Indica con una crocetta se le seguenti affermazioni sono vere V o false F.**

a. Masha parla con sua nonna dei Brenner mentre fanno colazione. V F

b. La nonna non crede a quello che dice Masha e non ne vuole più parlare. V F

c. Masha ha visto con i suoi occhi Max che veniva spinto contro il muro dal padre. V F

PUNTI .... /3

3. **Individuo le caratteristiche dei personaggi** **Con quale tono la nonna pronuncia le seguenti frasi? Associa ciascuna frase al tono corretto.**

a. Sai quanto è imbarazzante per noi, se dici queste cose? Se le dici anche a qualcun altro? ....

b. I Brandner non farebbero mai una cosa del genere, mai, sono gente rispettabile! Da chi credi che siamo andati a prendere la nostra macchina? ....

c. E che cosa hai visto, un paio di schiaffi? A tuo padre, quando era piccolo, non hanno fatto mai male. ....

1. Tono duro
2. Tono ipocrita
3. Tono superficiale

PUNTI .... /3

CONOSCO LE PAROLE

4. **Trovo le parole** **Scrivi un sinonimo per ciascuna delle seguenti parole.**

a. ammazzare ▶ ....

b. botta ▶ ....

c. livido ▶ ....

d. ammaccatura ▶ ....

e. picchiare ▶ ....

f. schiaffo ▶ ....

g. urla ▶ ....

h. taglio ▶ ....

PUNTI .... /8

TOTALE PUNTI .... /20

Verifica autovalutativa

QUANTO TI IMPEGNI PER RISPETTARE I PRINCÌPI DELLA NOSTRA COSTITUZIONE?

Per apprezzare il valore della Costituzione bisogna apprendere i suoi princìpi sin dall'infanzia, come fa chi impara un'arte. Crescendo, poi, si comincia a metterli in pratica, diventando prima dei bravi "apprendisti", poi dei veri e propri "maestri". Per vedere se hai ormai appreso l'"arte" di essere una buona cittadina o un buon cittadino, svolgi il questionario, misurandoti con le scelte della quotidianità.

Come reagisci quando vieni a sapere che alcuni tuoi amici e amiche vogliono scrivere sul muro della scuola delle parole volgari riferite a una tua compagna?

a. □ Fai di tutto per persuaderli a non farlo, ricordando loro che non si deve mai mancare di rispetto a nessuno e per nessuna ragione.

b. □ Ti dispiace per la ragazza, ma è una faccenda in cui non vuoi entrare.

c. □ Decidi di partecipare anche tu perché è un'idea divertente.

Che cosa fai se due tuoi compagni o due tue compagne litigano continuamente nella chat di classe?

a. □ Cerchi di chiarire eventuali fraintendimenti perché possano tornare a parlarsi.

b. □ Esci dalla chat.

c. □ Lo trovi divertente e attacchi a tua volta.

Che cosa consigli a tua madre, che da molto tempo ormai non ottiene più il giorno di riposo dal lavoro?

a. □ Le consigli di protestare, facendo presente che avere un giorno di riposo è un suo diritto.

b. □ Le consigli di sopportare il più possibile, temendo il suo licenziamento.

c. □ Le consigli di fingersi malata e di restare a casa.

È accettabile per te vedere ogni giorno gruppi di migranti che stazionano sotto casa tua, in quanto ospiti di un centro di accoglienza aperto nel tuo quartiere?

a. □ Sì, lo è: ti spiace solo che non abbiano ancora una sistemazione definitiva.

b. □ No, perciò te la prendi con chi ha permesso che si aprisse un centro di accoglienza proprio nel tuo quartiere.

c. □ Assolutamente no, perciò scendi in strada e li minacci per farli sloggiare.

Come ti comporti se all'inizio dell'anno scolastico viene inserita nella tua classe un'alunna straniera appena arrivata in Italia?

a. ☐ La inviti a sedersi vicino a te e ti rendi disponibile ad aiutarla con la lingua.

b. ☐ La accetti come compagna di banco, ma non hai alcuna intenzione di preoccuparti di lei.

c. ☐ Chiedi all'insegnante di non farla sedere vicino a te, perché preferisci stare vicino al tuo migliore amico o alla tua migliore amica.

Come reagisci se vedi un genitore che al parco picchia la figlia o il figlio perché fa capricci?

a. ☐ Provi a intervenire in difesa della bambina o del bambino e a riportare il genitore alla calma.

b. ☐ Te ne vai infastidito per essere stato disturbato dalle urla.

c. ☐ Te ne vai e pensi: i bambini crescono meglio con le maniere forti.

Che cosa fai se ti imbatti per strada in una donna che sta evidentemente poco bene e che probabilmente ha bisogno d'aiuto?

a. ☐ Corri subito ad aiutarla e chiami i primi soccorsi.

b. ☐ Osservi con curiosità, ma lasci ad altre persone il compito di intervenire: in fondo sei ancora troppo giovane!

c. ☐ Te ne vai: non la conosci affatto e non puoi sapere se sta fingendo un malore per altri scopi.

Scopri che cittadina o cittadino sei

Leggi il tuo profilo in base alle risposte date: scoprirai quale atteggiamento ti contraddistingue.

☐ **Se hai dato più risposte a., hai un atteggiamento da cittadina o cittadino "MAESTRA o MAESTRO".**
Hai fatto tuoi i princìpi della Costituzione e cerchi di viverli ogni giorno con consapevolezza e spontaneità: grazie al tuo agire corretto e responsabile sei un riferimento per le altre persone.

☐ **Se hai dato più risposte b., hai un atteggiamento da cittadina o cittadino "APPRENDISTA".**
Conosci bene i princìpi della Costituzione, ma spesso ti imbarazza metterli in pratica e ti tiri indietro: coraggio, non c'è motivo di vergognarsi nel comportarsi in modo responsabile!

☐ **Se hai dato più risposte c., hai un atteggiamento da cittadina o cittadino "DISCEPOLA o DISCEPOLO".**
Devi ancora capire il significato profondo dei princìpi cui si ispira la Costituzione. Fermati a pensare: vivi in una comunità e, quindi, il tuo bene e quello delle altre persone coincidono!

Carl Asmus

Die Ludwigs-Eisenbahn

Die erste Eisenbahnlinie in Deutschland

Orell Füssli

Titelfoto:
Das denkwürdige Ereignis der ersten «Dampfwagenfahrt» zwischen Nürnberg und Fürth zeigt das Gemälde von Prof. B. Goldschmitt und Erich Schilling.
Archiv Verkehrsmuseum Nürnberg

Buchrückseite:
Ausschnitt der Lokomotive «Adler» nach einer Zeichnung von Alfred R. Pilz, Kriftel.

Lektorat: Armin Ochs
Herstellung: Peter Schnyder/Walter Voser

Grafik: Heinz von Arx, Zürich
Satz: B&K Offsetdruck, Ottersweier
Lithos und Druck: Orell Füssli Graphische Betriebe AG, Zürich
Einband: Buchbinderei Burkhardt AG, Zürich
Printed in Switzerland
ISBN 3 280 01525 1

INHALT

1 König Ludwig I. von Bayern (geboren 25. 8. 1786, gestorben 29. 2. 1868). Während seiner Regierungszeit entstand die erste Deutsche Eisenbahn.
Archiv Deutsches Museum München.

ZUM GELEIT

Die Erfindung der Eisenbahn mit Dampfkraft ist für den materiellen Verkehr der Staaten und für die Verbindung der Völker von einer ebenso unberechenbaren Wichtigkeit, wie die Erfindung der Buchdruckerkunst für ihren geistigen Verkehr. Wie durch die Buchdruckerpresse die Produktionen des menschlichen Geistes in Tausenden von Exemplaren für die ganze zivilisierte Welt geliefert werden, wie sie als ein Hebel von unermeßlicher Kraft zur Beförderung des geistigen Verkehrs, zur Verbreitung der Kenntnisse und zur Emporhebung der Wissenschaften und Kunst wird, ebenso wird durch die Eisenbahn mit Dampffahrt der persönliche und materielle Verkehr der Menschen und der Austausch der Produkte der Natur und des Gewerbefleißes erleichtert und beflügelt. Die Entfernungen werden durch dieses Verbindungs- und Transportmittel immer kleiner, Staaten und Nationen rücken dadurch einander näher; die Verbindungen werden zahlreicher und enger, und der Mensch bemächtigt sich immer mehr der Herrschaft über Raum und Zeit.

Johannes Scharrer, Einladung zur Gründung der Ludwigs-Eisenbahn-Gesellschaft.

Vorgeschichte

EINLEITUNG

Sogenannte Spurbahnen kannte bereits das Altertum. Auf der heiligen Straße der Griechen zwischen Athen und Eleusis fuhren die schweren Opferfuhrwerke auf Spurrillen. Diese Einrichtung verwendeten später auch die Römer, wie uns Überreste der Appischen Straße belegen.

Ausgangspunkt für die eigentliche Eisenbahn sind die spätmittelalterlichen Grubenbahnen der Bergwerke. Im 15. Jahrhundert bedienten sich die Deutschen Bergmänner zum leichteren Transport ihrer Wägelchen des sogenannten Hundelaufes. Ihr Gleis bestand aus Holzbohlen, die auf Querbalken festgenagelt wurden.

Derartige Eisenbahnen fanden auch in England Verwendung. Schon in der ersten Hälfte des 18. Jahrhunderts erhielten die beiden parallel liegenden Holzbohlen gußeiserne Unterlagen, wobei die Bohlen selbst mit eisernen Bändern beschlagen wurden. Diese Maßnahme verminderte die auftretende Reibung wesentlich.

Bereits im Jahre 1768 baute man in den Kohlenbergwerken von Newcastle eine Fahrbahn von gegossenen Eisenschienen. Die Oberfläche dieser Schienen war glatt, nur an der äußeren Kante befand sich ein aufrechtstehender Rand, um das Abgleiten der Räder zu verhindern.

Auf der Pferdebahn von Longborough wurden ab 1789 gußeiserne Schienen verwendet, die einen pilzförmigen Querschnitt hatten sowie eine elyptische untere Begrenzung. Gelagert wurden diese sogenannten «Fischbauchschienen» in gegossenen Stühlen. Statt der Schienen erhielten jetzt die Wagenräder einen Rand, die sogenannten Spurkränze. Die bisher üblichen hölzernen Langschwellen wurden durch Querschwellen und letztere nach Beginn des 19. Jahrhunderts durch massive Steinblöcke ersetzt.

Eine Epoche machende Vervollkommnung war die Erfindung des Eisenwerkbesitzers John Berkinshow in Durham, der 1820 das Walzen längerer Schienen aus Schmiedeeisen erfand. Dadurch wurden die gußeisernen Schienen, die häufig brachen, abgelöst.

Unabhängig von der eben geschilderten Entwicklung vollzog sich die der Dampfmaschine.

1804 fuhr Trevethiks als erster mit einer Lokomotive auf Schienen. Da jedoch die zu dieser Zeit verwendeten Schienen dem Achsdruck nicht standhielten, wurden sie demoliert und die verwendete Lokomotive als stationäre Dampfmaschine verwendet. 1813 baute Hedley seine berühmte «Puffing Billy», die über lange Jahre in South Wels in Kohlengruben ihren Dienst versah. Ab dem Jahre 1814 konstruierte und baute der geniale Maschinenbauer George Stephenson verschiedene, anfänglich noch plump und schwerfällig wirkende Dampfwagen, die auf Kohlenbahnen ihren Dienst zuverlässig versahen.

Im Jahre 1821 wurde Stephenson mit dem Bau der Darlington-Eisenbahn beauftragt, wobei grundsätzliche technische Neuerungen berücksichtigt wurden. Mit 21 Kanonenschüssen wurde am 27. September 1825 die Stockton-Darlingtonbahn als erste Bahn der Welt mit Dampfbetrieb ihrer Bestimmung übergeben.

Am 6. Oktober 1829 fand das weltberühmte Lokomotivrennen zur Rain Hill auf der Strecke Liverpool-Manchester statt. Stephenson war es in den letzten Jahren gelungen, eine nur mehr 4,5 t schwere Maschine zu bauen, die all ihre Konkurrenten bei diesem Wettbewerb schlug und gleichzeitig den Beginn der schnellaufenden Lokomotiven darstellte.

Die Eröffnung der Liverpool-Manchester Railway kann als ein Ereignis bezeichnet werden, das für Deutschland von großer Bedeutung sein sollte. Rasch zeichnete sich der erwartete Erfolg des Unternehmens ab und beeinflußte Planungen einer Eisenbahn in Deutschland ganz wesentlich.

Nach diesem kurzen geschichtlichen Rückblick auf die Entwicklung der Eisenbahn in England, ihrem Mutterland, zu den Geschehnissen in Deutschland.

DIE BEDEUTUNG DER STÄDTE NÜRNBERG UND FÜRTH UM 1800

Von der geographischen Lage her gesehen liegt das Nürnberger Land am Schnittpunkt zweier uralter Handelswege aus Nord-Süd und Ost-West. Von alters her besaß so Franken einen beträchtlichen Anteil an dem interkontinentalen und mitteleuropäischen Durchgangsverkehr. Auf der Grundlage seiner reichen Handelsbeziehungen war Nürnberg am Ende des Mittelalters zu großer Bedeutung gekommen. Zwar hatte der Handel im 17. und 18. Jahrhundert nachgelassen, bildete aber noch immer die Grundlage des wirtschaftlichen Lebens. Die in der Stadt produzierten Güter wurden in alle Welt geliefert, so heißt es «Nürnberger Tand in alle Land». Neben der Produktion in der Stadt selbst bestand ein reger Zwischenhandel mit ost- und westindischen wie auch vielen europäischen Natur- und Kunstprodukten. Aufgrund seiner zentralen Lage war Nürnberg der Sitz bedeutender Speditions- und Transportunternehmen.

Vor allem im 19. Jahrhundert wurde der Nürnberger Handel durch die schutzzöllnerische Politik der umliegenden Fürsten immer mehr eingeschränkt. Außerdem kam hinzu, daß sich das erstarrte Zunftwesen der Reichsstadt einem weiterhin florierenden Handel entgegenstellte. Die Folge davon war, daß die Ortschaften im Umland von Nürnberg immer stärker emporkamen. An Bedeutung gewannen damals die Städte Ansbach und Bayreuth, aber vor allem Fürth. Aufgrund einer energischen Förderungspolitik der Ansbacher Markgrafen entwikkelte sich Fürth, die Nachbarstadt von Nürnberg, zu einem bedeutenden Handels- und Gewerbeplatz. Speziell die Kleinindustrie nahm einen beachtlichen Aufschwung. Auch das Zunftwesen bereitete neu hinzukommenden Meistern keine Schwierigkeiten. Dies alles war der Grund, daß die Bevölkerung rasch anwuchs.

Im Jahre 1806 fielen die beiden Städte Nürnberg und Fürth kurz hintereinander an das Königreich Bayern. Dieses gemeinsame Schicksal verband die früher eher feindlich sich gegenüberstehenden Städte und fand seinen Ausdruck in einem regen gemeinsamen Handel.

Anfang 1800 war die Herstellung von Spiegeln, Glas, Bleistiften, Kinderspielzeug, Haushaltsgeräten und feinen Drechslerarbeiten von wesentlicher Bedeutung. Diese Umstände waren der Grund, daß die wirtschaftliche Lage der beiden fränkischen Nachbarstädte um ein Vielfaches besser war als die der übrigen Städte in Bayern.

Neben diesen wirtschaftlichen Voraussetzungen kam auch die günstige Lage des Terrains dem Bau einer Eisenbahn entgegen. Die nahezu völlig ebene Umgebung Nürnbergs und der sandige Boden boten keine allzu großen Schwierigkeiten, um eine Eisenbahnstrecke anzulegen. Des weiteren kam hin zu, daß eine nahezu gerade Straße die beiden Städte Nürnberg und Fürth verband und somit für einen solchen Versuch entlang der Straße sehr geeignet erschien. Diese Straße zählte im damaligen Königreich zu einer der am meist befahrenen, sodaß die Rentabilität einer Eisenbahnverbindung von Haus aus gesichert schien. Außerdem standen die Handelsvorstände der beiden Städte der technischen Neuerung «Eisenbahn» sehr aufgeschlossen gegenüber.

ANFÄNGE DES EISENBAHNWESENS IN DEUTSCHLAND UND BAYERN

Früher als in irgendeinem Deutschen Land beschäftigte man sich in Bayern mit dem Eisenbahnbau. Vorkämpfer dieser neuen Ideen war der spätere Oberstbergrat Josef Ritter von Baader, der bereits 1807 die in England üblichen Bergwerks- und Industriebahnen für Bayern nutzbar machen wollte. Es gelang ihm jedoch nicht, mit seinen Vorstellungen durchzudringen, und so legte er im Jahre 1812 eine umfangreiche Denkschrift mit dem Titel «zur Einführung der eisernen Kunststraßen im Königreich Bayern» vor.

Um sein System praktisch vorführen zu können, regte von Baader bereits schon 1814 an, versuchsweise eine Pferdebahn zwischen Nürnberg und Fürth zu errichten. Für diesen geplanten Versuch fand er jedoch keine Geldgeber. Von Baader stellte daraufhin ein Modell seiner Bahn her, das, wie es heißt, «von König Maximillian Joseph, vom Kaiser von Österreich, dem Zaren Alexander I. von Rußland und vielen bedeutenden Persönlichkeiten gebührend bewundert» wurde. Am 27. April 1815 wurde vom König Max Joseph dem Oberstbergrat Josef Ritter von Baader ein 25jähriges Privileg auf diese seine Konstruktion gewährt, was gleichzeitig das erste im deutschen Eisenbahnwesen überhaupt erteilte Patent bedeutete.

Aufgrund der Beachtung, die seine Bahn fand, überreichte von Baader der bayerischen Staatsregierung 1815 eine Untersuchung über eine Eisenbahn von Kitzingen über Nürnberg nach Regensburg. Die ausschließlich für den Frachtentransport berechnete Pferdebahn sollte mit einem Kostenaufwand von 2,5 Mio. Gulden einschließlich der 800 Wagen und 44 Pferde erstellt werden. Die hierbei verwendeten Wagen waren nach seinen Vorschlägen und seinen Konstruktionsprinzipien zu bauen. Bereits im Jahre 1817 hatte von Baader in seinem Werk «neues System der fortschaffenden Mechanik» genaue Angaben über diese Wagen gemacht. Die Wagenkonstruktion wurde wie folgt beschrieben: «Verwendet werden soll ein einfacher Fuhrwerkswagen, auf dessen Achsen für den Betrieb auf der Schiene je zwei kleine Laufräder mit seitlichen Leitrollen zur Spurhaltung angebracht sind.» Damit die größeren Fuhrwerksräder beim Transport auf der Schiene nicht mitliefen, mußten die flachen gußeisernen Schienen auf hohen Steinunterlagen gelagert werden. Gezogen wurden diese Wagen von Pferden, die im Gespann neben den Gleisen liefen. Die Gleise dieser «Chausee-Pferdebahn» sollten auf bereits bestehende Landstraßen verlegt werden. Der wesentliche Vorteil bestand darin, daß bei dieser Bahn die Beförderung des gleichen Wagens sowohl auf der Straße als auch auf der Schiene erfolgen konnte.

Aber auch diese Anregung für einen Großversuch fand nicht die Beachtung, die sich von Baader wünschte. Von staatlicher Seite erhielt er lediglich die Mittel zum Bau von drei Wagen. Mit diesen Mitteln experimentierte von Baader im Jahre 1818 an einer wirklichen Eisenbahn in halber Naturgröße im Hof der Königlichen Maschinenwerkstätte des Brunnenwesens in München. Von Baader war damals Direktor des Bayerischen Wasser- und Straßenbaues. Diese Experimente fanden viel Anerkennung. So berichtet die Münchner Stadtchronik vom 22. April 1818, daß die Bayerische Kronprinzessin einen mit 16 Zentner beladenen Wagen bequem mit einer Hand bewegen konnte.

Im Jahre 1819 überreichte von Baader dem Landtag einen Aufsatz in 120 Exemplaren über die Eisenbahn und stellte gleichzeitig im Königlichen Hofbaustadel ein Eisenbahnmodell aus. Er versuchte, durch diese Maßnahme Befürworter und Förderer für sein Vorhaben zu gewinnen. Zwar war ein gewisses Interesse festzustellen, wobei auch vorgeschlagen wurde, auf der dafür sehr geeigneten Straße zwischen Nürnberg und Fürth einen ersten derartigen Versuch zu unternehmen, doch kam es zu keinem diesbezüglichen Beschluß. Der Abgeordnete des damaligen Landtages, Heydekam, brachte am Ende der Verhandlungen einen von der Kammer unterstützten Antrag ein, von Baader ein Gelände zur Verfügung zu stellen, auf dem er geeignete Versuche mit seiner Eisenbahn in natürlicher Größe durchführen könne. Hierbei sollten die Vorstellungen von Baaders bewiesen werden. Außerdem wünschte der Abgeordnete, daß von Baader unverzüglich eine Eisenbahn von Nürnberg nach Fürth herstelle und eine Verbindung zwischen Donau und Main prüfe. Diese Empfehlungen halfen jedoch nichts, da inzwischen der bereits unter Karl dem Großen verfolgte Plan, Main und Donau durch einen Kanal zu verbinden, neuen Auftrieb erhalten hatte. Mit der Prüfung dieses Kanalbau-Vorhabens wurde Georg Ritter von Reichenbach beauftragt.

Von Baader bereitete daraufhin für die nächste Ständeversammlung eine weitere Schrift vor, in der er die strittige Frage, ob Main und Donau durch einen Kanal oder durch eine Eisenbahn zu verbinden seien, behandelte. Besonders scharf nahm er Stellung gegen die «Kanalomanie» und besonders gegen den Entwurf von Reichenbachs, dessen Kostenvorschläge von 6 Mio. Gulden er auf 12 Mio. Gulden schätzte. Hingegen sollte eine Eisenbahn zwischen Marktbreit und Donauwörth nach seinem System nur 2 Mio. Gulden kosten. Ausführliche Berechnungen über Fracht und Verkehrsaufkommen legte von Baader seiner Schrift bei. Sein Vorschlag schloß mit dem Antrag, man solle ihm staatliche Mittel zur Verfügung stellen, damit er einen entscheidenden Versuch mit einer Eisenbahn in natürlicher Größe machen und die Gegend zwischen Donauwörth und Marktbreit genau untersuchen könne. Aber auch die Befürworter des Kanals waren nicht untätig, vor allem Graf Julius von Soden ist hier zu erwähnen, der eine vollständige historische Zusammenstellung aller bisher bekannten Projekte von Wasserstraßen und Stromverbindungen in Bayern machte. Über Jahre hinaus stand die Frage, ob ein Kanal oder eine Eisenbahn Donau und Main verbinden sollte, offen. Mehrmals versuchte von Baader von staatlicher Stelle ein Darlehen in Höhe von 8.000 Gulden zu erhalten, um einen Versuch im Großen durchführen zu können. Dabei sollten zwei Bahnstrekken ausgeführt werden, wobei die eine nach seiner Konstruktion zu bauen wäre, während die andere nach englischem Muster erstellt werden sollte.

Im Juli 1825 erhielt von Baader die gewünschte Summe von König Max Joseph bewilligt. Er errichtete in dem Schloßpark von Nymphenburg in München nebeneinander zwei 228 Meter lange ellipsenförmige Bahngleise mit Steilrampen. Die eine nach englischer Bauart aus geschmiedeten Schienen auf Holzschwellen und mit Spurkränzen versehenen Wagen, die andere nach seiner Bauart mit gegossenen Schienen auf erhöhten Steinunterlagen mit den bereits schon kurz beschriebenen Wagen.

Im Frühjahr 1826 wurden auf dieser Bahn in Gegenwart verschiedener Kommissionen mehrerer Versuche durchgeführt. Auf allerhöchsten Befehl erhielt der Geheime Oberbaurat Leo von Klenze die Leitung dieser Kommission. Die Kom-

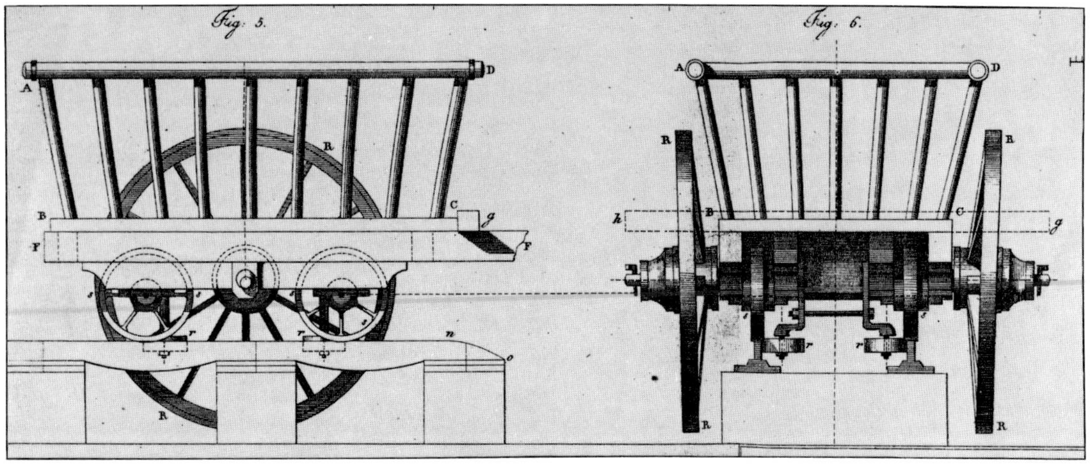

2 Konstruktionszeichnung eines mit Doppelrädern versehenen Eisenbahnwagens nach den Ideen von Josef Ritter von Baader. Die großen Fuhrwerksräder waren für Fahrten auf den Landstraßen gedacht, während die kleineren, innensitzenden Räder ohne Spurkranz auf dem Eisenbahngleis laufen sollten.
Archiv Deutsches Museum München.

mission selbst bestand aus Vertretern des Bau-, Post- und Zollwesens und aus Sachverständigen des Wagenbau- und Schmiedegewerbes. Die Mehrzahl der an dieser Kommission Beteiligten war der Ansicht, daß das System von Baaders mit der Möglichkeit, die Wagen sowohl auf der Straße als auch auf der Schiene verwenden zu können, besondere Vorteile biete. Die Ausführung solcher Bahnen müsse sich in Bayern jedoch vorläufig noch auf kurze Strecken in ebenem Gelände und für Bergwerke, Fabriken etc. beschränken. Die Regierungskreise waren derselben Meinung. Die Folge davon war, daß auf ministeriellen Antrag hin die weiteren Vorarbeiten für eine Pferdebahn zwischen Donauwörth und Marktbreit eingestellt wurden und man sich ganz dem geplanten Kanalbau widmete. Andererseits wurde jedoch von staatlicher Seite beschlossen, dem Handelsstande von Nürnberg und Fürth die Vorteile einer solchen Bahn zwischen beiden Städten bekannt zu geben. Ein definitives Ergebnis wurde durch die Versuche nicht erzielt. Von Baader ruhte jedoch nicht und wandte sich alsbald wiederum an den König, um weitere Mittel zur Erprobung einer neuen sogenannten «schwebenden einschienigen Eisenbahn für Pferdezug» zu erhalten. König Ludwig wies diese Bitte mit folgender Begründung ab: «Auf seine Kosten kann Baader neue Versuche mit Eisenbahnen anstellen; die bereits von ihm gemachten haben den Kostenvoranschlag nicht unbedeutend übertroffen, zu neuen kann kein Geld gegeben werden». Bis heute ist unklar, welche Einstellung König Ludwig I. zur Eisenbahn hatte. Es ist festzuhalten, daß er in der ersten Zeit seines Regierens für die Ideen von Baaders zugänglich war. Nach mancherlei Fehlversuchen und vielerlei Kosten hatte er sich jedoch dem Kanalbau zugewandt und blieb von da an zeitlebens ein treuer Anhänger und Förderer dieser Idee.

WEITERE PLANUNGEN

In den Jahren 1827/28 wurde die Idee des Bahnbaues im Landtag neu behandelt. Der Grund hierfür lag darin, daß von Baader im Herbst 1827 die Gegend zwischen Donau und Main bereist hatte und in einer neuerlichen Eingabe die Orte Marktbreit und Donauwörth als günstige Ausgangspunkte für eine Bahn schilderte. Hierbei brachte er seine Bedenken gegen künstliche Wasserstraßen vor, insbesondere gegen den Donau-Main-Kanal, der ihm gegenüber der Eisenbahn als veraltet erschien. Die Vorschläge von Baaders wurden in der Kammer besonders von Freiherr von Aretin unterstützt. Er führte aus, daß Eisenbahnen gegenüber Kanälen bedeutende Vorteile hätten. Doch die Anträge von Baaders und von Aretins wurden ohne Erfolg an die Staatsregierung weitergeben. König Ludwig ließ sich von dem einmal gefaßten Beschluß, die beiden Flüsse Donau und Main mit einem Kanal zu verbinden, nicht abbringen. In den Streit, ob für Bayern der Bau einer Eisenbahn oder eines Kanales besser wäre, schaltete sich erstmals im April 1827 der Sozialökonom Friedrich List ein. In verschiedenen Briefen unterstützte er die Gedanken von Baaders. Im September 1828 stellet List seine diesbezüglichen Erfahrungen, die er in Amerika gesammelt hatte, zusammen und ließ sie in einem kleinen Büchlein veröffentlichen. List schrieb hier unter anderem: «Sind die Meinungen noch geteilt, ob Kanäle oder Eisenbahnen vorzüglicher seien, allein die Majorität ist neuerlich entschieden für die Eisenbahn:

1. Wegen der viel kürzeren Unterbrechung durch Frost und Reinigung.

2. Wegen der viel geringeren Anlage- und Unterhaltungskosten.
3. Weil der Bau viel schneller vonstatten geht.
4. Weil des viel schnelleren Transportes.
5. Weil bei weitem nicht so viele unvorhergesehene Hindernisse in den Weg treten.
6. Weil während des Baues auch die kleinsten fertigen Strecken benutzt werden können».

Bei diesen Äußerungen ist zu beachten, daß List's damaliger Vergleich auf mit Pferden betriebenen Eisenbahnen und Kanäle beruhte. Trotz seiner großen Zuneigung zur Eisenbahn erkannte List schon damals die Wichtigkeit der Kanäle. «Das Wahre ist ohne Zweifel, daß Kanäle vorzuziehen sind:

1. Im flachen Lande, wo wenig Schleusen, kein Mangel an Wasser und günstiger Boden.
2. Beim Transport von Bauholz und überhaupt bei einem starken Transport sehr schwerer Gegenstände.»

Im ganzen jedoch gibt List den Plänen von Baaders für eine Eisenbahn den Vorzug, wobei er für Bayern drei Hauptlinien angibt:

1. Von Bamberg über Nürnberg – Donauwörth – Augsburg – Memmingen – nach Lindau.
2. Von Kitzingen über Nürnberg – Regensburg nach München.
3. Von Günzburg über Augsburg – München bis zur südöstlichen Grenze.

Als Nebenlinien nennt er:

1. Von Bayreuth zur Hauptlinie Bamberg.
2. Von einem Punkt an der Tauber nach der Hauptlinie Richtung Kitzingen.

List verweist hierbei gleichzeitig auf die Vorteile, die ein solches zusammenhängendes System von Eisenbahnen für den Verkehr in und mit Bayern bringen würde. Auch in späteren Schreiben vertritt List den Bau einer Eisenbahn in Bayern. In einer besonderen Denkschrift wandte er sich an König Ludwig und teilte ihm seine Ansichten mit. Des Königs Meinung war hierzu, daß trotz allem Kanäle zwischen München und der Donau sowie zwischen Donau und Main der Eisenbahn vorzuziehen wären. Diese von König Ludwig I. vertretene Idee wurde in Zukunft durch verschiedene Denkschriften und Veröffentlichungen forciert.

In einem Artikel vom 28. Januar 1833 in der Allgemeinen Zeitung nimmt von Baader hierzu Stellung und schreibt: «Wenn man indessen die im allgemeinen bedeutenden Kosten, welche der Bau und die Unterhaltung solcher Kanäle in jeder nicht ganz flachen Gegend verursachen und die vielen Lokalhindernisse erwägt, welche die Ausführung in mancher Lage und Richtung unmöglich machen; wenn man insbesondere denkt, wie äußerst langsam und beschwerlich und eben darum kostspielig die Fahrt auf dem Kanale durch 94 Schleusen und den auf den von Bamberg bis Kitzingen ungemein schwer und in trockenen Jahrgängen oft gar nicht fahrbaren Main sein würde, so geht für jeden Unbefangenen die klare Überzeugung hervor, daß die Ausführung und Benützung dieses Kanales nur mit einem sehr empfindlichen Verluste für die Unternehmer möglich wäre, wie dies bekanntlich mit den meisten, auch den frequentesten Kanälen in England und Frankreich der Fall ist.»

3 Oberstbergrat Josef Ritter von Baader, geboren 30. 9. 1763 in München, gestorben 20. 11. 1835 in München. (Archiv Deutsches Museum München.)

Auch diesmal gelang es nicht, daß sich von Baader mit seiner Meinung durchzusetzen vermochte.

Auf den Vorwurf «daß in Bayern nichts Neues, keine Verbesserung eingeführt werden sollten», veranlaßte König Ludwig I. ein Sachverständigen-Gutachten bei Leo von Klenze und bei seinem Innenminister Freiherr von Schenk. Diese von den beiden Herren erstellten Gutachten sprachen sich für den Bau einer Eisenbahn aus.

Von Baader erhielt trotzdem von höchster Stelle die Anweisung, den geplanten Kanalbau in keiner Weise mehr anzugreifen.

Am 1. Juli 1834 wurde ein Gesetz veröffentlicht, das den Kanalbau von Kehlheim über Nürnberg nach Bamberg durch eine noch zu bildende Aktiengesellschaft vorsah. Die Folge dieser Entscheidung war, daß ein Bahnbau zwischen Main und Donau in weite Ferne gerückt schien.

Die königlich privilegierte Ludwigs-Eisenbahn zwischen Nürnberg und Fürth

DIE ERSTEN ÖFFENTLICHEN AUFRUFE ZUM BAHNBAU

Angeregt durch die Versuche von Baaders im Nymphenburger Schloß zu München, befaßten sich die Vorsteher des Nürnberger Handelsstandes Forster, Huber und Merkel sowie der Fürther Kaufmann Adam Gebhart bereits in den Jahren 1826 und 1827 mit dem Gedanken eines Eisenbahnbaues zwischen Nürnberg und Fürth. Aufgrund verschiedener Untersuchungen und Berechnungen war man jedoch zu dem Ergebnis gekommen, daß der Gütertransport auf der Eisenbahn erheblich teurer sein würde als die Verwendung der bisher üblichen Transportmittel. Aus diesem und anderen Gründen blieb es einige Zeit still um eine Bahnverbindung zwischen diesen beiden Städten.

Im Jahre 1832 wird der angesehene Nürnberger Kaufmann Johannes Scharrer, er war zwischen 1823 und 1829 zweiter Bürgermeister der Stadt und Direktor der Technischen Lehranstalt, vom Bayerischen Staatsministerium beauftragt, als nichtamtlicher Vertreter Bayerns zu den Zollverhandlungen nach Berlin zu reisen, um dort der Bayerischen Kommission mit Rat und Tat zur Seite zu stehen. In Berlin traf er mit namhaften Preußischen Technikern zusammen, die in ihm den Gedanken eines Bahnbaues zwischen Nürnberg und Fürth wieder aufleben ließen.

Nach seiner Rückkehr aus Berlin trug Johannes Scharrer dieses Projekt im vertrauten Kreise seinen nächsten Freunden und Bekannten vor. Zuerst galt es, einflußreiche, finanzkräftige Männer zu gewinnen, bevor der Plan an die Öffentlichkeit getragen werden konnte. Zum Kreise der Vertrauten gehörten die in Nürnberg führenden Kaufleute Platner, seines Zeichens Marktvorsteher, Mainberger, Merkel und Bürgermeister Binder. In der Neujahrsausgabe der Allgemeinen Handlungszeitung vom 2. Januar 1833 erschien ein Artikel mit der Überschrift «Aufruf zur Gründung einer Eisenbahn von Nürnberg nach Fürth». Verantwortlich hierfür war Gerhard Friedrich Leuch, der Sohn des Handelswissenschaftlers Johann Michael Leuch. Der Schreiber dieses Artikels verwies wie bereits seine Vorgänger auf die verschiedenen Vorteile einer Eisenbahn. Auch betonte er die günstigen geographischen Voraussetzungen zwischen den beiden Städten. Unter anderem stellte er den künftigen Aktionären eine lukrative Dividende von 12–16 % in Aussicht. Daneben appelierte Leuch an das patriotische Gefühl seiner Mitbürger, indem er schrieb: «Möchte eine Stadt, die die Wiege deutscher Gewerksamkeit und des Erfindungsgeistes war, nicht hinter dem kleinsten Orte und Dorfe Amerikas zurückbleiben, in einer den Gewerben so frommenden Sache! Eilen wir uns, Süddeutschland den Ruhm der ersten deutschen Eisenbahn zu sichern.»

Um diesem Aufruf entsprechenden Nachdruck zu verleihen, ließ Leuch 1800 Exemplare dieser Schrift in Nürnberg verteilen und übergab außerdem einige Ausgaben dem Fürther Magistrat.

In Fürth wurde dieser Gedanke von dem damaligen Bürgermeister von Bäumen willkommen aufgenommen. Umgehend übersandte er den Mitgliedern seines Stadtrates den Artikel zur Begutachtung.

Vom Handelsvorstand der Stadt Nürnberg wurde diese neue Initiative begrüßt. Merkel legte diesen Aufruf am 5. Januar des Jahres 1833 den in Nürnberg zuständigen Marktvorstehern vor. Die beschlossen, das Vorhaben «möglichst» zu unterstützen. Besonders engagierte sich hierbei der Marktvorsteher Georg Zacharias Platner, der bereits am nächsten Tag den Fürther Bürgermeister bat, das Vorhaben im Kreise der Fürther Handelsleute zu unterstützen. Bürgermeister von Bäumen wandte sich an die größten und vornehmsten Geschäftsleute seiner Stadt, mußte allerdings feststellen, daß allein die Kaufleute H. F. Meyer, Handelsvorsteher, und J. H. Reißig zu einer Mitarbeit bereit waren. Die weiteren Kaufleute lehnten mit der Begründung eines zweimaligen Umladens des Transportgutes ab, außerdem verwiesen sie darauf, daß durch Aufnahme des Personenverkehrs auf der Eisenbahn zahlreiche Mitbürger brotlos werden würden.

Somit ist zu sagen, daß der Aufruf zum Bahnbau zwischen Nürnberg und Fürth von offizieller Seite ablehnend bzw. gleichgültig aufgenommen wurde. In der allgemeinen Öffentlichkeit hingegen erregte das Vorhaben Interesse. In den Gasthäusern und Wirtschaften machten sich die verschiedensten Meinungen breit.

Ungerührt von diesen Fakten setzten die Männer Merkel, von Bäumen, Platner und Scharrer ihr Vorhaben weiter fort. Sie beschlossen, eine Personenzählung auf der Chaussee zwischen Nürnberg und Fürth durchzuführen, um für weitere Planungen handfeste Unterlagen zu gewinnen. Des weiteren beschafften sie eine topographische Karte, um das Niveau der Strecke auf dem möglichst kürzesten und geradesten Weg festzulegen. Scharrer wollte sich in England über die Voraussetzungen zur Konstruktion einer Eisenbahn zwischen Nürnberg und Fürth erkundigen, außerdem wurden Kostenberechnungen veranlaßt.

Um die Straßenfrequenz zwischen Nürnberg und Fürth zu ermitteln, wurden an den Endpunkten beider Städte Aufseher bestellt, die alle Personenwagen und Reiter aufschreiben sollten. So wurden am 20. Januar 1833 2391 Fußgänger, 651 Personenkutschen, 207 gewöhnliche Fuhrwagen, 167 zwei-, vier- und sechsspännige Lastwagen und 6 Reiter notiert. Diese Aufschreibungen wurden in den Monaten März und April weitergeführt. Im Herbst und Winter des Jahres 1833 wurden diese Zählungen nochmals aufgenommen, um dieses Mal Spitzenfrequenzen wie am Thomastag oder beim Christkindlesmarkt festzustellen.

Aufmerksam verfolgte die Öffentlichkeit weiterhin die Tätigkeit dieses provisorischen Komitees. Am 14. Mai 1833 erschien dann endlich die Einladung zur Subskription, verbunden mit einem ausführlichen sogenannten «Prospectus». Dieses Werk war unterzeichnet von Nürnberger Seite von dem 1. Bürgermeister Binder, von Georg Zacharias Platner und von Johannes Scharrer. Von Fürther Seite unterzeichneten die Herren von Bäumen als 1. Bürgermeister sowie die Kaufleute H. F. Meyer und Julius Wilhelm Reißig. In diesem Schriftstück wurden die Vorteile der geplanten Eisenbahn zwischen Nürnberg und Fürth mit allem Nachdruck dargelegt. Im folgenden ein Auszug aus diesem Werk:

«Die Eisenbahnen in Verbindung mit Dampfmaschinen gehören unstreitig zu den wichtigsten und einflußreichsten Erfindungen unserer Zeit; sie sind das schnellste, wohlfeilste und sicherste Transportmittel für Personen und Waren.» Es wird dann auf England hingewiesen. Eine der ersten Unternehmungen dieser Art sei die Eisenbahn mit Dampffahrt zwischen Liverpool und Manchester gewesen; dieselbe, 31 englische Meilen lang, habe in ihren Leistungen und Vorteilen alle Erwartung übertroffen, obgleich ihre Herstellung teils wegen Lokalschwierigkeiten, welche nur durch sehr umfassende und großartige Bauten und Durchstechungen überwunden werden konnten, teils wegen mangelnder Erfahrung in der Ausführung dieser neuen Erfindung sehr große, außerordentliche Kosten, in runder Summe 9 840 000 fl., verursacht habe. Trotzdem habe diese Bahn, welche 1826 begonnen und 1830 vollendet worden sei, den Unternehmern schon Ende 1831 eine reine Rente von 8% gewährt, so daß die Aktie bereits auf 180% gestiegen sei. Und nach den neuesten Nachrichten von Liverpool werde für das laufende Jahr eine Dividende von 10% erwartet. Der bedeutende Gewinn, den diese Bahn den Aktionären abwerfe, werde jedoch durch den großen Nutzen, den sie dem Publikum bringe, weit übertroffen. Während früher für einen Platz auf dem Eilwagen, der den Weg zwischen Liverpool und Manchester in 4 Stunden zurückgelegt habe, 10 Schilling = 6 fl. hätten bezahlt werden müssen, fahre man auf dem Dampfwagen in 1½–2 Stunden um 5 Schilling = 3 fl. Ebenso sei es mit dem Warentransport gewesen. Auf dem Bridgewater Kanal habe bei einer Lieferungszeit von 20 Stunden die Tonne von Liverpool bis Manchester 15 Schilling = 9 fl. gekostet. Auf der Eisenbahn würden die Waren in 2 Stunden à 10 Schilling = 6 fl. pro Tonnen geliefert. Dadurch würden bei dem regen Verkehr zwischen jenen beiden Städten jährlich Millionen erspart. Mit Recht hätten daher die glänzenden Resultate dieser Unternehmung die Aufmerksamkeit des Auslandes auf sich gezogen und dasselbe zur Nachahmung ermuntert, so daß bald darauf auch in Frankreich eine Eisenbahn mit Dampfkraft zwischen Lyon und St. Etienne hergestellt worden sei, deren bisheriger Erfolg bei der Liverpooler Bahn gemachte Erfahrung hinsichtlich der großen Vorteile dieser Erfindung für die Unternehmer und für das Publikum bestätigt habe.

Das Interesse für weitere ähnliche Untersuchungen steige daher in England, Frankreich, Belgien, Rheinpreußen, Westfalen und in anderen Ländern immer höher, und es seien bereits dort neue Eisenbahnen projektiert, eine von Antwerpen nach Lüttich und Köln, eine andere in Westfalen, welche die Weser mit dem Rhein verbinden solle, so daß zu erwarten sei, daß solche in dem nächsten Jahrzehnt überall, wo ihre Herstellung von den Lokal- und Handwerksverhältnissen begünstigt werde, zur Ausführung kommen würden.

Was die Sicherheit und Gefahrlosigkeit der Dampfwagen anbetreffe, so habe sich solche durch die bisherige Erfahrung vollkommen bewährt. Seit dem Bestande der Liverpooler Eisenbahn sei auf derselben nur 1 Person verunglückt und zwar durch ihre eigene Schuld, während auf der Landstraße bei den Eilwagen häufige Unglücksfälle stattgefunden hätten. «Die Erfindung der Eisenbahn mit Dampfkraft», fährt Scharrer fort, «ist für den materiellen Verkehr der Staaten und für die Verbindung der Völker von einer ebenso unberechenbaren Wichtigkeit, als die Erfindung der Buchdruckerkunst für ihren geistigen Verkehr. Wie durch die Buchdruckerpresse die Produkte des menschlichen Geistes in Tausenden von Exemplaren für die ganze zivilisierte Welt geliefert werden, wie sie als ein Hebel von unermeßlicher Kraft zur Beförderung des geistigen Verkehrs, zur Verbreitung der Kenntnisse und zur Emporhebung der Wissenschaften und Künste wirkt, ebenso wird durch die Eisenbahnen mit Dampffahrt der persönliche und materielle Verkehr der Menschen und der Austausch der Produkte der Natur und des Gewerbefleißes erleichtert und beflügelt. Die Entfernungen werden durch dieses dem Fluge der Vögel nachstrebende Verbindungs- und

Transportmittel immer kleiner, Staaten und Nationen rücken dadurch einander näher; die Verbindungen werden zahlreicher und enger, und der Mensch bemächtigt sich immer mehr der Herrschaft über Raum und Zeit.»

«Sollen wir in einer so bedeutungsvollen Entwicklungsperiode der Früchte des menschlichen Erfindungsgeistes müßig zusehen, ohne zu erwägen, ob nicht auch wir im Innern Deutschlands dieser Früchte teilhaftig werden oder wenigstens einen unsern örtlichen Verhältnissen und Kräften angemessenen Versuch machen können? Sollte es nicht der Mühe lohnen, zu untersuchen, ob nicht die frequente Kommunikation zwischen Nürnberg und Fürth eine günstige Gelegenheit zur Herstellung einer Eisenbahn mit Dampffahrt zwischen diesen Nachbarstädten, die hinsichtlich ihres Verkehrs und ihrer Gewerbsindustrie so vielfältig und innig miteinander verbunden sind, darbiete?»

Dieser Aufruf wurde in den großen Tageszeitungen veröffentlicht, außerdem direkt an die Geschäftsleute der beiden Städte Nürnberg und Fürth sowie an alle befreundeten auswärtigen Handelshäuser versandt. Das Schriftstück erregte in allen Bevölkerungskreisen höchstes Interesse und brachte das Thema Eisenbahn wieder in Erinnerung. Der Plan des Bahnbaues stieß allerdings nicht nur auf Zustimmung, sondern es wurden auch scharfe Angriffe geführt. So bezweifelte man, daß der Bahndamm im Nürnberger Sand halten würde. Andere sahen voraus, daß die Schienen gestohlen oder von den Kutschern, die durch die Eisenbahn um ihren Verdienst kamen, zerstört werden könnten. Des weiteren wurde befürchtet, daß durch den Lärm, den die Dampfwagen erzeugten sowie durch die Schnelligkeit der Fahrt und den Dampf und Rauch die ruhigsten Pferde auf der nahegelegenen Chaussee nicht mehr zu bändigen wären. Auch hatte man die Sorge, daß eine Zahl von Berufen wie die des Botengängers bzw. sämtliche Fuhrunternehmen ruiniert werden könnten. In all diese Gegenargumente war unter anderem auch das ominöse sogenannte «Gutachten des Obermedizinalkollegiums» einzuordnen. Dieses Gutachten sagte angeblich aus, daß der Dampfbetrieb bei den Reisenden wie bei den Zuschauern unfehlbar schwere Gehirnerkrankungen erzeugen würde, und damit zumindest die Zuschauer Schutz fänden, müsse der Bahndamm mit einem hohen Bretterzaune umgeben werden. Zu diesem in vielen Veröffentlichungen wiedergegebenen Gutachten wäre folgendes anzumerken: Anläßlich einer gründlichen Nachforschung durch das Verkehrsarchiv beim Verkehrsmuseum in Nürnberg im Februar 1959 konnten keinerlei Hinweise auf die Existenz eines solchen Gutachtens gefunden werden. Bereits im Jahr 1909 hat der Kulturhistoriker Kämmerich mitgeteilt, daß eine authentische Quelle für dieses Gutachten nicht zu finden sei. Des weiteren ist festzustellen, daß im Jahr 1920 nochmals in dieser Richtung Untersuchungen angestellt wurden, wobei weder in den Akten des Verkehrsmuseums in Nürnberg, bei der Kreisregierung von Mittelfranken noch bei der Bayerischen Akademie der Wissenschaften irgendein Hinweis auf das Vorhandensein dieses Gutachtens gefunden werden konnte. Nachdem 1923 in dieser Richtung nochmals Nachforschungen angestellt worden waren, wurde im Jahr 1932 dann erneut eine Untersuchung eingeleitet. Dies geschah im Hinblick auf die bevorstehende 100 Jahrfeier der Eisenbahn Nürnberg – Fürth im Jahre 1935. Auch die Bayerische Staatsarchivverwaltung wurde eingeschaltet, ein Erfolg in dieser Angelegenheit konnte jedoch nicht verbucht werden. Man kann also nach all diesen Recherchen davon ausgehen, daß dieses Gutachten des Bayerischen Obermedizinalkollegiums nie existiert hat.

Zusammenfassend kann gesagt werden, daß diese scharfen Angriffe gegen das Bahnprojekt zum Teil aus Unkenntnis der Materie, zum Teil aus persönlicher Gehässigkeit und teils aus Ängstlichkeit und Scheu vor dem Neuen entstanden sind.

In diese gesamte Diskussion schaltete sich unter anderem auch nunmehr Karl Ritter von Baader wieder ein. Grundsätzlich begrüßte er den Bahnbau zwischen Nürnberg und Fürth, da er hoffte, sein Projekt, um das er mehr als 25 Jahre gekämpft hat, nun verwirklichen zu können. Allerdings lehnte von Baader genauso wie List die Erbauung der Bahn nach dem englischen System ab und schlug vor, die Bahn nach seinen Überlegungen und Vorstellungen zu errichten.

Auch die Bayerische Oberste Baubehörde schaltete sich in das Für und Wider ein, wobei sie verschiedene Verbesserungen und Änderungen anregte, aber andererseits auch das «Erwachen des deutschen Unternehmergeistes» begrüßte.

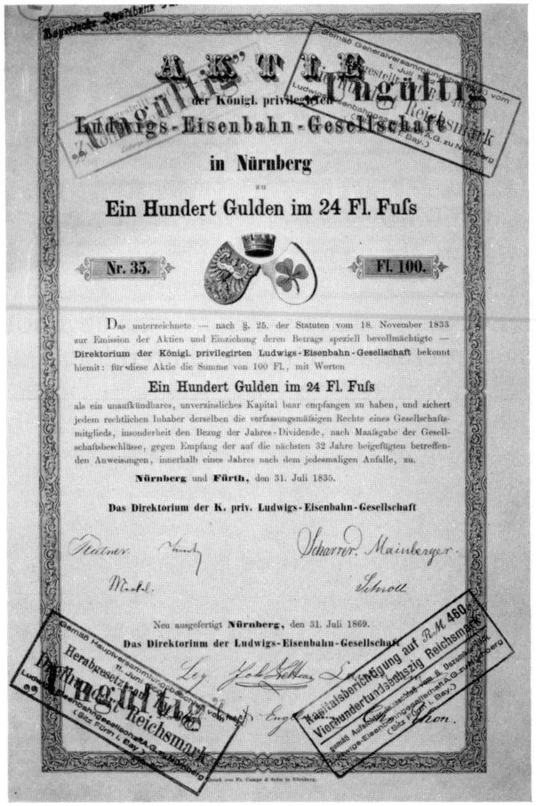
Aktie der Königl. privilegirten Ludwigs-Eisenbahn-Gesellschaft in Nürnberg zu Ein Hundert Gulden im 24 Fl. Fuſs

Nr. 35. Fl. 100.

Das unterzeichnete — nach §. 25. der Statuten vom 18. November 1833 zur Emission der Aktien und Einziehung deren Betrags speziell bevollmächtigte — Direktorium der Königl. privilegirten Ludwigs-Eisenbahn-Gesellschaft bekennt hiemit: für diese Aktie die Summe von 100 Fl., mit Worten

Ein Hundert Gulden im 24 Fl. Fuſs

als ein unaufkündbares, unverzinsliches Kapital baar empfangen zu haben, und sichert jedem rechtlichen Inhaber derselben die verfassungsmäſsigen Rechte eines Gesellschaftsmitglieds, insonderheit den Bezug der Jahres-Dividende, nach Maaſsgabe der Gesellschaftsbeschlüsse, gegen Empfang der auf die nächsten 32 Jahre beigefügten betreffenden Anweisungen, innerhalb eines Jahres nach dem jedesmaligen Anfalle, zu.

Nürnberg und Fürth, den 31. Juli 1835.

Das Direktorium der K. priv. Ludwigs-Eisenbahn-Gesellschaft

Platner. Scharrer. Mainberger.

Schnell

Neu ausgefertigt Nürnberg, den 31. Juli 1869.

Das Direktorium der Ludwigs-Eisenbahn-Gesellschaft

Ungültig

4 Aktie der Ludwigs-Eisenbahn-Gesellschaft über 100 Gulden, neu ausgefertigt am 31. Juli 1869.
(Sammlung C. Asmus.)

5 Der auf einer Aktie angebrachte Prägestempel des Direktoriums der Ludwigs-Eisenbahn-Gesellschaft.
(Sammlung C. Asmus.)

BILDUNG DES AKTIENVEREINS

Mit dem Erscheinen des Einladungsprospectus vom 14. Mai 1833 begann die Bildung des Aktienvereines. Die Ausgabe der Aktien hatte das Handelshaus Georg Zacharias Platner in Nürnberg übernommen. Die Aktien sollten in Form von Namenaktien ausgegeben werden. Man bemühte sich mit allem Nachdruck, kapitalkräftige Anleger zu finden. Die Beteiligung der beiden Bürgermeister von Nürnberg und Fürth veranlaßte eine Reihe bekannter Kaufleute dieser Städte, die Aktien der Eisenbahn zwischen Nürnberg und Fürth zu zeichnen. Da man die Errichtung der ersten Deutschen Eisenbahn nicht nur als lokale Angelegenheit betrachtete, war man bestrebt, das Kapital sowohl im Fränkischen als auch im gesamten bayerischen und süddeutschen Raum unterzubringen. Aus diesem Grund wurden die außerhalb Nürnbergs tätigen Söhne der Stadt gebeten, beim Vertrieb und bei der Zeichnung der Aktien behilflich zu sein. Speziell das in aller Welt bekannte Handelshaus Platner bemühte sich intensiv um die Aktiensubskription. Dieses Unternehmen nutzte die weitreichenden Geschäftsverbindungen und wandte sich an die Inhaber vieler deutscher und ausländischer Unternehmen. Auch bemühte es sich, bedeutende Persönlichkeiten der damaligen Zeit wie den Prinzen Carl v. Bayern, Herzog Max, den Fürsten Öttingen-Wallerstein und den weithin bekannten Architekten Leo von Klenze zur Zeichnung von Aktien zu gewinnen. Diese Bemühungen waren jedoch nur von mäßigem Erfolg gekrönt.

Mit einem Schreiben vom 28. Mai des Jahres 1833 wandte sich Platner an den Bayerischen König Ludwig I. mit der Bitte, die neu zu erbauende Eisenbahnstrecke als «Ludwigs-Eisenbahn» benennen zu dürfen. Mit Entscheid vom 3. Juli desselben Jahres genehmigte der König diese Bitte, verband damit jedoch die Auflage, daß die Gesellschaft erst dann seinen Namen tragen dürfe, wenn die «Abnahme sämtlicher Aktien den wirklichen Beginn und Fortgang des Unternehmens» gesichert habe. Diese Auflage wünschte der König, um bei einem eventuellen Mißlingen den königlichen Namen nicht kompromittiert zu sehen. Diese Entscheidung wurde bei den Eisenbahnplanern mit Freude aufgenommen, da sie einen gesicherten Fortgang des Vorhabens gewährleistete.

Insgesamt waren 1320 Aktien, das Stück zu 100 Gulden, d. h. also 132.000 Gulden zu plazieren. Die Beweggründe zur Subskription der Aktien war weniger die in Aussicht gestellte 13½%ige Dividende, als vielmehr patriotische Gefühle, die sich zum einen auf die Städte Nürnberg und Fürth und zum anderen auf ganz Franken, Bayern, Süddeutschland und das gesamte Deutschland erstreckten.

Obwohl überall die ausgelegte Einladungsschrift zur Zeichnung der Aktien rasch vergriffen war, ging die Subskription speziell in den Städten Nürnberg und Fürth nur schleppend voran. Rasch hingegen wurden die Aktien in den auswärtigen Städten wie München, Augsburg, Stuttgart gezeichnet. So waren bis Mitte Juni 54.000 Gulden, am 8. Juli 90.000 und Ende Oktober 116.000 Gulden gezeichnet. Nachdem in der ersten Novemberhälfte des Jahres 1833 etwa 130.000 Gulden subskribiert worden waren, konnte man an die Konstituierung der Gesellschaft denken. Das Startkapital für den Bahnbau war somit sichergestellt. Die ersten Aktionäre hatten ihre Investition später nicht zu bereuen. Schon im Jahre 1837 stieg die Rendite auf 20%, in den Jahren 1876 bis 1878 sogar auf 21%. Noch heute sind die 100 Guldenaktien der Ludwigs-Eisenbahn-Gesellschaft in Sammlerkreisen rare und wertvolle Stücke.

53% des Kapitals der ersten Einzahler kamen aus Nürnberg, 13% aus München, je 10% aus Fürth und Würzburg, der Rest aus allen Städten Deutschlands, wie aus Berlin, Stuttgart und Regensburg. Berühmte Namen stehen in den 150 Jahre alten Zeichnungslisten, die im Verkehrsmuseum in Nürnberg aufbewahrt werden. An der Spitze Herzog Max von Bayern, der Vater der als «Sissi» berühmt gewordenen bayerischen Prinzessin. Er erwarb 10 Aktien für 1.000 Gulden. Wenig Anteil nahm dagegen die Bayerische Regierung an dem Projekt. Zur Enttäuschung des Direktoriums zeichnete sie nur 2 Aktien. Das Geld wurde lange Jahre nicht eingezahlt, der Landtagsabgeordnete Georg Zacharias Platner aus Nürnberg mußte den 200 Gulden der Staatsregierung nachlaufen. Erstaunlich war für die damalige Zeit, daß sich unter den Aktionären auch neun Damen befanden. Alle Berufe waren vertreten, voran Kauf- und Geschäftsleute sowie Stadtschreiber, Beamte, Ärzte, Verleger und Buchdrucker, ebenso Militär, Regierungsbeamte und Minister, geistliche Herren, Professoren und Bürgermeister. Auch ein Prediger und ein Gastwirt sind in den Listen aufgeführt.

Im nachfolgenden eine Zusammenstellung über die Herkunft der Subskribenten und die gezeichnete Aktienhöhe:

Städte	Aktienbesitzer	Aktienhöhe
Augsburg	7	4.900.– fl
Ansbach	2	1.000.– fl
Bayreuth	1	1.500.– fl
Berlin	2	200.– fl
Burglengenfeld	1	500.– fl
Donzdorf	1	2.000.– fl
Erlangen	2	400.– fl
Fürth	35	13.600.– fl
Marktbreit	2	200.– fl
Mühldorf	1	1.000.– fl
München	14	17.100.– fl
Nürnberg	119	70.000.– fl
Oederau	1	200.– fl
Prichsenstadt	1	500.– fl
Regensburg	1	500.– fl
Roth	1	500.– fl
Schweinfurt	2	2.000.– fl
Stuttgart	4	3.500.– fl
Ulm	1	1.000.– fl
Vilsbiburg	1	100.– fl
Würzburg	1	12.500.– fl

GRÜNDUNGSVERSAMMLUNG UND WAHL DES DIREKTORIUMS

Am 19. Oktober erließ das provisorische Eisenbahnkomitee die Einladung zu einer allgemeinen Versammlung sämtlicher Subskribenten auf Montag, den 18. November 1833, vormittags 8.30 Uhr im oberen Rathaussaal zu Nürnberg. Am Tag, als das Anschreiben an die Aktionäre zur Generalversammlung erging, waren 113.000 Gulden gezeichnet, während es am Tag der Generalversammlung selbst bereits 132.000 Gulden waren. Für die Generalversammlung waren folgende Punkte zur Behandlung und Beratung aufgestellt:

1. Beratung und Beschlußfassung über den vorzulegenden Entwurf der Gesellschaftsakte.
2. Art und Weise der Ausführung der Unternehmung.
3. Förmliche Konstituierung der Gesellschaft.
4. Wahl eines Gesellschaftsausschusses.

Am Tag der Hauptversammlung hatten sich im Rathaussaal zu Nürnberg von den 210 Aktionären 76 eingefunden. Bürgermeister Binder dankte in seiner Ansprache den Erschienenen für das bewiesene Vertrauen, gab einen kurzen Bericht über die Entstehung der Gesellschaft und schilderte den Teilnehmern nochmals die Bedeutung der geplanten Eisenbahn. Anschließend nahm er zu den diversen vorgetragenen Einwänden ausführlich Stellung. Nach dieser Rede befaßte sich Scharrer in seinem Vortrag mit den technischen und finanziellen Punkten des Unternehmens. Hierbei verwies er auf die Schwierigkeiten eines Grunderwerbes ohne geeignetes Enteignungsrecht. Außerdem setzte er sich mit den von dem königlichen Oberstbergrat Josef Ritter von Baader vorgetragenen Einwänden auseinander. Hierbei betonte Scharrer, daß die Eisenbahn nicht nach noch anzustellenden Experimenten, sondern nach einem praktisch erprobten Prinzip erbaut werden sollte. In diesem Zusammenhang schlug er vor, einen deutschen Techniker zu einer vierwöchigen Studienreise nach England zu entsenden. Außerdem könnte bei diesem Besuch die Beschaffung der Schienen, die man in Deutschland nicht bekommen werde, geklärt werden. Dieser Punkt sollte jedoch nur in die Tat umgesetzt werden, wenn man eine Befreiung des bayerischen Konsumzolles erreichen werde. Außerdem solle versucht werden, die Transitzölle in Holland und Preußen in Höhe von ca. 3000 Gulden einzusparen. Scharrer schlug vor, an Stelle der beiden vorgesehenen Dampfwagen nach dem Beispiel der Lyoner Bahn einen sogenannten gemischten Betrieb mit Pferden und nur einer Lokomotivmaschine einzuführen. Des weiteren hielt es Scharrer für ratsam, die Aktienemission auf 140.000 Gul-

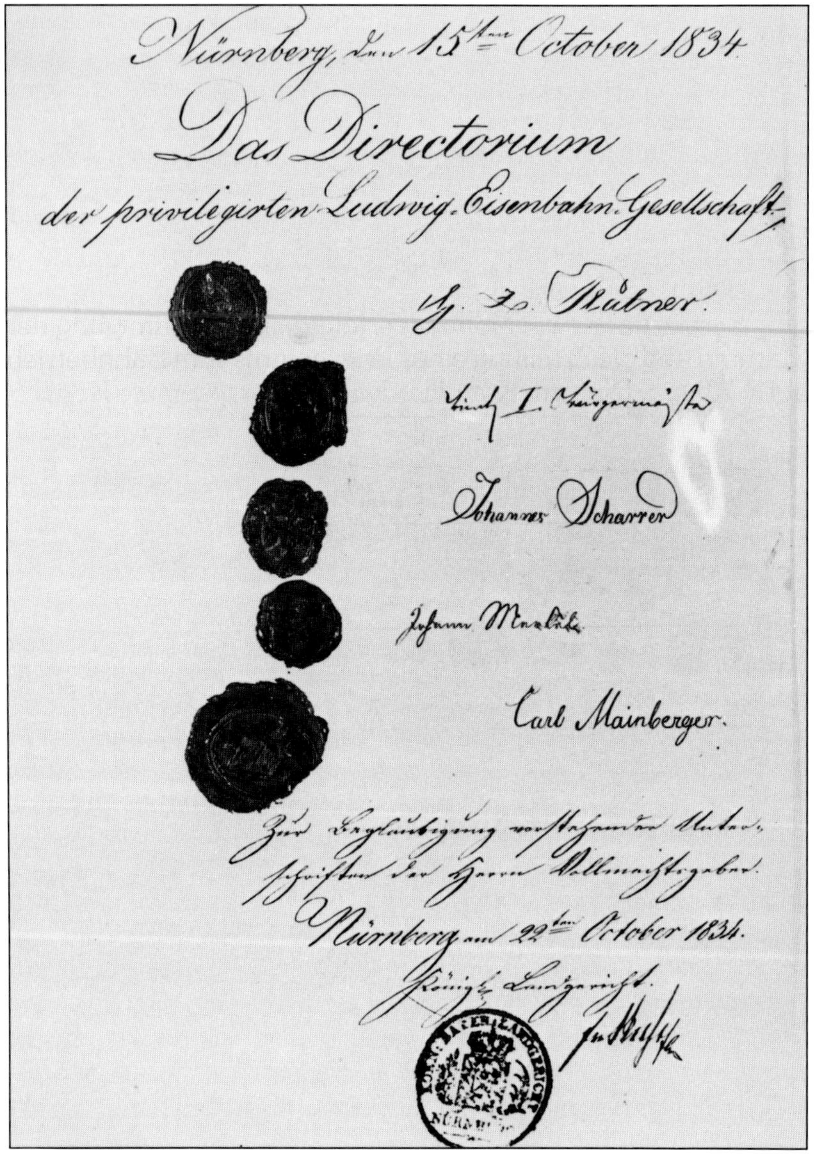
Nürnberg, den 15ten October 1834.

Das Directorium

der privilegirten Ludwig-Eisenbahn-Gesellschaft.

Platner.

Binder I. Bürgermeister

Johannes Scharrer

Johann Merkel

Carl Mainberger.

Zur Beglaubigung vorstehender Unterschriften der Herren Vollmachtgeber.

Nürnberg am 22ten October 1834.

Königl. Landgericht.

6 Unterschriften des Direktoriums der Privilegierten Ludwigs-Eisenbahn-Gesellschaft.
Archiv Verkehrsmuseum Nürnberg.

den zu erhöhen, um eventuell anfallende, nicht vorhersehbare Kosten damit abzudecken. Da in diesem Fall nicht alle Aktien gedeckt waren, erklärte sich Platner bereit, die noch übrigen Aktien zu übernehmen, insofern solche nicht heute abgesetzt würden.

Als weiterer Redner trat Marktvorsteher Platner auf, der über den historischen Teil des Anfangs und des Fortganges der projektierten Eisenbahn zwischen Nürnberg und Fürth berichtete. Er verkündete stolz unter dem Jubel der Anwesenden, daß seine Majestät König Ludwig I. es genehmigt habe, daß die Gesellschaft die Bezeichnung «Ludwigs-Eisenbahn» führe. Nach diesen Ansprachen der Herren Binder, Scharrer und Platner fand eine ausführliche Beratung der eingegangenen Vorschläge statt. Zwei Anträge lagen vor: Der eine von Oberpostsekretär a. D. Fabri aus Würzburg, der andere von Scharrer. Fabri wollte, daß bei den Grunderwerbungen bereits eine doppelte Bahn berücksichtigt würde. Außerdem vertrat er die Meinung, daß die Errichtung der Bauten in solider Ausführung überflüssig wäre. Die Trassierung des Weges, die Herstellung der Transportwagen sowie sämtlicher Gebäude brauche nur einer Dauer von 10 Jahren zu entsprechen. Fabri war der Ansicht, daß bei diesen geringen Anlagekosten eine möglichst hohe Rendite erzielt werden könnte. Außerdem wollte Fabri nur eine Lokomotivdampfmaschine angeschafft haben, da die spätere deutsche Lokfabrik Henschel zur Fortbewegung der Wagen komprimierte Luft empfahl. Hierdurch sollten jährlich 2000 Gulden eingespart werden können. Außerdem vertrat er einschneidende Einsparungsmaßnahmen beim Dienstpersonal. Diese Anträge wurden jedoch zurückgestellt und für eine spätere Beschlußfassung vorbehalten.

Der zweite Antrag, von Scharrer eingebracht, sah vor, daß die beiden Bürgermeister der Städte Nürnberg und Fürth den ständigen Vorsitz der Gesellschaft übernehmen sollten. Diese lehnten jedoch den Antrag ab. Nachdem die Anträge behandelt worden waren, erfolgte die Vorlage der durch den Landrichter Wellmer entworfenen Gesellschaftsstatuten. Die Abfassung dieser Satzungen ist besonders zu würdigen, da die Form der Aktiengesellschaft bis zum Beginn des 19. Jahrhunderts in Deutschland unbekannt war. In diesen Satzungen wurde die Bildung und der Zweck der Gesellschaft, die Zahl der Aktien, die Rechte der Gesellschaftsmitglieder, das Stimmverteilungs- und Stimmrecht, das Dividendenbezugsrecht und letztendlich die rechtliche Stellung von Generalversammlungen und die des Direktoriums sowie dessen Befugnisse und Obliegenheiten behandelt. Wellmer legte bei dieser Versammlung unter anderem das Formular einer Aktie vor, wobei nach einer kurzen Debatte beschlossen wurde, sie je nach Wunsch als Namens- oder Inhaberaktie herauszugeben. Nach Klärung all dieser Punkte erklärte sich die «Ludwigs-Eisenbahn-Gesellschaft» für gegründet.

Nunmehr schritten die Mitglieder der Eisenbahngesellschaft gemäß ihrer Satzung zur Wahl des Direktoriums. Hierfür bekam jeder Teilnehmer einen Wahlzettel, auf den er seinen Namen, Stand und Wohnort und die Zahl seiner Aktien eintrug. Außerdem nannte er seine Eigenschaft als Wähler, ob er für sich oder in Vertretung dieses Amt besorgte und bestimmte 14 Mitglieder der Gesellschaft, die im Ausschuß vertreten sein sollten. Die sieben Mitglieder mit den meisten Stimmen bildeten das Direktorium, die sieben nachfolgenden die Ersatzmänner. Jedem Wähler stand pro Aktie zu 100 Gulden eine Stimme zu. Diese Wahl, die am 19. November vormittags beendet war, zeigte folgendes Ergebnis:

1. Das Direktorium: Johannes Scharrer, Bürgermeister von Binder, Landrichter Wellmer, Marktvorsteher Platner, Karl Mainberger, Kaufmann H. F. Meyer, Marktvorsteher Merkel.

Als Ersatzmänner Dr. Weidenkeller, J. D. Merk, Hammerbacher, Dr. von Holzschuher, Bürgermeister Bäumen, Bauinspektor Schmittner, Dr. Merkel. Für Hammerbacher, der die Wahl nicht annahm, wurde der Kaufmann Schroll als Ersatzmann in den Ausschuß aufgenommen. Unmittelbar nach Bekanntgabe der Stimmen konstituierte sich das Direktorium und schritt zur Verteilung der Ehrenämter. Dies geschah wiederum durch eine Wahl, aus der Platner als Direktor und Kassier hervorging, als Stellvertreter wurde Scharrer bestimmt. Mainberger wurde Korrespondez-Sekretär, und Bürgermeister von Binder erklärte sich auf Ansuchen der übrigen Direktionsmitglieder bereit, den Vorsitz in den Konferenzen zu übernehmen. Nach diesen Vorgängen bevollmächtigen die Mitglieder der Gesellschaft das Direktorium, Material und Maschinen zu beschaffen, den nötigen Grund und Boden zu erwerben und die einzelnen Raten von den Aktionären einzuziehen. Umgehend begann das Direktorium, am 21. November, 3 Tage nach der Wahl, mit seiner Arbeit. Es galt zwei Aufgaben zu erfüllen:

1. Die sich erteilten Statuten der königlichen Staatsregierung zur Genehmigung vorzulegen.
2. Die Frage der Privilegierung der Gesellschaft zu lösen.

In einem eigenhändigen Schreiben legte Scharrer König Ludwig I. folgende Punkte zur Genehmigung vor:

1. Die vorgelegten Gesellschaftsstatuten zu bestätigen.
2. Der solchergestalt sanktionierten Gesellschaft ein ausschließliches Privilegium zur Herstellung und immerwährenden Benützung der Eisenbahn zwischen Nürnberg und Fürth und deren künftige Fortsetzung nach allen Richtungen unter Befreiung von allen indirekten Staatsauflagen zu verleihen.
3. Die Eisenbahn selbst und ihren Fortsetzungen die Rechte und den Schutz der Staatsstraßen allerhuldreichst zuzusichern.

Bereits nach zwei Monaten erfolgte die Genehmigung der Statuten und die Erteilung eines Privilegiums zum Bahnbetrieb auf 30 Jahre. Die vom König Ludwig I. unterzeichnete Konzessionsurkunde der Ludwigs-Eisenbahn hat folgenden Wortlaut:

Ludwig
von Gottes Gnaden König von Bayern etc.

„Nachdem die zur Errichtung einer Eisenbahn zwischen Nürnberg und Fürth zusammengetretene Aktiengesellschaft um Verleihung eines ausschließenden Privilegiums hierfür die unterthänigste Bitte gestellt hat, so wollen wir nach genommener Einsicht und Genehmigung der von dieser Gesellschaft entworfenen Statuten in allergnädigster Anerkenntnis des fraglichen Unternehmens als einer gemeinnützigen, für die Verkehrserleichterung zwischen zweien der gewerbereichsten Städte Unseres Königreichs zum öffentlichen Gebrauche dienende Anstalt das erbetene ausschließende Privilegium zur Errichtung einer Eisenbahn zwischen Nürnberg und Fürth für die nächstfolgenden 30 Jahre, jedoch unter nachstehenden Bedingungen bewilligen und hiermit verliehen haben, daß:

1. die bezeichnete Eisenbahn binnen der nächsten 5 Jahre vom Tage gegenwärtiger Verleihung an gerechnet, wirklich eröffnet werde,
2. die Gesellschaft sich verbindlich erkläre, für den Fall des Anschlusses anderer, von Uns genehmigter Eisenbahnen, welche in irgendeiner Richtung durch einen Teil des Landes geführt werden, an diese privilegierte Eisenbahn zwischen Nürnberg und Fürth derselben die durch eben bemerkte größere Verbindung etwa erforderlich werdende Erweiterung oder sonstige Einrichtung, welche den Anschluß erfordert, zu geben,
3. endlich das erteilte Privilegium durch fünfjährigen Nichtgebrauch erlösche.

So gegeben in Unserer Haupt- und Residenzstadt München, den 19. Februar 1834.

Ludwig. (Loco Sigilli).
Fürst Öttingen-Wallerstein

Auf
Königlich allerhöchsten Befehl
der Generalsekretär Frhr. v. Kobell.

Durch die Erteilung dieses Privilegs waren vorläufig sämtliche Hindernisse beseitigt und alle Voraussetzungen für den Bahnbau in Nürnberg gegeben.

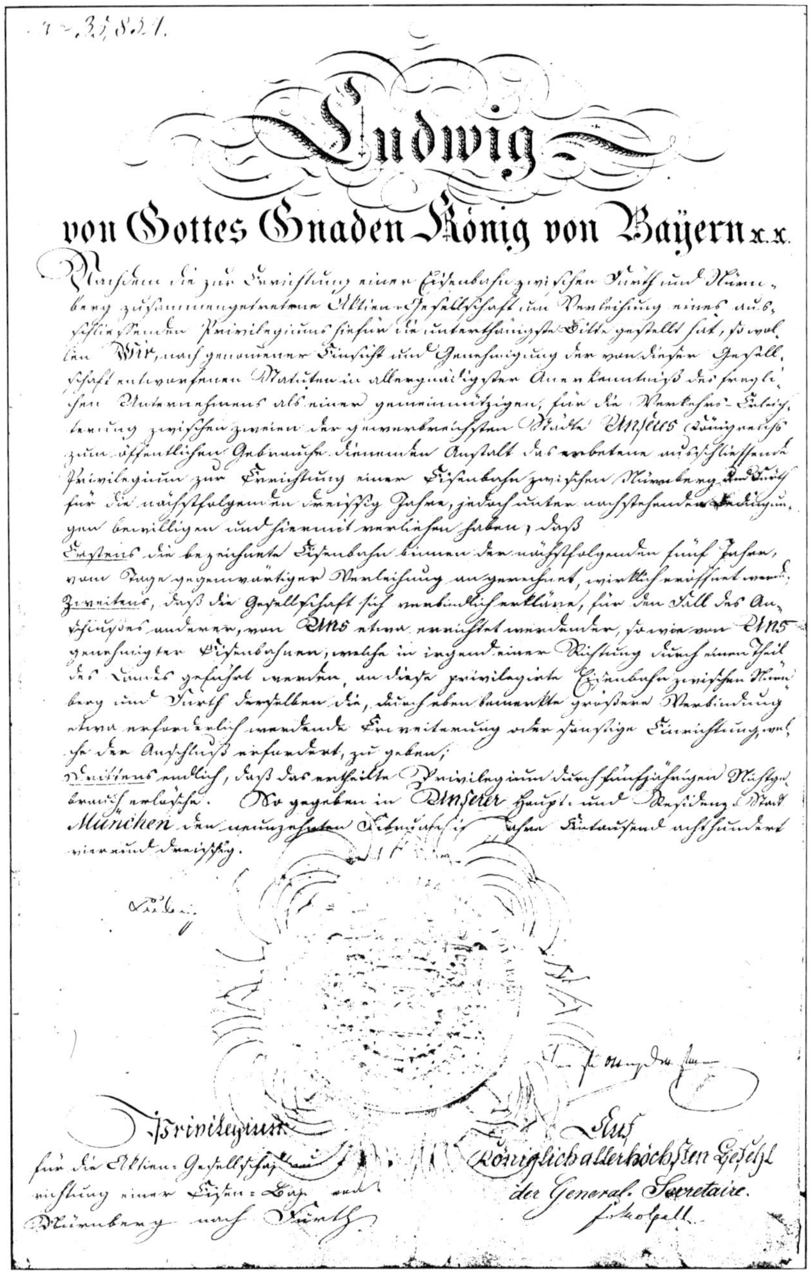
Ludwig
von Gottes Gnaden König von Bayern x.x.

7 Konzessionsurkunde für die erste Deutsche Eisenbahn von Nürnberg nach Fürth.
Archiv Verkehrsmuseum Nürnberg.

DIE WAHL DES LEITENDEN INGENIEURS. DIE FESTLEGUNG DER KONSTRUKTIONSART.

Als im Mai 1833 die Einladung zur Gründung der Eisenbahngesellschaft erschien, zeigte sich als eines der Hauptprobleme die Wahl der Konstruktionsart. Die Gesellschaft entschied sich nach langen Überlegungen für die englische Art der Konstruktion, beeinflußt vom Erfolg der Liverpool-Manchester-Eisenbahn und vom Entscheid Belgiens – hier war die erste Eisenbahn des Europäischen Kontinents am 5. Mai 1835 eröffnet worden – dasselbe System zu wählen. Gegen diesen Entscheid wandten sich die Verfechter des Eisenbahnbaues in Bayern List und von Baader sowie andere Fachleute. So schlug Friedrich List im Frühjahr 1834 in zwei Briefen, die an das Direktorium gerichtet waren, die Verwendung verschiedener Konstruktionsarten vor. Er vertrat die Ansicht, nur die Enden der Bahn massiv auszubauen, während das dazwischen liegende Stück vorerst provisorisch nach dem billigen amerikanischen System in einer leichten Holzausführung erstellt werden sollte. Diese Bauweise würde eine sofortige ansehnliche Rendite der Bahn gewährleisten. List meinte hierzu: «Nicht der Ingenieur, sondern der Finanzier muß in dieser Sache entscheiden.»

List gelang es, einen der Hauptaktionäre der Aktiengesellschaft, Herrn Fabri, für sich zu gewinnen, der nunmehr für diese leichte Ausführung des Bahnbaues eintrat. Daneben vertrat Fabri die Einführung des ausschließlichen Pferdetransportes und die Verlegung der Bahn auf die Chaussee zwischen Nürnberg und Fürth. Seine Gedanken und Forderungen faßte er in einer Schrift zusammen, die er in zahlreichen Exemplaren versandte. Scharrer jedoch trat mit allem Nachdruck dieser Entwicklung entgegen, wobei es ihm und dem Direktorium gelang, diesen zweifelnden Aktionär von dem bisher eingeschlagenen Weg abzubringen und den Bau einer massiven Bahn nach dem englischen System durchzusetzen.

Handelte es sich bei dem «englischen System» um eine Bahn mit solidem Unterbau und gewalzten Schienen, so bestand das «amerikanische System» aus einer hochkant gestellten Langschwelle oder einem Gleisbaum, auf dem eine flache Eisenschiene befestigt war. Dieses billigere System wählte man 1839 beim Bau der Leipzig-Dresdner Eisenbahn. Der Oberbau bewährte sich keineswegs. Schon bald nach Eröffnung dieser Bahn wurde auch hier das englische System verwendet.

Um eine zuverlässige und fachgerechte Ausführung des Bahnbaues zu sichern, machte Scharrer in der Versammlung vom 18. November 1833 den Vorschlag, einen deutschen Techniker nach England zum Studium der Eisenbahnen zu entsenden. Gegen diese Absicht wandten sich jedoch einige Mitglieder des Direktoriums, da sie der Ansicht waren, daß zuerst die Frage des Grunderwerbs für den Bahnbau geklärt sein müßte. Scharrer hingegen vertrat die Meinung, daß es notwendig sei, verschiedene technische Punkte durch einen erfahrenen Ingenieur vor dem Erwerb des Grund und Bodens festlegen zu lassen. Da man sich nunmehr für das sogenannte englische System entschlossen hatte, herrschte die Meinung vor, daß es wohl am besten sei, einen entsprechenden Ingenieur aus England zu gewinnen. Aus diesem Grund wurde das in London befindliche Handelshaus Suse und Libeth eingeschaltet und gebeten, einen entsprechenden Kontakt mit dem im Bahnbau in England führenden Unternehmen Robert Stephenson herzustellen. Dieses Unternehmen empfahl einen jungen tüchtigen Mitarbeiter, doch die damit verbundenen finanziellen Forderungen, ein Jahresgehalt von ca. 7200 Gulden, die Übernahme der anfallenden Reisekosten und Spesen sowie das Honorar für einen Dolmetscher in Höhe von ca. 2400 Gulden erachtete das Direktorium in Nürnberg als nicht tragbar.

Anfangs des Jahres 1834 hielt sich Platner in seiner Funktion als Landtagsabgeordneter in München auf. Dort traf er mit dem damals bedeutendsten deutschen Architekten Leo von Klenze zusammen, der ihm den jungen im Staatsdienst stehenden Bezirksingenieur Paul Denis vorschlug. Denis war erst vor kurzem von einer ausgedehnten Reise durch Nordamerika und England zurückgekehrt, auf der er die neuesten Errungenschaften des Eisenbahnwesens kennengelernt hatte. Er erklärte sich gerne bereit, sein Können und Wissen dem Nürnberger Eisenbahnbau zur Verfügung zu stellen. Durch die Mithilfe von Klenzes, der dem Eisenbahnprojekt aufgeschlossen gegenüberstand, konnte man erreichen, daß mit höchster staatlicher Zustimmung Denis die Planung der Ludwigs-Eisenbahn übernahm. Bereits am 27. Juni 1834 begann Denis mit der ihm übertragenen Aufgabe. Im August desselben Jahres hielt er sich wegen des Kanalbaues in Nürnberg auf. Während dieser Zeit wurde er vom Direktorium beauftragt, das Gelände für den Bahnbau zu besichtigen und entsprechende Kostenvoranschläge zu fertigen.

In den nächsten drei Monaten erstellte Denis das genaue Nivellement der Bahn, legte die nötigen Erdarbeiten fest, fertigte eine Vielzahl von Zeichnungen für Durchlässe, Überfahrten, Ausweichplätze, Drehscheiben, Schienen, Träger usw. an. Am 14. Oktober 1834 übergab er dem Direktorium seine, wie es hieß «musterhaften geometrischen und graphischen Leistungen». Noch am selben Tage beschloss man, die Leitung des Bahnbaues diesem tüchtigen Ingenieur zu übertragen. Umgehend wandte sich das Direktorium sowohl an das Bayerische Innenministerium als auch an den Bayerischen König, um Ingenieur Denis für den Bahnbau vom Staatsdienst freigestellt zu bekommen. Am 31. Oktober kam das Staatsministerium des Inneren dieser Bitte nach und beurlaubte ihn für einige Wochen. Trotz dieser Erlaubnis ergab sich für die Ludwigs-Eisenbahn eine schwierige Situation. Einerseits hatte man endlich den für die Bauleitung notwendigen und geeigneten Ingenieur gefunden, zum anderen mußte jedoch mit dem Rückruf dieses erfahrenen Mannes durch das Ministerium zu jeder Zeit gerechnet werden.

Aufgrund seiner Erfahrungen, die Ingenieur Denis in Amerika, England und Belgien gesammelt hatte, vertrat er die Ansicht, die geplante Eisenbahn in solider Bauweise auszuführen. Wie es damals üblich war, wurde demjenigen Ingenieur, der den Plan für ein Bauvorhaben entworfen hatte, auch die Leitung des Baues übertragen, d. h. er hatte sich um all die vielen notwendigen Kleinigkeiten zu kümmern. So wurde Denis vom Direktorium beauftragt, unter anderem auch die beim Grundbau tätigen Tagelöhner einzustellen und die damit verbundenen Lohnabschlüsse zu tätigen. Auch mußte er sich um die Herbeischaffung und Bereitstellung alles Eisengerätes und Baumaterials kümmern. Außerdem wurde er beauftragt, die Herstellung der Personenwagen zu überwachen und bevollmächtigt, unvermeidlich erscheinende geringfügige Überschreitungen des Finanzetats für die einzelnen Bauvorhaben und Bauabschnitte selbst zu entscheiden. Durch die ihm übertragenen Aufgaben wurde der königliche Ingenieur für den Bahnbau unentbehrlich.

Trotz seines intensiven Wirkens wurde er von seiner vorgesetzten Behörde schon bald nach München zurückberufen. Diese Entscheidung bedeutete einen Stillstand des Bahnbaues. Aus diesem Grunde sandte das Direktorium an verschiedene staatliche Institutionen entsprechende Schreiben, in denen es um die erneute Freistellung bat. Platner verwendete sich in dieser Angelegenheit nochmals mit Nachdruck, und so wurde Ingenieur Denis ein zweimonatiger Urlaub zugestanden. Als er jedoch nach Nürnberg reisen wollte, erkrankte er und mußte die Bauvorhaben von München aus schriftlich dirigieren. Ende Mai 1835 trafen die ersten Schienen für den Bahnbau ein. Es war unbedingt erforderlich, daß Denis in Nürnberg nun persönlich anwesend war. Da sich nunmehr der eingeräumte Urlaub von zwei Monaten dem Ende zuneigte, wurde man in München um eine neuerliche Urlaubsverlängerung vorstellig, die bis zum 1. Oktober bewilligt wurde. Dieses Hin- und Her wiederholte sich noch einige Male, was letztendlich sicher auch der Grund dafür war, daß der ursprünglich vorgesehene Eröffnungstermin der ersten Deutschen Eisenbahn, der auf den 25. August 1835 festgelegt war, nicht eingehalten werden konnte und somit auf den 7. Dezember des gleichen Jahres verlegt werden mußte. Nach dem Abschluß des Baues der Ludwigs-Eisenbahn widmete sich Ingenieur Denis seinem neuen Arbeitsgebiet, dem Bau des Ludwig-Donau-Main-Kanales. Später wirkte er auch beim Bau der Eisenbahn zwischen München und Augsburg, beim Bau der Taunusbahn und der Pfälzischen Eisenbahnen sowie der Bayerischen Ostbahn mit.

Die Grunderwerbungen

Zeigte sich die Eisenbahngesellschaft in ihrem Gründungsaufruf vom 14. Mai 1833 in der Frage des Grunderwerbes noch recht optimistisch, stellte sich jedoch bald heraus, daß dieser Punkt zu den größten Schwierigkeiten gehörte, die zu überwinden waren. Da es zu der damaligen Zeit kein entsprechendes staatliches Enteignungsgesetz gab, hing das ganze Vorhaben des Grunderwerbes jeweils von dem guten Willen der Grundbesitzer ab. Es zeigte sich, daß einige Besitzer, deren Felder man zum Bahnbau unbedingt benötigte, nicht bereit waren, ihren Grund abzugeben. Daher erwog man unter anderem auch eine andere Linienführung der Bahn. Man dachte hierbei daran, die Strecke vom Rochus-Friedhof über das Leyer-Wäldchen nach Fürth zu führen. Doch eine Besichtigung ergab, daß diese Linie nicht dem beabsichtigten Zwecke entsprach und verblieb bei der ursprünglichen Planung. Da man mit dem Inkrafttreten eines entsprechenden Enteignungsgesetzes während der Zeit des Bahnbaues nicht rechnen konnte, wandte sich Platner mit Schreiben vom 15. März 1834 an das Innenministerium. Er bat darum, daß man von höchster Stelle, dem Königlichen Landgericht Nürnberg, die Weisung erteilen möge, «alle ihr gesetzlich zu Gebote stehenden Mittel anzuwenden, die freiwillige Abtretung der betreffenden Grundstücke als den Wunsch und Willen der Königlichen Staatsregierung» zu fördern, und wenn es notwendig sein sollte, selbst zu leiten. Bereits drei Tage später, am 18. März, wurde der Nürnberger Landgerichtsvorstand Freiherr von Kress angewiesen, den Erwerb der benötigten Grundstücke auf dem Wege eines gütlichen Übereinkommens vorzunehmen und mit besonderem Eifer zu unterstützen. Hierbei sollten sämtliche zur Verfügung stehenden gesetzlichen Bestimmungen angewandt werden, um in kürzester Zeit die benötigten Grundstücke gegen eine angemessene Entschädigung zu bekommen. Trotz dieses Entscheides der Königlichen Regierung blieb man nach wie vor vom guten Willen der Grundstücksbesitzer abhängig.

Bevor man jedoch die ersten Verhandlungen mit den jeweiligen Grundstückseigentümern führte, entschloß sich das Direktorium, die erforderlichen Parzellen zu vermessen und gerichtlich schätzen zu lassen. Die in Frage kommenden Grundstücke wurden in drei Klassen eingeteilt. Für die in Klasse 1 eingeteilten Grundstücke wurde ein Schätzpreis von 100 Gulden pro Bayerisches Tagwerk, für die Klasse 2 200 Gulden und für die 3. Klasse 300 Gulden festgesetzt.

Am 2. April des Jahres 1834 wurden die 19 Grundstückseigentümer der Gemarkung Gostenhof zu einer ersten Besprechung im Arnold'schen Wirtshaus zu Gostenhof zusammengerufen. Durch sanften Druck wurden alle Grundstückseigentümer bis auf die Witwe Sperr soweit gebracht, daß folgende Bedingungen für die Verkaufsabschlüsse festgelegt werden konnten:

1. Die Ludwigs-Eisenbahngesellschaft erwirbt nicht nur die zur Bahn nötigen Grundstücke, sondern auch den Rest bis zur Chaussee.
2. Die Ludwigs-Eisenbahngesellschaft übernimmt alle auf den Grundstücken haftende Lasten und holt auf ihre Kosten die grundherrlichen Zustimmungen ein.
3. Die Ludwigs-Eisenbahngesellschaft errichtet neben der Bahn, auf der von der Chaussee abgewandten Seite einen Feldweg, um die Bestellung der Felder zu ermöglichen.

Auch der Fürther Bürgermeister von Bäumen führte am 4. April im Brandenburger Hause in Fürth eine entsprechende Versammlung durch und stellte fest, daß man auch hier generell zu Vertragsabschlüssen kommen konnte, wenn man einen höheren als den taxierten Preis bezahlte. Insgesamt war ersichtlich, daß die Mehrzahl der Grundstückseigentümer einem Verkauf ihrer Liegenschaften an die Ludwigs-Eisenbahn grundsätzlich zustimmte. In Nürnberg jedoch bedingte die Witwe Barbara Sperr, daß sie nur dann die von der Bahn benötigte Grundstücksfläche abtreten werde, wenn man auch ihr Wirts- und Wohnhaus mit übernehme. Das Feld allein könne sie um keinen Preis verkaufen, da ihre Wirtschaft durch die Anlage der Eisenbahn schwer beeinträchtigt werde. Die Schätzer taxierten das Besitztum von Frau Sperr auf etwa 6000 bis 7000 Gulden, sie jedoch forderte mindestens 17.000 Gulden. Am 28. Juli wurde mit 86 Grundstücksbesitzern ein vorläufiger provisorischer Kaufvertrag geschlossen. Die am 2. April genannten Bedingungen wurden zugestanden und in einem Punkt erweitert, daß man es den Grundbesitzern freistellte, ob sie ihre gan-

8 Lage des Nürnberger Bahnhofes um 1850, Maßstab 1:2500.
Stadtarchiv Nürnberg, Plan Nr. 856.

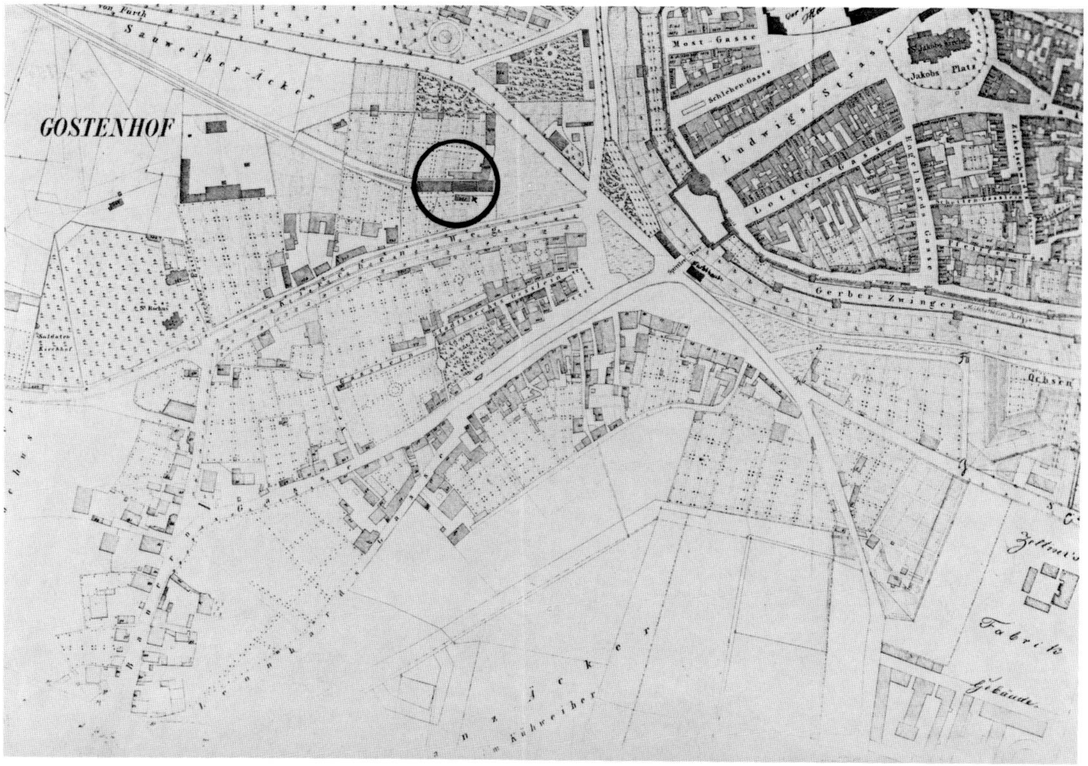

9 Wo sich früher in Nürnberg der Bahnhof der ersten Deutschen Eisenbahn befand, ist heute am sogenannten Plärrer ein bedeutender Verkehrsknotenpunkt. Maßstab 1:5000.
Stadtarchiv Nürnberg, Plan Nr. 1764/IX.

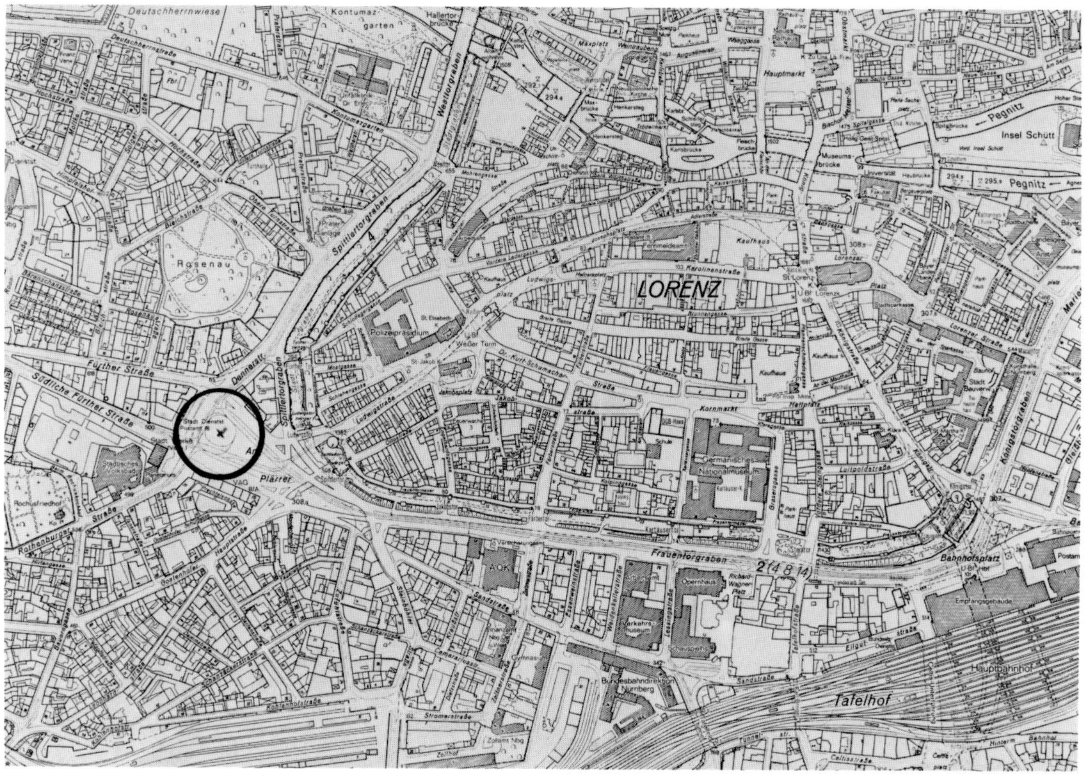

zen Äcker oder nur Teile daraus an die Eisenbahngesellschaft verkaufen wollten. Außerdem kam man überein, daß die Felder noch mit der Sommersaat bestellt werden könnten. Um die vorerst provisorischen Kaufverträge zwischen Direktorium und den einzelnen Verkäufern rechtswirksam werden zu lassen, war eine gerichtliche Verlautbarung erforderlich. Diese Aufgabe wurde dem Landrichter Wellmer aus Fürth übertragen, der als rechtskundiges Mitglied des Direktoriums die entsprechenden Schritte unternehmen sollte. Doch vergingen mehr als drei Monate, ohne daß etwas in dieser Richtung geschah. Um die Dinge voranzubringen, wurde mit Entscheid vom 27. Oktober 1834 dem Landrichter Wellmer der Rechtspraktikant Köppel beigegeben. Köppel begann umgehend mit dieser schwierigen und aufwendigen Arbeit. Zunächst war es notwendig, den Lehens- bzw. Grundverband festzustellen, in welchem die einzelnen Grundstücke zum Staat oder zu einer adeligen Herrschaft standen. Durch Einsicht in die entsprechenden Steuerkataster und Hypothekenbücher gelang es, sich mühsam einen Überblick zu verschaffen. Insgesamt waren sechs Herrschaften für die knapp 100 Besitzer, von denen die Länderein erworben werden sollten, zuständig. Im einzelnen handelte es sich um die Rentämter von Nürnberg und Fürth, die Kirchenstiftung von St. Michael, die durch die Stadtverwaltung von Fürth als Verwaltungsbehörde vertreten wurde, die Freiherrlich von Leonrod'sche, die Adelig von Petz'sche und die Freiherrlich von Tucher'sche Herrschaft. Da die Grundstükke für die vorgenannten Rentämter bzw. Grundherrschaften mit verschiedenen Rechten belastet waren, war zum Verkauf der Grundstücke die jeweilige Zustimmung der einzelnen Begünstigten erforderlich. Diese Zustimmungen wurden von den Rentämtern kurzfristig erteilt. Die entsprechenden Zustimmungen der Privatgrundherrschaften zogen sich jedoch bis in den Dezember hin. Der Grund hierfür lag darin, daß die für diese Grundherrschaften eingetragenen Rechte noch in Form von Naturalien vorgemerkt waren, die nunmehr in entsprechende finanzielle Dimensionen übertragen werden mußten.

Nachdem nunmehr die provisorischen Kaufverträge abgeschlossen waren, die grundherrlichen Zustimmungen und Anmeldezertifikate der Rentämter vorlagen, konnte man endlich zur Verlautbarung der Kaufverträge kommen. Diese Maß-

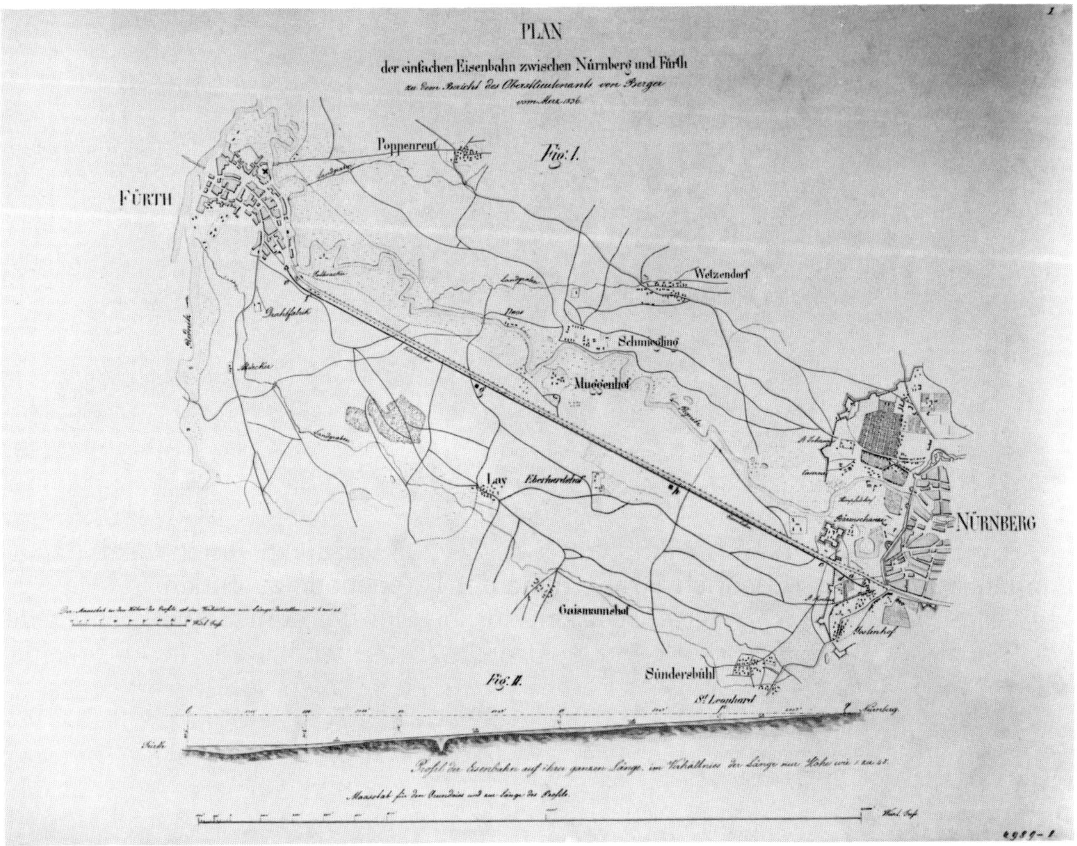

10 Lageplan der Ludwigs-Eisenbahn nach dem Bericht des Württembergischen Oberstleutenants von Berger vom Mai 1836.
Archiv Deutsches Museum München.

nahme wurde bei drei verschiedenen Gerichten vorgenommen. Für die innerhalb des Stadtgebietes von Nürnberg liegenden Grundstücke war das Kreis- und Stadtgericht Nürnberg zuständig, für das Stadtgebiet von Fürth das dortige Kreis- und Stadtgericht, während für die dazwischen liegenden Gebiete das Königliche Landgericht zu Nürnberg verantwortlich war.

Platner richtete die entsprechenden Gesuche zur Verlautbarung am 24. Dezember 1834 an die obengenannten Gerichte. Die Verlautbarungen selbst fanden im Laufe des Januar 1835 statt. Durch die Bezahlung der einzelnen Kaufpreise und die gerichtliche Verlautbarung erhielten die bisher provisorischen Verträge ihre Wirksamkeit. Anschließend war es notwendig, die sogenannten Handlöhne festzulegen und zu begleichen. Unter Handlöhnen verstand man eine Gebühr, die bei Besitzwechsel durch Kauf oder Tod vom Inhaber eines Pachtgutes, eines Zinsgutes oder einer Erbleihe und Ähnlichem an den Herren zu zahlen war, und zwar für sein Einverständnis mit dem Besitzerwechsel. Diese Handlöhne berechneten sich im Normalfall nach der Höhe des gezahlten Kaufpreises. Da jedoch im Fall der Grunderwerbungen für den Eisenbahnbau die Grundstückspreise etwa beim doppelten der Schätzpreise lagen, wäre eine Handlohnzahlung sehr hoch ausgefallen. Aus diesem Grunde wünschte das Direktorium der Ludwigs-Eisenbahn hierfür eine Sonderregelung. Man kam überein, die Festlegung der Handlöhne nicht nach dem Kaufpreis, sondern nach der Schätzung vorzunehmen.

Im Laufe des Monats März des Jahres 1835 befanden sich nahezu sämtliche Grundstücke im Besitz der Ludwigs-Eisenbahn-Gesellschaft. Während des Bahnbaues stellte es sich jedoch als wünschenswert heraus, noch einige Grundflächen vor den Toren Nürnbergs zu erwerben. Teile des Gebhard'schen und Böhrer'schen Gartens wurden benötigt, um die Bahnlinie in gerader Richtung ausführen zu können und um die Gewinnung der für den Bau notwendigen Steine sicherzustellen. Größere Schwierigkeiten hatte die Gesellschaft beim Erwerb des Jegel'schen Gartens und desjenigen von Graf Bückler. Des weiteren sollte ein Teil des Plärrers erworben werden, um die Bahn bis an die Straße vor dem Spittler Tor heranführen zu können. Nach langen und zähen Verhandlungen wurden die benötigten Grundstücke aus den genannten Gärten zu einem Preis von 10500 Gulden angekauft. Da jedoch der Magistrat der Stadt Nürnberg in Verbindung mit dem Erwerb eines Teiles des Plärrers unannehmbare Bedingungen verband, wurde der Plan, die Eisenbahn vom Spittler Tor an beginnen zu lassen, aufgegeben.

Wie sehr dem Bayerischen Königlichen Staatsingenieur Denis die gerade Streckenführung der Bahnlinie am Herzen lag, belegte die nachfolgende Tatsache. In der Mitte der Chaussee zwischen Nürnberg und Fürth befand sich ein Rondell, das einen Knick in der Straßenführung kennzeichnete. Da die geplante Eisenbahnlinie hier sehr nahe an der Straße vorbeiführen sollte, hätte sie das Rondell in einer Kurve umgehen müssen. Um dies zu vermeiden, wandten sich Platner und Denis wegen der Beseitigung des Rondells an die Kreisregierung zu Ansbach, die ihre Zustimmung umgehend erteilte. Nach all diesen Maßnahmen befanden sich nunmehr sämtliche Grundstükke bis auf das der Witwe Sperr im Besitz der Eisenbahngesellschaft. Erst im September 1835, als bereits ein großer Teil der Bahn fertiggestellt war, gelang es, mit Frau Sperr einen Kaufvertrag abzuschließen. Man sah sich genötigt, für einen 3/4 Morgen 1000 Gulden zu bezahlen.

Ein ähnlicher Fall lag auch in Fürth vor. Ein dort ansässiger Mühlenbesitzer weigerte sich nachdrücklich, sein Grundstück für den ihm gebotenen Preis zu verkaufen. Auch hier gelang es erst im September 1835, das benötigte Grundstück zu erwerben. Man bezahlte für einen 1/2 Morgen schlechten Landes 1000 Gulden. Damit waren die Grunderwerbungen für den Bahnbau abgeschlossen. Nur durch den Einsatz und die Tatkraft aller Mitglieder des Direktoriums war es gelungen, dieses Vorhaben zu verwirklichen. Außerdem bestätigte es sich, daß bei künftigen Bahnbauten die Existenz eines Enteignungsgesetzes unbedingt notwendig war. Dieses Gesetz wurde dann im Jahre 1837 erlassen.

Streckenführung, Grund- und Unterbau

Nach den ursprünglichen Planungen sollte die Eisenbahnstrecke zwischen Nürnberg und Fürth 20730 Fuß lang sein. Ihren Anfang sollte sie auf dem Plärrer der Vorstadt Gostenhof nehmen, dann durch zwei vor den Mauern der Stadt gelegenen Gärten führen und entlang der Straße Nürnberg–Fürth in einem Abstand von 50 – 80 Fuß verlaufen, um in Fürth bei der Friedrich-Straße nahe der Promenade zu enden.

Diese Streckenführung rief bei dem Baureferenten der Kreisregierung in Ansbach Bedenken hervor, die er um eventuellen späteren Beschwerden vorzubeugen, in einer Schrift niederlegte. Er schrieb hier unter anderem, «wenn man von Staats wegen weder flatternde Wäsche noch Kegelbahnen neben den Chausseen dulde, um wieviel mehr müsse sich dann erst der schreckliche Einfluß, den ein in furchtbarer Schnelle

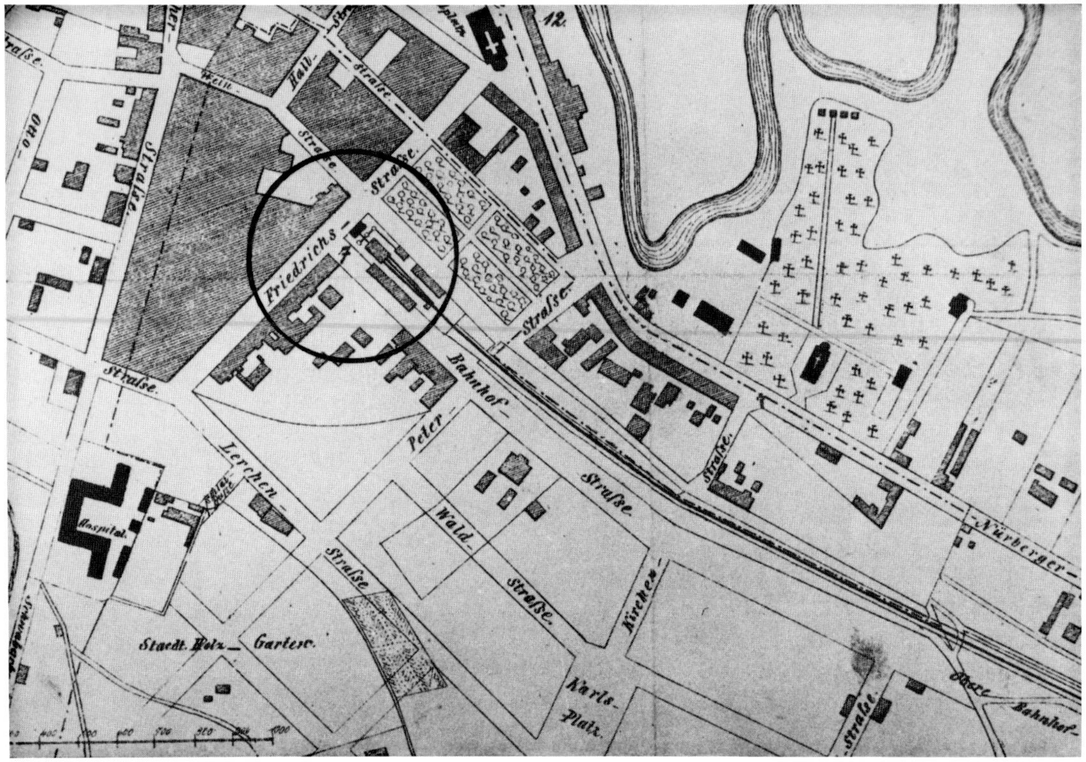

11 Der Fürther Bahnhof der Ludwigs-Eisenbahn um 1850. Sammlung Stadtmuseum Fürth.

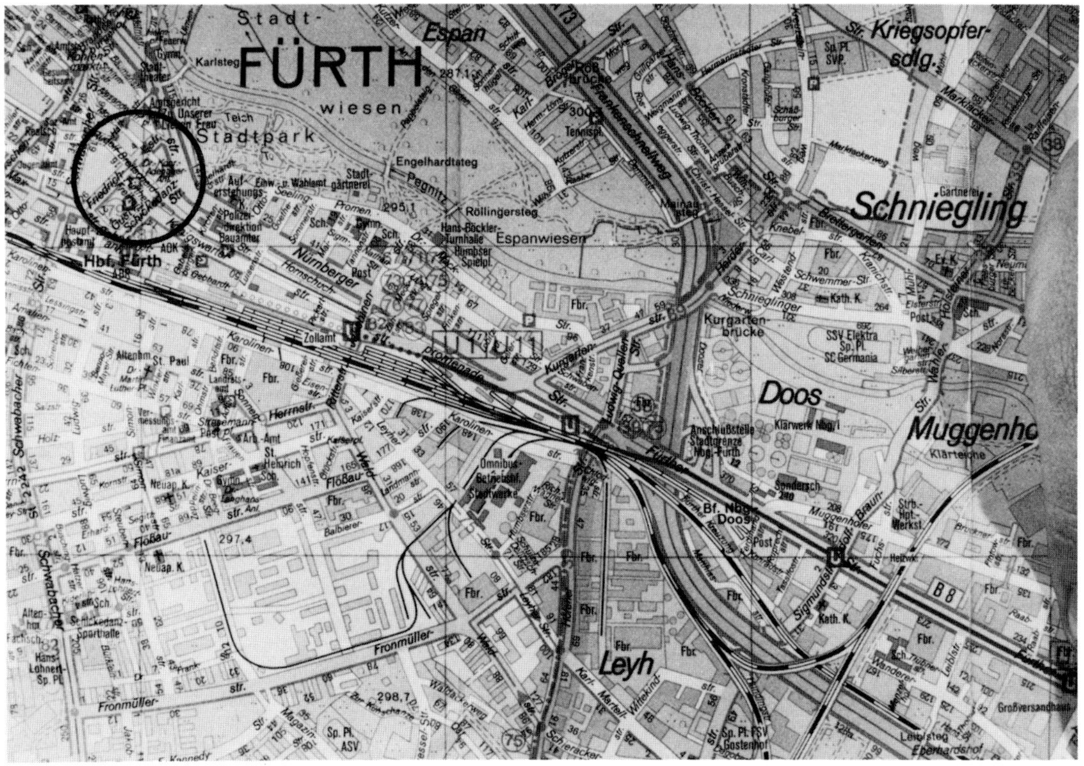

12 An der Friedrichstraße in Fürth weist heute nichts mehr auf den ehemaligen Bahnhof der Ludwigs-Eisenbahn hin. Deutlich ist die Lage im Verhältnis zu der heute bestehenden Eisenbahnstrecke zu erkennen.
Sammlung Stadtmuseum Fürth

vorbeirollender Dampfwagen auf die Sinne der Zugtiere ausüben muß, verhängnisvoll auswirken». Doch dieses Memorandum hatte auf die Linienführung der Bahnstrecke keinerlei Einfluß.

Obwohl noch nicht sämtliche Grundstücke erworben waren, begann man mit dem eigentlichen Bahnbau bereits im Frühjahr 1835. Zu den ersten Arbeiten gehörte die Erstellung des Bahnkörpers. Bis auf einige geringfügige Abweichungen verlief die Bahnstrecke auf nahezu vollkommen ebenem Niveau. Die Bahnlinie wurde so konzipiert, daß der Bahnkörper nirgends in das Gelände einschnitt und an allen Stellen über seiner Umgebung lag. Die durchschnittliche Dammhöhe betrug 4 Fuß, die maximale Höhe in der Nähe von Nürnberg 10 bis 12 Fuß. Der Damm war insgesamt so breit angelegt, daß er neben der Spurbreite der Schienen von 6 Fuß auf jeder Seite noch ein Bankett von 4½ Fuß aufwies. Insgesamt war die Dammkrone somit 15 Fuß breit. Der Königliche Bezirksingenieur Denis legte besonderen Wert auf die sorgfältige Ausführung des Dammes. Die Erde für den Dammbau wurde in fünf Schichten zu je 5 Zoll aufgetragen und jede Schicht sorgfältig festgestampft. Diese Maßnahme sollte ein späteres Absinken des Bahndammes verhindern. Die oberste Schicht des Bahndammes bestand aus Wasserkalk, der die Aufgabe hatte, das Eindringen von Wasser in die Fundamente zu verhindern. Nach dem man den Damm auf diese Weise gefestigt hatte, wurde er außerdem noch mit einer Walze vom Gewicht der später auf ihm zu transportierenden Lasten gefestigt. Nach diesen Arbeiten wurden die 0,8 Fuß im Quadrat messenden Löcher ausgehoben, in die später die Steinwürfel gesetzt wurden, auf denen die Schienen zu liegen kamen. Da vorgesehen war, die Bahn sowohl mit Pferden als auch mit dem Dampfwagen zu betreiben, wurde der Raum zwischen den Schienen mit Bruchsteinen ausgelegt, über die eine Kiesschicht aufgeschüttet wurde.

In unmittelbarer Nähe der Bahnstrecke befand sich ein Sandsteinbruch, aus dem die Steinwürfel «in vorzüglicher Qualität und zu sehr billigem Preis» in eigener Regie gewonnen wurden. Im Verhältnis zu den Steinquadern wurden nur wenige Holzschwellen verwendet, und zwar nur dort, wo der Bahndamm hoch aufgeschüttet war. Bei diesem Bahnbau kamen dem Ingenieur Denis seine Erfahrungen, die er als Wasser- und Straßenbauingenieur gesammelt hatte, sehr zugute. Als Ingenieur Denis während dieser Bauarbeiten von seiner vorgesetzten Stelle nach München zurückberufen wurde, ließ er eigens aus der Rheingegend einen Techniker, den Werkmeister Anger, kommen, damit die Bauausführung während seiner Abwesenheit in seinem Sinne gewährleistet war. Im Rahmen des Dammbaues für die Bahnstrecke waren insgesamt 750.000 Kubikfuß Erde bewegt worden. Der gesamte Bahnunterbau wurde in Eigenregie durchgeführt. Bei Beginn der Bauarbeiten wurde ein fester Tageslohn den Arbeitern bezahlt, später jedoch die gesamte Strecke in einzelne Abschnitte aufgeteilt, wobei die Tagelöhner im Akkord arbeiteten. Je nach Leistung betrug der Verdienst eines Arbeiters pro Tag 20 – 36 Kreuzer, die Fuhrleute erhielten einen Tageslohn von 2 – 4 Gulden. Am besten bezahlt war die Arbeit der Steinbrecher, die täglich oft mehrere Gulden verdienten. Auch sie arbeiteten im Akkord. Durch die Vergabe der Arbeiten im Akkord gelang es, gegenüber dem Kostenvoranschlag merkliche finanzielle Einsparungen zu erzielen. Die benötigten Arbeiter und Fuhrleute waren je nach Arbeitsanfall beschäftigt. So arbeiteten manche nur halbtags, andere nur wenige Tage in der Woche. Die Zahl der beim Bahnbau beschäftigten Arbeiter schwankte stark. Wurden nur Erd- und Kleinarbeiten durchgeführt, fanden nur wenige Leute hier ihren Verdienst. Die höchsten Beschäftigungszahlen ließen sich während der Zeit der Schienenverlegung feststellen. So arbeiteten in der dritten Augustwoche des Jahres 1835 79 Tagelöhner, 10 Akkordarbeiter und 2 Steinbrecher am Bahnbau. In der Woche zwischen Ende August und Anfang September waren es gar 93 Tagelöhner, sieben Akkordarbeiter, vier Pflasterer und zwei Steinbohrer. Mitte September stieg die Zahl der beim Bahnbau beschäftigten nochmals geringfügig an.

Beschaffung der Schienen und sonstigen Eisenwaren – Bau der Bahngebäude

Die Beschaffung und Lieferung der Eisenbahnschienen und der dazugehörigen Teile stellte für den Erbauer der Bahn, Ingenieur Paul Denis, ein weiteres, nicht unerhebliches Problem dar. Von Haus war man sich klar, hierfür nur das beste Material zu verwenden. Auch war man bald zu der Ansicht gelangt, keine gußeisernen Schienen, sonden solche von gewalztem Schmiedeeisen zu verwenden. Diese gewalzten Schienen boten gegenüber den gußeisernen einige Vorteile. Zum einen brachen sie nicht so leicht, und zum anderen konnten sie in einer Länge von 15 Fuß statt von 4 Fuß hergestellt werden. Der Plan, gußeiserne Schienen in den Bayerischen Eisenwerken, Bodenwöhr oder Weiherhammer anzufertigen, wurde aus den obengenannten Gründen fallengelassen.

Grundsätzlich vertrat das Direktorium der Ludwigs-Eisenbahn die Meinung, die benötigten Eisenteile wenn möglich aus Bayern selbst oder aus Deutschland zu beziehen. Eine Vielzahl von Eisenwerken erboten sich, diesen Auftrag zu übernehmen. Entsprechende Angebote wurden von folgenden Werken unterbreitet: Das Rhein-Preußische Blechwalzwerk zu Dillingen bei Saarlouis, die Bayerischen Eisenwalzwerke zu Fichtelberg bei Waldsassen, die Eisenwerke zu Hellhammer bei Aschaffenburg, die Werke zu Traidendorf nahe Regensburg, die Wolfsberger Eisenwerksgesellschaft in Kärnten, das von Burgk'sche Eisenhüttenwerk bei Plauen, das Herzogliche Leuchtenberg'sche Eisenhüttenwerk zu Obereichstädt, das Eisenhüttenwerk Eisenberg bei Grünstadt im Bayerischen Rheinkreis, die Eisenwerke Krämer zu Quint bei St. Ingbert, die Eisenwerke der Gebrüder Stumm zu Neunkirchen sowie von Remy in Neuwied am Rhein. Scharrer hielt es jedoch für das beste, bevor ein Vertrag mit einem der genannten Eisenwerke abgeschlossen würde, sich aus England entsprechende Muster und Proben senden zu lassen. Aus diesem Grund wurden im März 1833 entsprechende Schreiben an das bereits erwähnte befreundete Handelshaus Suse und Libeth in London geschickt, um die benötigten Schienen und dazugehörigen Teile bei Stephenson zu bestellen. Die Lieferung der gewünschten Stücke verzögerte sich jedoch, da zum einen von den Engländern für diese Einzelstücke höhere Preise gefordert wurden als bei einer größeren Lieferung, und zum anderen vom Königlich Bayerischen Hauptzollamt die erwünschte zollfreie Einfuhr nicht erreicht werden konnte. Da aber die Zeit drängte, entschloß sich das Direktorium, die bestellten Proben sofort aus England schicken zu lassen. Nachdem die Modelle von dort eingetroffen waren, wurden diese den Eisenwerken, die an diesem Auftrag interessiert waren, als Muster übergeben. Wie sich jedoch bald herausstellte, war die Mehrzahl der Unternehmer, unter anderem auch die Königlichen Hüttenwerke, nicht in der Lage, die gewünschten Schienen zu fertigen.

Aus diesem Grund entschloß sich das Eisenbahndirektorium, eine öffentliche Ausschreibung im Deutschen Zollvereinsgebiet vorzunehmen. Die Ausschreibung erfolgte in überregionalen Zeitungen, wie «Dem Korrespondenten von und für Deutschland», der «Allgemeinen Zeitung» und in den meistgelesenen Zeitungen Rhein-Preußens. Die Ausschreibung umfaßte 3000 Zentner nach Bayerischem Gewicht gewalzte Eisenschienen, 1200 Zentner gußeiserne Träger, 130 Zentner Nägel und Schließen von Schmiedeeisen. Diese Stücke waren nach den englischen Mustern zu fertigen.

An dieser Stelle erscheint es angebracht, auf die unterschiedlichen Fachausdrücke, die im Zusammenhang mit dem Gleisbau der Nürnberg-Fürther-Eisenbahn in den diversen Veröffentlichungen verwendet werden, hinzuweisen. So werden die auf den einzelnen Steinquadern angebrachten Halterungen für die Schienen Chairs, Stühle, Träger, Scheren oder Sättel genannt. Die als Befestigungssteine verwendeten Würfel heißen Tragsteine, Pfeiler oder Dés.

Die Ausschreibung stieß auf großes Interesse, und so legten zahlreiche Unternehmer aus ganz Deutschland ihre Angebote vor. Allerdings bezogen sich die meisten auf die gußeisernen Träger oder Nägel und Schließen. Die Herstellung der Schienen bereitete jedoch den meisten Unternehmen unlösbare Schwierigkeiten. Einige Eisenwerke, wie das zu Traiendorf, erklärte sich zur Lieferung zwar bereit, doch teilte es mit, daß nur kürzere Schienenstücke angefertigt werden könnten. Die Gute-Hoffnungshütte erklärte, sie könne in der gesetzten kurzen Lieferzeit nur gußeiserne Schienenstücke liefern. Andere Unternehmen teilten mit, sie müßten, um die gewünschten Schienen liefern zu können, erst Walzversuche unternehmen.

Ingenieur Denis drängte nunmehr das Direktorium zu einem baldigen Vertragsabschluß mit einem der Eisenwerke, betonte jedoch gleichzeitig, daß er bei der Herstellung jede Abweichung von den vorliegenden Mustern strikt ablehnen müsse.

Aufgrund dieser Situation erwog das Direktorium, die Schienen aus England zu beziehen. Diesem Entschluß stand jedoch der enorm hohe Einfuhrzoll entgegen. Das Direktorium richtete mehrere Anträge an das Bayerische Hauptzollamt mit der Bitte, eine zollfreie Einführung der benötigten Waren zu genehmigen. Das Zollamt lehnte diesen Antrag mit folgender sonderbaren Begründung ab: «Es ist nicht hinlänglich nachgewiesen, ob die Modelle von eisernen Schienen, Trägern, Krampen und Nägeln usw. nicht aus Gegenden der Vereinsstaaten, wo schon Eisenbahnen bestehen, in gleicher Güte zu beziehen gewesen wären.»

Dieser Begründung widersprach Scharrer energisch und verwies dabei, daß im gesamten Vereinsgebiet noch keine Eisenbahn existiere. Letztendlich einigte man sich, einen Tarif, der normalerweise für unverarbeitetes Eisen galt, als Berechnungsgrundlage heranzuziehen. Auch hier war pro Zentner mit 1 Gulden 40 Kreuzer Zoll zu rechnen. Bei der benötigten Menge von 3000 Zentner Eisenschienen wären auch hier mehrere tausend Gulden an Zoll zu entrichten. Hinzu kam noch der Zoll in Holland und Abgaben für die auf dem Rhein tätigen Schiffergesellschaften. Diese Kosten würden nochmals etwa

3100 Gulden betragen. Stephenson machte für sämtliche benötigten Eisenwahren frei Rotterdam einen Kostenvoranschlag in Höhe von etwa 13.000 Gulden. Bei all diesen Kosten waren jedoch die des Transportes noch nicht berücksichtigt. Rechnete man alles zusammen, ergab sich eine Summe, die das Direktorium aufzubringen nicht bereit war.

Man sah sich also gezwungen, die Schienen innerhalb Deutschlands herstellen zu lassen, wobei man der Meinung war, daß einige Rheinische Eisenwerke hierzu in der Lage wären. Da die Zeit drängte, hielt man es für das beste, diese Unternehmen persönlich zu besuchen, um den langwierigen und zeitaufwendigen Korrespondenzweg auszuschalten. Scharrer machte deshalb den Vorschlag, Platner und Mainberger sollten die Rheinischen Eisenwerke aufsuchen, um die Lieferungsverträge der Schienen an Ort und Stelle abzuschließen. Das Direktorium beschloß in der Sitzung vom 18. April 1835, Platner und Mainberger zu den Eisenwerken am Rhein zu entsenden. Gleichzeitig wurden die in Frage kommenden Unternehmen von dem persönlichen Erscheinen der beiden Herren aus Nürnberg unterrichtet.

Im einzelnen handelte es sich hierbei um die Eisenwerke der Gebrüder Stumm in Neuenkirchen nahe Saarbrücken, um das Werk von T. H. Krämer zu St. Ingbert, um die Firma Gebrüder Krämer in Quinn und um die Firma Remy & Co. in Neuwied bei Köln. Man bat die Firmen, ihre Lieferbedingungen bis spätestens zum 23. April nach Frankfurt am Main zu senden, wo die Herren Platner und Mainberger die Angebote entgegennahmen. Verbunden mit den Anschreiben an diese Firmen waren nochmals die Bedingungen, die Ingenieur Denis in diesem Zusammenhang stellte:

1. Die Schienen müssen genau nach den Zeichnungen angefertigt werden.
2. Der laufende Fuß muß 7½ Pfund wiegen und jede Schiene 15 Fuß lang sein.
3. Jede Schiene muß an beiden Enden entweder im rechten oder in einem Winkel von 45 Grad abgeschnitten werden, der Schnitt muß rein und exakt sein.
4. Die Schienen müssen gerade gerichtet werden.
5. Die Flächen müssen rein und ohne Schiefer sein, unganzes Eisen wird nicht angenommen, auch muß das Eisen nach Verhältnis der eingesandten Muster durchgefeischt sein.
6. Die letzten Schienen müssen bis 15. August geliefert werden.

Am 23. April trafen die beiden Abgeordneten der Ludwigs-Eisenbahn-Gesellschaft in Frankfurt am Main ein. Von den Firmen Stumm und Krämer lagen negative Antworten vor, allein das Unternehmen Remy bat die Herren um einen Besuch in Neuwied bei Köln. So reisten Platner und Mainberger am 25. April in Frankfurt ab und trafen 2 Tage später in Neuwied ein.

Sie begaben sich umgehend zur Firma Remy, mit der sie den Liefervertrag entsprechend den Bestimmungen des Ingenieurs Denis abschlossen. Der Preis für die Schienen betrug 8⅛ Gulden pro Zentner frei bis an die Schiffslände in Neuwied. Die Transportkosten per Schiff bis Kitzingen und weiter bis nach Nürnberg auf der Achse übernahm die Eisenbahngesellschaft. Nach den Berechnungen Platners würde der Bayerische Zentner Schienen auf 11 Gulden 15 Kreuzer kommen. Hinsichtlich der Lieferung vereinbarte man, daß etwa 600–800 Zentner Schienen bis Ende Juni zum Versand fertig sein müßten. Das schräge Abschneiden der Schienen, das von Ingenieur Denis bedungen wurde, bereitete beim Vertragsabschluß Probleme. Remy erklärte, daß sein Werk auf das schräge Abschneiden der Schienen nicht eingerichtet wäre. Nach erfolgter Vertragsunterzeichnung schrieb Platner seinem Freund Scharrer: «Darf ich dem inneren Gefühl trauen, das mich sonst in meinen merkantilischen Unternehmungen leitet und meistens glücklich geführt hat, so haben wir ein sehr gutes Geschäft gemacht.» In einem weiteren Schreiben betonte Platner, daß es sich bei Remy um einen «aechten deutschen Biedermann» handele und sie überzeugt wären, daß er sich mit aller Kraft der Aufgaben widmen und rechtzeitig liefern werde.

Von Neuwied aus reisten die beiden Nürnberger am 28. April nach Köln ab, um sich dort mit dem bayerischen Konsul Bartls, einem Freund Platners, zu treffen. Dieser wies die beiden auf den belgischen Maschinenbauer Cockerill hin. Da die Beschaffung der Wagen und der Dampflokomotive für die Nürnberg-Fürther-Eisenbahn noch ausstand, entschlossen sie sich, Cockerill in Lüttich zu besuchen; sie trafen dort am 30. April ein. Sie erfuhren jedoch, daß Cockerill erkrankt sei und seine Mitarbeiter könnten nur wenige Angaben über den Bau von Dampfwagen machen. Dies war nicht verwunderlich, da Cockerill bis dato selbst keine Dampflokomotive gebaut hatte. Bereits in Köln als auch in Lüttich hatten sie erfahren, daß der englische Lokomotivkonstrukteur Stephenson derzeit in Brüssel weile. Sie entschlossen sich aus diesem Grund umgehend nach Brüssel weiterzureisen, wo sie am 1. Mai eintrafen. Im Gasthof von Flandern nahmen sie Quartier und erfuhren, daß auch Stephenson mit mehreren Ingenieuren hier wohne. Der Grund seiner Anwesenheit war die am 5. Mai 1835 stattfindende Eröffnung der Eisenbahn zwischen Brüssel und Antwerpen. Zur Eröffnungsfeier erschien Stephenson deshalb, weil er für diese Bahn einen Dampfwagen geliefert hatte. Das Zusammentreffen mit Stephenson wurde für intensive Besprechungen genützt. Eine Vielzahl von Problemen und Fragen wurden besprochen.

An der Bahneröffnung nahmen Platner und Mainberger ebenfalls teil. Die Karten zur Teilnahme an der ersten Fahrt nach Mechelen wurden ihnen großzügigerweise von dem Erbauer der Bahn, Ingenieur Simons, übersandt. Obwohl Platner infolge eines Zahngeschwüres und rheumatischer Fußschmerzen drei Tage lang das Bett hüten mußte, ließ er sich dieses Erlebnis nicht entgehen. Bei dem anschließenden Festmahl, zu dem sie vom belgischen Staatsminister des Inneren geladen waren, mußte jedoch Platner seine Teilnahme absagen.

Nachdem die beiden Nürnberger Platner und Mainberger Anfang Mai wieder in ihre Heimatstadt zurückgekehrt waren, erstatteten sie sowohl über den mit Remy geschlossenen Vertrag, als auch über das Zusammentreffen mit Stephenson ausführlich Bericht. Das Direktorium genehmigte den mit Remy geschlossenen Vertrag, auch erklärte es sich einverstanden, die Schienen entgegen dem Wunsch von Denis gerade abschneiden zu lassen. Am 29. Mai 1835 trafen 280 Stäbe gewalzten Schieneneisens in Nürnberg ein, doch gelang es dem Ingenieur Denis erst Mitte Juli, den genauen Bedarf an Schienen zu errechnen. Insgesamt wurden 2847 Stück benötigt, die dann Ende Juli ankamen. Leider mußte man feststellen, daß ein Teil der gelieferten Schienen verbogen war. In der «Reparatur- und Herstellungswerkstätte für mechanische Betriebe» von Johann Wilhelm Späth, am Dutzendteich zu Nürnberg, wurden diese beschädigten Schienen wieder gerade gerichtet. Wie es schien war Remy die Schienenherstellung nicht so genau gelungen, wie dies Denis forderte. Allerdings war anzunehmen, daß ein Teil erst auf dem Transportweg beschädigt wurde. Ingenieur Denis ließ die gesamten gelieferten Schienen in der Werkstätte von Wilhelm Späth nochmals auf das genaueste überarbeiten.

Gestaltete sich der Vertragsabschluß über die Herstellung der Schienen schwierig, so war eine Übereinkunft mit den übrigen Eisenwerken, die die anderen Eisenteile zu liefern hatten, wesentlich einfacher. Ende März des Jahres 1835 einigte sich das Direktorium mit der Aschaffenburger Firma Gemeiner. Dieses Unternehmen verpflichtete sich, 5900 gußeiserne Chairs zu einem Preis von 6 Gulden pro Zentner bei Einhaltung der vorgeschriebenen Maße zu liefern. Es wurde vereinbart, 1/4 der benötigten Chairs bis Ende Mai, ein weiteres Viertel bis Ende Juni und den Rest bis Ende August anzuliefern. Sollten diese Vereinbarungen nicht eingehalten werden, ist eine Geldstrafe von 20% zu zahlen. Weitere Eisenwaren lieferte das Traidendorfer Eisenwerk des Barons von Stachelhausen. Auch die sogenannte Königliche Eisenniederlage wollte man in die Lieferung der benötigten Eisenwaren mit einbeziehen. Dieses Unternehmen lehnte jedoch eine Belieferung aus Kostengründen ab. Ebenso sah sich das Herzöglich-Leuchtenbergische Berg- und Hüttenamt in Obereichstätt nicht in der Lage, zu den genannten Preisen zu liefern. Wie sich herausstellte, gestaltete sich der Transport all der Eisenwaren oft schwierig und zeitraubend. Die Schienen, die aus Neuwied bei Köln kamen, wurden auf dem Wasserweg rheinauf nach Mainz gebracht, dort von den Mainschiffern übernommen und bis Kitzingen transportiert. Dort wurden sie auf Fuhrwerke zum Weitertransport auf dem Landweg nach Nürnberg umgeladen. Der gesamte Transport wurde von der Firma Leo aus Kitzingen durchgeführt. All die benötigten Eisenwaren gelangten in einer Vielzahl von Lieferungen in Nürnberg ein. So brachte Stachelhausen sein Quantum in insgesamt 35 Lieferungen nach Nürnberg, Gemeiner brauchte 30 Transporte.

Nachdem all diese benötigten Eisenwaren, Schienen, Nägel und Schließen in Nürnberg eingelangt waren, konnte mit der Verlegung der Gleise begonnen werden. Ingenieur Denis ließ von seinem Vorhaben, die Schienen in einem 45 Grad Winkel abzuschneiden, noch nicht ab. Zusammen mit dem Mechanicus Späth aus Nürnberg baute er hierzu eine spezielle Schneidemaschine. Da jedoch diese den Erwartungen nicht entsprach, entschloß sich der Ingenieur Denis, die stumpf abgeschnittenen Schienen beizubehalten.

Endlich konnte mit der Verlegung der Schienen begonnen werden. Diese Maßnahme lief wider Erwarten relativ schnell ab, wenn man bedachte, daß diese Arbeiten mit ungelernten Tagelöhnern und Bauern ausgeführt werden mußten. Pro Tag wurden etwa 60 – 80 Schienstücke verlegt, verkeilt und festgenagelt. Da wie im vorangegangenen Kapitel bereits erwähnt,

13 Der Nürnberger Bahnhof nach dem Bericht des Württembergischen Oberstlieutenants von Berger von 1836.
Archiv Deutsches Museum München.

14 Die Anlage des Fürther Bahnhofes nach den Aufzeichnungen des Oberstlieutenants von Berger aus dem Jahre 1836.
Archiv Deutsches Museum München.

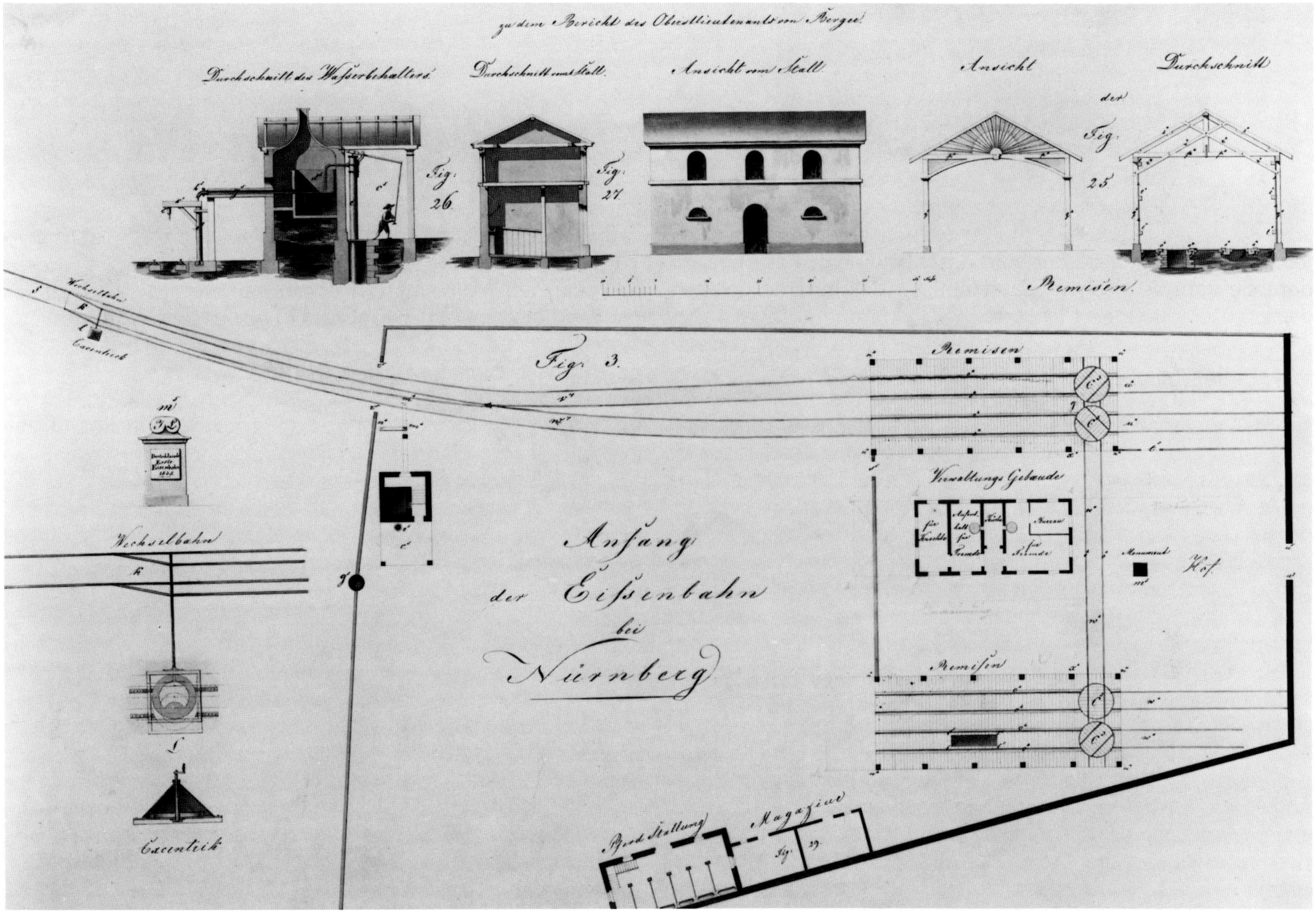
zu dem Bericht des Obestlieutenants von Berger
Durchschnitt des Waßerbehalters
Durchschnitt vom Stall
Ansicht vom Stall
Ansicht
Durchschnitt
der
Fig. 26
Fig. 27
Fig. 25
Remisen
Fig. 3
Remisen
Verwaltungs Gebaude
Wechselbahn
Anfang der Eißenbahn bei Nürnberg
Hof
Remisen
Excentrik
Pferd Stallung
Magazine

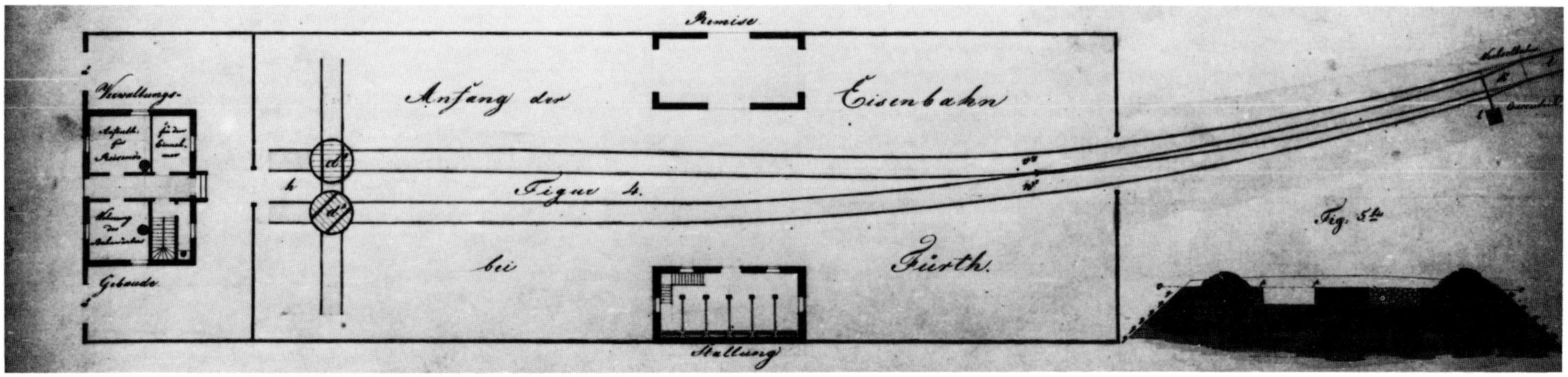
Remise
Verwaltungs-
Gebaude
Anfang der Eisenbahn
Figur 4.
bei Fürth
Stallung
Fig. 5

die letzten Grundstücke erst im September 1835 erworben werden konnten, zog sich die Verlegung der Schienen bis Ende Oktober hin. Nachdem die Gleise verlegt worden waren, wurden auch die vier Drehscheiben in Nürnberg und Fürth eingesetzt. Mit dem Einbau der Drehscheiben war die Bahn dann soweit fertiggestellt, daß sie befahren werden konnte.

Wegen der verzögerten Grunderwerbungen begann auch der Bau der Bahnhofsgebäude nicht rechtzeitig. Zu errichten waren die Bahnhofsgebäude selbst, dann Remisen, Bahnwärterhäuschen, Pferdeställe, Heu- und Haferspeicher. Der Steinbruchbesitzer und Maurermeister Johann Friedrich Jordan aus Zirndorf, der die Bauten in Fürth im Akkord auszuführen hatte, wurde durch die Lieferung der Steinblöcke für den Schienenbau so in Anspruch genommen, daß die Bahnhofsgebäude in Fürth nur langsam vorankamen. Die benötigten Steinblöcke zum Bahnbau wurden außerdem auch von dem Burgfarnbacher Maurermeister Müller geliefert. Erst am 14. August des Jahres 1835 wurde der Dachstuhl auf das Verwaltungsgebäude gesetzt, und nur dem unermüdlichen Drängen des Ingenieurs Denis war es zu verdanken, daß die Gebäude in Fürth bis zur Eröffnung der Bahn soweit fertiggestellt worden waren, daß sie auch benutzt werden konnten. Es war daher nicht verwunderlich, daß sich verschiedene Mängel infolge der kurzfristigen Fertigstellung eingeschlichen hatten. Eine bereits errichtete hölzerne Remise wurde sogar durch einen nächtlichen Sturm umgeworfen. In einen endgültigen Zustand konnten die Bahnhofsgebäude in Fürth erst im Frühjahr bzw. Sommer des Jahres 1836 versetzt werden.

Auch die Erstellung der Nürnberger Gebäude wurde durch den verspäteten Grunderwerb gehemmt. Unter der Anleitung von Ingenieur Denis bauten der Steinhauer Haidner, die Zimmerleute Stauf, Birkmann und Schlenk sowie die Schlosser Wüst, Braunstein und Schwärz die für Nürnberg notwendigen Gebäude. Es handelte sich hierbei um ausschließlich Nürnberger Handwerker. Außer den Stallungen wurden alle weiteren benötigten Baulichkeiten rechtzeitig zur Bahneröffnung noch fertiggestellt. Betrachtete man die einzelnen Gebäude, so fiel auf, daß keinerlei Räumlichkeit für den Aufenthalt der Reisenden vorgesehen war. Sie mußten sich bei schlechter Witterung, bei Schnee, Regen und Kälte im Gartenvorplatz sammeln und warten, bis sie fünf Minuten vor Abfahrt des Zuges in die Remise eingelassen wurden. Erst im April 1836 errichtete man eine entsprechende Wartehalle für das Publikum. Im Jahr 1837 kam zu diesem Warteraum noch ein Dienstraum hinzu, in dem sich die Kutscher und Bediensteten der Bahn aufhalten konnten.

Die Gebäude waren von einfacher, aber solider Bauweise. Der Fürther Bahnhof sowie die drei Bahnwärterhäuser wurden aus Sandstein, das Nürnberger Gesellschaftslokal aber aus Fachwerk errichtet, die Wagenremise auf schlanken gotischen Pfeilern. Der Bau der Bahn war mit Ausnahme des Baumaterials auf 118057 Gulden veranschlagt. Insgesamt mußten letztendlich 135584 Gulden und 54 Kreuzer aufgebracht werden. Die Mehrausgaben erklärten sich damit, daß neue Grunderwerbungen notwendig waren und die Bahnhofsgebäude in Nürnberg und Fürth entgegen der ursprünglichen Planung aufwendiger ausgeführt wurden. Im Zusammenhang mit dem Bahnbau soll auch die Wahl der Spurweite nicht unerwähnt bleiben.

In einem Schreiben an die Firma R. Stephenson und Co. in Newcastle vom 19. 3. 1835 bat die Ludwigs-Eisenbahn-Gesellschaft um die genaue Angabe der Spurweite bei den Wagen und der hiernach zu bemessenden Lage der Schienen.

Aus einem weiteren Schreiben nach England ist zu ersehen, daß die Gesellschaft bis zum 30. März 1835 noch nicht im Besitz einer entsprechenden Nachricht war, die die Spurweite betraf. Wiederholt bat man um eine Mitteilung bzw. um Übersendung einschlägiger Zeichnungen.

Der Erbauer der Bahn, Paul Denis, war über die Wahl der englischen Spurweite nicht sonderlich erfreut, was man verschiedenen Schreiben entnehmen kann. Letztendlich fügte sich jedoch Denis den Anforderungen der Ludwigs-Eisenbahn-Gesellschaft. Aus den verschiedenen diesbezüglich vorliegenden Schriftstücken kann man entnehmen, daß durch die Übernahme der englischen Spurweite nur Änderungen an den bereits beschafften Wagen nötig wurden. Es besteht entgegen verschiedenen Veröffentlichungen jedoch kein Hinweis, daß ein Teil der bereits verlegten Schienen aufgrund dieses Entschlusses nochmals neu verlegt werden mußten. Aus der «Vergleichung der wirklichen Baukosten mit den Kostenanschlägen», die von dem Stellvertreter des Direktoriums am 6. Dezember 1835 von der Generalversammlung der Mitglieder der Ludwigs-Eisenbahn-Gesellschaft abgegeben wurde, sind Mehrkosten infolge einer nochmaligen Schienenverlegung nicht zu ersehen. Wären solche Arbeiten notwendig gewesen, hätten zumindest Mehrausgaben bei den Löhnen festzustellen sein müssen. Da jedoch solche Angaben fehlen, kann man davon ausgehen, daß eine Neuverlegung der Schienen nicht durchgeführt werden mußte.

15 Der englische Eisenbahn-Ingenieur und Lokomotivkonstrukteur George Stephenson. Geboren 8. 6. 1781 in Wylam on Tyne, gestorben 12. 8. 1848 in Chesterfield. Nach einem Gemälde von Johann Lucas.
(Archiv Deutsches Museum München.)

Bestellung, Transport, Zusammenbau und Probefahrt des Dampfwagens «Adler»

Ebenso wie die Schienen wollte man ursprünglich die Wagen und die Lokomotive für die Ludwigs-Eisenbahn in Deutschland herstellen lassen. Zunächst aber hielt es Scharrer für nötig, genaue Erkundigungen in England für dieses Vorhaben einzuholen. Aus diesem Grunde wandte er sich mit Schreiben vom 23. April 1833 an das mehrfach genannte Handelshaus Suse und Libeth in London, mit dem Auftrag, bei verschiedenen in England ansäßigen Ingenieuren, die für eine Beschaffung der Wagen und Lokomotive in Frage kamen, entsprechende Erkundigungen über Preis und Konstruktion einzuholen. Das Handelshaus wandte sich an die Lokfabrik Stephenson und an das Unternehmen Braithwaik und Ericsson. Bei diesen Anfragen ging man von bestimmten Vorstellungen aus, nach denen die Maschine in der Lage sein sollte, ein Gewicht von 10 Tonnen zu transportieren und die Strecke zwischen Nürnberg und Fürth in 8 bis 10 Minuten zurückzulegen hatte. Außerdem wurde gewünscht, daß die Lokomotive mit Holzkohle zu beheizen ist. Die befragten englischen Ingenieure gaben jedoch nur sehr ausweichende Antworten. Erst später, als das Direktorium direkt mit Stephenson in Verbindung trat, zeigte sich dieser zugänglicher. Mit Schreiben vom 16. Juni 1833 bat Scharrer um Angaben der Kosten für zwei Lokomotiven mit einem Gewicht von etwa 6½ Tonnen und die dazugehörigen Teile. Am 4. Juli desselben Jahres antwortete Stephenson und teilt einen Preis von 1800 Pfund Sterling mit.

Zwischenzeitlich hatte auch ein deutsches Unternehmen, die Firma Holmes und Rolandsen in Unterkochen bei Aalen, das Angebot zum Bau eines Dampfwagens abgegeben. Die Leistung dieser Lokomotive sollte bei etwa 2 bis 6 Pferdestärken liegen, der Preis 4500 Gulden betragen. Das Unternehmen verpflichtete sich, diesen Dampfwagen innerhalb von drei Monaten zu liefern. Auch versicherte es, daß Qualität und Ausführung den in England gebauten Lokomotiven völlig gleichkäme. Die Verhandlungen zogen sich jedoch in die Länge und brachen zunächst ganz ab. Als Scharrer am 21. Februar 1835 den Kontakt mit den Herren Holmes und Rolandsen wieder aufnahm, waren diese von Unterkochen weggezogen und hatten die Kaiserlich-Königlich-Privilegierte Eisenblech- und Eisenmaschinenfabrik Neutzmühl bei Wels in Oberösterreich übernommen.

Mitte April des Jahres 1835 erhielt Scharrer ein Schreiben aus Oberösterreich mit folgendem Inhalt: «Ihr Schreiben vom 21. Februar haben wir erhalten, durch das gute steyrische Eisen sind wir in der Lage, die Dampfwägen und Maschinen mit vorzüglicher Qualität noch besser als die englischen zu liefern. Ein Dampfwagen von 8 bis 10 Pferdekräften kostet 7000 Gulden.» Da man sich jedoch über den Preis nicht einig wurde und außerdem Zweifel an der zuverlässigen Fertigung eines Dampfwagens aufkamen, wurde der Kontakt zu den Herren Braithwaik und Ericsson nicht weiter gepflegt.

Ein weiteres Angebot kam von einem gewissen Josef Reaullaux zu Eschweiler bei Aachen, aber auch dieser Kontakt führte zu keinem Erfolg. Ebenso brachte die schon erwähnte Verbindung zu dem belgischen Ingenieur Cockerill kein Ergebnis. Aufgrund dieser wenig erfreulichen Erfahrungen gelangte das Direktorium der Ludwigs-Eisenbahn zu der Überzeugung, die Lokomotive in England bei Stephenson zu beschaffen. Dieser Entschluß wurde noch verstärkt durch den Bericht der Herren Platner und Mainberger über das Zusammentreffen mit Stephenson anläßlich der am 5. Mai 1835 stattgefundenen Eröffnung der ersten belgischen Eisenbahn zwischen Brüssel und Antwerpen. So wurde ein vorläufiger Vertragsabschluß mit Stephenson vereinbart. Der Engländer erklärte sich bereit, einen Dampfwagen von 6 Tonnen und 10 Pferdestärken zu liefern, als Preis wurden 750 bis 800 Pfund mit freiem Transport bis Rotterdam genannt. Im Auftrag des Direktoriums bestellte nunmehr Scharrer am 15. Mai 1835 bei Stephenson eine Lokomotive auf 6 Rädern von 5 bis 6 Tonnen Gewicht nebst Tender, ferner das Eisenwerk zu je einem Waren- und Personentransportwagen. In dem begleitenden Schreiben legte Scharrer einen Liefertermin für Anfang August desselben Jahres fest. Außerdem bat er um Übersendung eines Mannes, der mit der Leitung, Beheizung und Behandlung des Dampfwagen völlig vertraut war.

Der Erwerb des englischen Dampfwagen sollte jedoch noch verschiedene Probleme aufwerfen. Es stellte sich heraus, daß der Lieferpreis entgegen den Vereinbarungen in Brüssel nunmehr 900 Pfund betragen würde. Scharrer verwies jedoch in den verschiedenen Schreiben an Stephenson auf seine frühere Verabredung mit ihm hin, bemerkte aber gleichzeitig, daß der Auftrag vom 15. Mai 1835 trotz der Preiserhöhung nach wie vor seine Gültigkeit habe. Wesentlich unangenehmer als die Preiserhöhung war die Tatsache, daß die ursprünglich vereinbarte Lieferzeit nicht eingehalten werden konnte. Während Stephenson in Brüssel versprochen hatte, den Dampfwagen bis Ende Juli nach Rotterdam zu liefern, wurde nunmehr mitgeteilt, daß frühestens Ende August mit der Anlieferung in Rotterdam zu rechnen sei. Scharrer schrieb hierzu an Stephenson: «Diese Verzögerung versetzt uns in die peinlichste Verlegenheit, denn die Bahn sollte am 25. August eröffnet werden, am Geburts- und Namenstag seiner Majestät unseres Königs, nach dessen Namen unsere Eisenbahn benannt wurde.» Somit war an eine Eröffnung der Bahn zu dem vorgesehenen Termin nicht mehr zu denken. Am 8. August 1835 teilte Stephenson in einem Brief an Platner mit, daß die Maschine voraussichtlich in 16 bis 18 Tagen verschifft werde.

Am 3. September 1835 wurde die langersehnte Fracht von Newcastle aus auf das Schiff «Zoar» zur Überfahrt nach Holland verladen. Platner hatte in den vorangegangenen Jahren in Rotterdam die Firma Köhler und van Beeftingh gegründet. Über dieses Unternehmen wurde nun der Transport von Rotterdam nach Köln am Rhein abgewickelt. Die Ludwigs-Eisenbahn-Gesellschaft wandte sich am 10. September mit einer Bitte an das Unternehmen und ersuchte um Mitteilung, wie die Maschine verpackt sei und welches Gewicht sie habe. Dies war notwendig, da der Absender und Hersteller der Lokomotive, die Firma Stephenson, hierüber keinerlei Angaben beim Versand gemacht hatte. Auch wurde die Firma Köhler und van Beeftingh unterrichtet, daß ein Mann namens William Wilson die Fracht nach Nürnberg begleite, um in der ersten Zeit den Dampfwagen zu fahren. Aus den vorliegenden Akten der Ludwigs-Eisenbahn-Gesellschaft ist zu entnehmen, daß die große Sorge nicht nur dem guten Transport der Lokomotive, sondern auch William Wilson galt, ohne den die Maschine ja nicht in Betrieb genommen werden konnte.

Außerdem erging die Bitte an das Rotterdamer Unternehmen, nachzusehen, «ob alles in gutem Zustand ist». Da aus England neben der Lok auch die Rahmen bzw. der Unterbau für einen Personen- und einen Transportwagen bestellt wurde, wurde die Firma Köhler und van Beeftingh beauftragt, das ihnen zugesandte Muster für das Maß der Spurweite an die Achsen des Wagens und der Gestelle anlegen zu lassen. Durch diese Maßnahme wollte man sich wegen des richtigen Maßes der Spurweite vergewissern.

Die Ludwigs-Eisenbahn-Gesellschaft trieb die Firma Köhler und van Beeftingh zu größter Eile an: «Betreff der Weiterbeförderung können wir Ihnen nur wiederholt das Verlangen ausdrücken, daß Sie alles aufwenden möchten, den Dampfwagen und die Wagenteile so schleunigst als nur immer möglich entweder, was uns das allerwünschenswerteste wäre, durch Dampfboot oder, wenn es durchaus nicht angeht, durch Schiffe, welche durch Dampfboote geschleppt werden, zu bewerkstelligen.» Der Grund für die Bitte um den schnellen Transport war das Vorhaben, die Ludwigs-Eisenbahn nunmehr am 24. November 1835 zu eröffnen. Für den eventuellen Transport auf einem Dampfboot sagte die Ludwigs-Eisenbahn-Gesellschaft gerne die Bezahlung eines Gulden mehr pro Zentner zu. Mit gleichem Schreiben vom 10. September 1835 wandte sich die Eisenbahn-Gesellschaft auch an das Unternehmen Langen & Co., Inhaber Konsul Bartels, das mit dem Weitertransport von Köln nach Nürnberg beauftragt wurde. Konsul Bartels stammte aus einer Nürnberger Kaufmannsfamilie.

Am 13. September 1853 ging bei der Ludwigs-Eisenbahn-Gesellschaft die Nachricht ein, daß der Dampfwagen mit allen Gestellen und sonstigen dazugehörigen Teilen in Rotterdam eingetroffen sei. Insgesamt handelte es sich um 19 Einzelstücke mit einem Gewicht von 177,5 Zentnern.

Wenige Tage später, am 17. September desselben Jahres, unterrichtete die Firma Köhler und van Beeftingh die Eisenbahn-Gesellschaft in Nürnberg, daß die Spurweite der Räder mit dem Muster aus Nürnberg übereinstimme. Außerdem teilte die Firma mit, daß die Unternehmer der Dampfbootgesellschaft die Fracht als zu umfangreich und zu schwer erachten und es deshalb notwendig war, die gesamte Lieferung auf einen Kahn des Schiffers van Hees zu verladen. Die Frachtkosten pro Zentner betragen 1,75 Gulden.

Am 23. September 1835 verließ das Schiff «van Hees», das von dem Dampfboot «Hercules» rheinaufwärts geschleppt wurde, Rotterdam. Die «van Hees» hatte neben der wertvollen Fracht der ersten deutschen Dampflokomotive auch Ballen mit Kaffee und Stockfisch geladen.

Da zur Zeit des Transportes der Wasserstand des Rheins ungewöhnlich niedrig war, mußte das Schiff «van Hees» bei Emmerich von dem Dampfboot abgehängt werden. Der Grund hierfür war, daß das Schleppschiff Hercules wesentlich tiefer im Wasser lag als die «van Hees». Von Emmerich aus wurde der Kahn nunmehr durch Pferde rheinaufwärts gezogen.

Nicht nur für einen guten Transport der Maschine selbst war man besorgt, auch für einen guten «Transport» des Lokführers Wilson wurden alle Mittel aufgewendet. Der Spediteur Konsul Bartels sah aber offenbar in Wilson ebenso ein Frachtgut wie in der Lokomotive. Dies ist einem Schreiben vom 28. September 1835 zu entnehmen. Er schrieb nach der Ankunft Wilsons in Köln: «Gleich nach dem Abgang unseres Briefes zur Post erschien Wilson, ein Stück Beefsteak. Wir mußten einen Dolmetscher nehmen, um uns mit ihm zu verständigen.» Unter dem Aspekt der verspäteten Ankunft der Fracht meint er außerdem noch: «Der Engländer sitzt hier und verzehrt gutes Geld – er sagte mir schon gestern, daß ihm Herr Stephenson nur sparsam mitgegeben habe, er von mir also Geld und Beförderung erwarte.»

Bereits seit Tagen warteten die in Köln bestellten Kutscher und Fuhrleute auf die Ankunft der Fracht. Am 17. Oktober war es endlich soweit, das Schiff «van Hees» legte nach einer 15tägigen Reise auf dem Rhein in Köln an. Nunmehr galt es eine Vielzahl von Schwierigkeiten zu bewältigen. Die widrigen Verhältnisse werden in einem Schreiben von Konsul Bartels an seinen Freund Platner am besten beschrieben: «Das Schiff van Hees geht 6½ Fuß tief, und da wir im Rhein nur 6 Fuß 8 Zoll haben, mußte der Schiffer, um unter den Kranen zu gelangen, 2 Fuß lichten. Dies geschah nun gestern mit großer Mühe, in dem man mit Nachen das Gut – Kaffeeballen und Stockfische – abholte, um die Maschinen frei zu bekommen. . .» Doch ergaben sich beim Umladen nicht nur Schwierigkeiten technischer Art, auch das Wetter ließ die Arbeiten ins Stocken geraten. So berichtete Bartels weiter: «Gestern ging es flott, allein gegen Abend erhob sich Süd-West-Wind, es fing tüchtig an zu regnen, und die Arbeiten mußten eingestellt werden. Heute, den Tag über, konnten nur Stunden gearbeitet werden. Soweit sind wir, daß die Schiffer mit dem vorderen Teil des Schiffes unter den Kranen liegen, morgen, wenn nun die Witterung es zuläßt, hoffen wir, die Maschinen an Land zu setzen. Dieser Umstand ist

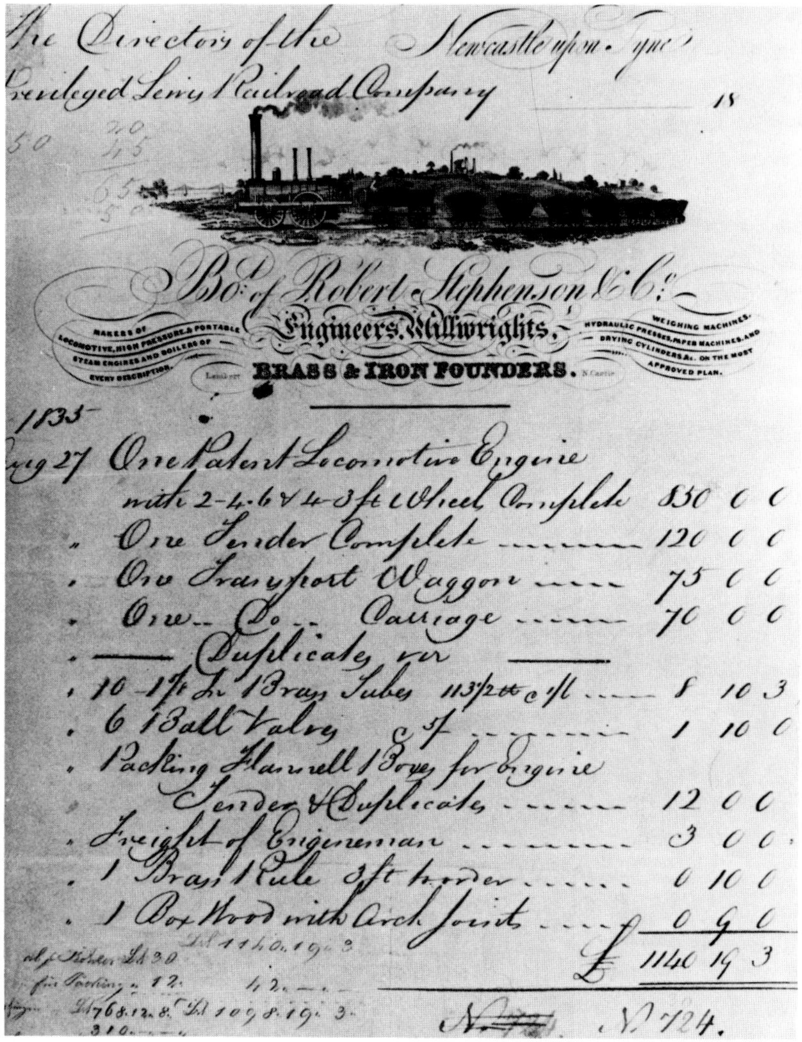

16 Die Rechnung des «Adlers» vom 27. August 1833 der Robert Stephenson'schen Lokomotivfabrik. (Archiv Verkehrsmuseum Nürnberg.)

uns sehr erschwerend. Beim Stadtpegel haben wir nur 4 Fuß 8 Zoll, und nicht ohne Gefahr sind die schweren Stücke aufs Land zu bringen – müssen bis 18 und 20 Fuß in die Höhe gezogen werden, das ist bei Stücken von 56 und 60 Zentnern eine gefährliche Arbeit. Ob die Maschinen auf Karren zu bringen sind, soll heute noch ein Rätsel sein, wir wollen hoffen, daß es sich gut löst. Welche Plage wir mit den Fuhrleuten auszustehen haben und welche Vorwürfe ohne Schuld wir einstecken müssen, das wissen die Götter, und wir wollen uns nicht in Klagen verlieren, es ist nicht zu ändern.» In seinem nächsten Brief schilderte Bartels die weiteren Schwierigkeiten des Frachtentransportes: «Am 10. konnten die Maschinen nicht an Land gesetzt werden. Der Barometer zeigte Erdbeben. Es fing an mit Regengüssen und derart zu strömen, daß mancher glaubte, der Komet würde die Erde verschlingen. Des Abends war es ruhiger, und gegen 7 Uhr konnte es uns noch gelingen, die Sachen sämtlich eingeladen zu sehen. Um den Sonntag nicht zu verlieren, mußten wir Erlaubnis von der Regierung einholen, daß wir arbeiten durften. Die Polizei erlaubte es uns, so begannen wir die 8 Karren zu laden, die bereit waren, alles zu fassen.» Dem Schriftverkehr des Konsuls Bartels ist zu entnehmen, daß der Transport der Lokomotive und der dazugehörigen Teile ganz wesentlich durch die geschilderten Unbill der Witterung behindert wurden, da seit mehr als 25 Jahren kaum ähnliche Stürme über das Land tobten als zur Zeit der Verladung. Außerdem erschwerte die wenig sorgfältige Verpackung der Teile die Weiterbeförderung.

Endlich setzten sich am 13. Oktober des Jahres 1835 die Fuhrleute mit ihren 8 Karren in Bewegung. Die Firma Langen & Co. hatte den Transport von Köln nach Offenbach übernommem. Ab hier übernahm die Transportfirma Gebhardt und Hauck die Weiterbeförderung nach Nürnberg. Als die Fuhrleute in Offenbach eintrafen, machte das Unternehmen Gebhardt und Hauck den Vorschlag, die Ladung gleich auf den Karren zu belassen und sie nach Nürnberg zu transportieren. Doch die Kölner Fuhrleute weigerten sich energisch, sodaß ein neuerliches Verladen der Fracht notwendig wurde. Dies nahm zwei Tage in Anspruch. Im Auftrag der Firma Gebhardt und Hauck, eines damals weltbekannten Handelshauses, transportierte der Würzburger Fuhrmann M. Leikauf die auf 4 Wagen verladene wertvolle Fracht über Kitzingen nach Nürnberg, wo sie am Nachmittag des 26. Oktober eintraf. Somit war nach nahezu achtwöchiger Transportzeit der Dampfwagen mit dem Zubehör in Nürnberg angekommen.

Die Transportkosten der Lokomotive, des Tenders und der beiden Wagenuntergestelle von England bis Rotterdam betrugen 23 englische Pfund.

Der Versand aus England erfolgte allerdings ohne genaue Angaben des Gewichtes. Da man jedoch im voraus ab Rotterdam die Frachtkosten berechnen wollte, wurde das Gewicht der Gesamtfracht auf 14830 Kilo geschätzt. Hierbei wurde vereinbart, das genaue Gewicht erst bei Ankunft der Stücke in Nürnberg zu bestimmen.

Von Rotterdam bis Köln mußte man für den Transport 700 Franc und von Köln nach Offenbach 507 Gulden 9 Kreuzer aufbringen, der Weitertransport von Offenbach bis Nürnberg belief sich auf 653 Gulden und 11 Kreuzer.

Nach Ankunft in Nürnberg wurden die gelieferten Stücke verwogen, wobei als tatsächliches Gewicht 13058 Kilo festgestellt wurde. Somit hatte man für 1772 Kilo zuviel Frachtkosten bezahlt.

Die Eisenbahn-Gesellschaft wandte sich in mehreren Briefen an die verschiedenen beteiligten Transportfirmen mit der Bitte um entsprechende Rückerstattung. Allerdings gingen die Unternehmen auf diese Wünsche nicht ein, und es blieb bei der vollen Summe der ursprünglich gestellten Rechnungen. Bevor jedoch in Nürnberg der Dampfwagen zusammnegebaut werden konnte, mußte noch die Frage der Verzollung geklärt werden.

Bereits am 23. April 1835 beantragte das Direktorium der Ludwigs-Eisenbahn-Gesellschaft bei den bayerischen Zollbehörden eine zollfreie Einfuhr. Als Begründung nannte man, daß in Deutschland Gegenstände dieser Art noch nicht hergestellt worden waren. Gegenüber dem Zoll wurde angegeben, daß die Lokomotive sozusagen als Muster für die einheimische Industrie dienen sollte.

Das Bayerische Staatsministerium der Finanzen erklärte daraufhin der Ludwigs-Eisenbahn-Gesellschaft, daß nur Landwirte und Fabrikbesitzer einen solchen Antrag stellen könnten, eine Aktiengesellschaft jedoch nicht. Aus diesem Grund stellte nunmehr am 21. Juli 1835 der Nürnberger Fabrikbesitzer «Mechanicus» Wilhelm Späth, dem es oblag, die Maschinenteile zusammenzubauen, den Antrag auf Zollbefreiung. Diesem Wunsche wurde mit Schreiben der Finanzbehörde vom 26. 9. 1835 stattgegeben.

Trotz dieser vorliegenden Genehmigung für eine zollfreie Einfuhr, verlangte das Kölner Zollamt eine genaue Deklaration des Nettogewichtes von geschmiedetem und gegossenem Eisen etc. Der begleitende Lokomotivführer Wilson erklärte hierzu, daß diese gewünschten Angaben nicht gemacht werden könnten. Es folgten noch langwierige Debatten zwischen dem Transportunternehmen Langen & Co. und der Kölner Zollbehörde. Da die gewünschten Angaben nicht beigebracht werden konnten, einigte man sich darauf, die endgültige Verzollung den Kollegen in Nürnberg zu überlassen. Mit derselben Regelung waren auch die Zollbeamten in Offenbach einverstanden.

Beim Transport der Maschine und der dazugehörigen Teile machten die Spediteure Gebhardt und Hauck den Fehler, das Transportgut nicht an Herrn Mechanicus Späth zu adressieren, sondern an die Ludwigs-Eisenbahn-Gesellschaft. Aus diesem Grund wäre das Direktorium der Ludwigs-Eisenbahn-Gesellschaften in eine unangenehme Lage wegen der Verzol-

17 Am 31. Oktober 1835 wurde auf der noch nicht eröffneten Eisenbahn Nürnberg-Fürth ein Experiment durchgeführt. Hierbei spannte man vor einen Eisenbahnwagen ein Pferd, das trotz größter Kraftanstrengung den Widerstand der Bremse des Wagens nicht überwinden konnte. Archiv Verkehrsmuseum Nürnberg.

lung gekommen, wenn nicht der zuständige Zollbeamte die Angelegenheit in unbürokratischer Weise geregelt hätte. Letztendlich war es also doch gelungen, den «Adler» aus England zollfrei einzuführen.

Nach dem nunmehr die Fracht aus England am 26. Oktober in Nürnberg eingetroffen war, verblieben noch ca. 6 Wochen für den Zusammenbau der Maschine. Bevor man jedoch die Maschinenteile in die damals bedeutende Maschinenfabrik des Mechanicus Späth überführte, wurden diese zur Besichtigung für das Publikum, vermutlich in der Polytechnischen Schule, ausgestellt. Um den starken Andrang zu regeln, wurden Eintrittskarten ausgegeben. Die Ausstellung währte drei Tage. Am 30. Oktober wurde die Dampfmaschine nach Dutzendteich in die Werkstätte von Späth überführt. Dort wurden sämtliche Teile gereinigt und soweit nötig repariert, die Schüler der polytechnischen Anstalt beauftragt, sie abzuzeichnen. Unter Leitung des zwischenzeitlich in Nürnberg eingetroffenen englischen Lokomotivführers Wilson und des Lehrers Bauer der Polytechnischen Lehranstalt, wurde der Dampfwagen zusammengebaut. Aufgrund der Mitte November unerwartet früh hereinbrechenden Kälte verzögerte sich der Zusammenbau des Dampfwagens. Die ursprünglich beabsichtigte Eröffnung der Bahn am 24. November konnte somit nicht eingehalten werden. Als nunmehr Mitte November 1835 der Dampfwagen, der den Namen «Adler» erhalten sollte, zusammengebaut war, ging man daran, die erste Probefahrt durchzuführen. Die Nürnberger Stadtchronik berichtet hierzu: «Montag, den 16. November nachmittags wurde auf der Nürnberg-Fürther-Eisenbahn mit dem Dampfwagen eine Probefahrt nach Fürth und zurück gemacht. Die damalige Kälte der Atmosphäre machte bei dem Gebrauch dieser köstlichen Maschine die äußerste Vorsicht ratsam, sodaß bei dem Versuche von Schnelligkeit der Bewegung Umgang genommen werden mußte. Höchst impossant aber war schon der Anblick dieses durch eine unsichtbare Kraft sich bewegenden Kolosses, der unter Begleitung einer großen Zahl Zuschauer ruhig auf seiner Bahn dahinwandelte.»

Nachdem diese erste Probefahrt zur Zufriedenheit verlaufen war, wagte man drei Tage später einen größeren Versuch. Hierbei zog die Maschine 5 vollbesetzte Wagen über die Strekke Nürnberg-Fürth in 12 bis 13 Minuten, während der Rückfahrt wurden wiederholt Bremsproben durchgeführt. Auch das Ein- und Aussteigen der Passagiere wurde geübt. In den darauffolgenden Tagen wurden weitere Probefahrten unternommen. Der Andrang des Publikums war so groß, daß die öffentlichen Probefahrten in den Tageszeitungen ausgeschrieben wurden. Eine Fahrt kostete 36 Kreuzer. Die daraus resultierenden Einnahmen wurden den Armen der Städte Nürnberg und Fürth zur Verfügung gestellt. Täglich versammelten sich Scharen von Zuschauern auf der Nürnberg-Fürther-Chaussee, um das imposante Schauspiel des vorbeieilenden Dampfwagens zu bewundern. Die zu diesem Zeitpunkt noch im Gange befindlichen Abschlußarbeiten an der Ludwigs-Eisenbahn wurden durch das neugierige Publikum erheblich behindert. Auch beklagten sich die zuständigen Polizeibehörden über die Mißachtung der erlassenen Vorschriften. So wird berichtet, daß die Anordnungen und Bekanntmachungen «wegen Betretens und Annäherns an die Eisenbahn höchst unverständig und freventlich beiseite gesetzt werden, und daß nicht nur einzelne, sondern wohl Hunderte von Zuschauern auf der Eisenbahn sich befanden und selbst im Vorbeifahren der Wägen denselben sich näherten und sich der Gefahr des Überfahrens so mutwillig aussetzten».

Bau der Personenwagen

War es notwendig, den Dampfwagen für die Ludwigs-Eisenbahn Nürnberg-Fürth aus England zu beschaffen, so entschloß sich der zuständige Ingenieur der Ludwigs-Eisenbahn, Denis, die Wagen in Deutschland herstellen zu lassen.

Wie bekannt kamen aus England mit dem Dampfwagen auch zwei Wagengestelle nach Nürnberg. Die weiteren 7 Wagen wurden in einer leichteren Bauart ausgeführt. Von den Firmen Späth, Gemeiner und Mannhardt wurden die Untergestelle, Räder und Achsen gefertigt. Die hölzernen Wagenkasten lieferte der Nürnberger Wagnermeister Stahl. Auch eine auswärtige Firma, die Firma Stein in Lohr bei Aschaffenburg wurde beauftragt, drei Wagengestelle und 16 Räder herzustellen.

Ende August des Jahres 1835, also zwei Monate bevor die Dampflokomotive aus England eintraf, waren die ersten Personenwagen bereits fertiggestellt.

Insgesamt baute man bis zur Eröffnung der Ludwigs-Eisenbahn am 7. Dezember 1835 neun Wagen, die sämtlich in der alten Postfarbe gelb lackiert waren. In einer von Viktor Rösler im Jahre 1837 in Darmstadt herausgegebenen «technischen Beschreibung der Eisenbahn von Nürnberg nach Fürth» werden diese Wagen wie folgt beschrieben:

Die 9 Transportwagen, welche bei meiner Anwesenheit vorhanden waren, wurden ausschließlich zum Transport von Personen verwendet. Man hat mit dem Dampfwagen zwei Mustergestelle aus England kommen lassen, welche zwar sehr solid, aber äußerst schwer und plump ausgefallen sind, so daß man sie für diejenigen Wagen bestimmt hat, wo die Plätze am wenigsten kosten, und welche in der Regel am stärksten besetzt sind.

Die Wagenkasten zu diesen Mustergestellen wurden, eben so wie die 7 übrigen Personenwagen, vollständig von Nürnberger und Fürther Handwerkern gearbeitet, und zeichnen sich durch besonders gute und elegante Arbeit aus. Wohl die einzigen Fehler, welche die sieben vollständig in Nürnberg und Fürth gearbeiteten Wagen besitzen, sind die Räder, welche zu schwach und durch ihre eigenthümliche Construction dem Zerbrechen leicht ausgesetzt sind, was die Erfahrung schon einigemal auf der Fahrt bewiesen hat. Um das, wegen des ungleichen Schwindens der Speichen und der übrigen Theile des Rads, unmittelbar nach dem Guß leicht stattfindende Abziehen der Speichen von dem Felgenkranz und der Nabe zu verhindern, hat man den ersteren eine schlangenförmig, gewundene Gestalt gegeben, welche jedoch, wie die Erfahrung genügend gelehrt hat, den beabsichtigten Zweck zwar vielleicht erreichen, die Stärke der Räder dagegen sehr vermindern. Man vertauscht daher diese Räder, welche bei den Gebrüdern Gemeiner zu Hüttensteinach gegossen worden, nunmehr nach und nach mit solchen, deren Speichen gerade sind und größere Dauer versprechen. Um das oben bemerkte Abziehen der Speichen von den anderen Theilen des Rads nach dem Gusse zu verhindern, hat man die Nabe in drei Theile getheilt, welche bei erfolgtem Zusammenziehen nachgeben.

Die 9 Personenwägen waren folgender Gattung:

1) 3 Glaswägen, mit 16 Plätzen, jeder, worin der Platz 12 Kr. kostet. Sie sind sehr elegant gebaute, inwendig mit blauem Tuch ausgeschlagene, mit Glasfenstern versehene und aus zwei getrennten Abtheilungen bestehende Wagen.

2) 4 Wägen, jeder mit 16 Plätzen zu 9 Kr. und 8 Plätzen (Cabriolets) zu 6 Kr. Sie sind weniger elegant wie die in 1 beschriebenen, sind übrigens mit Schlägen zum Einsteigen versehen, und schöner wie

3) 2 Wägen, wovon jeder 24 Plätze zu 6 Kr. enthält, und welche an den Seiten offen sind. Letztere sind diejenigen Wagen, bei welchen man die englischen Gestelle angewendet hat.

Uebrigens sind sämmtliche Wagen oben bedeckt, mit Vorder- und Hinterwänden versehen, und können an den Seiten durch Leder verwahrt werden.

Bei jedem Personenwagen ist eine Bremse angebracht, um erforderlichen Falls jeden einzelnen im Schuß befindlichen Wagen schnell hemmen zu können. Uebrigens kommt bei der Fahrt mit Dampfkraft bloss die Bremse des vorderen Wagens in Anwendung, indem das Einhalten dieses Wagens auch das Einhalten der übrigen bewirkt. Die Bremse wird jedoch in der Regel nur dann angewendet, wenn bei dem Ende einer Fahrt die von dem Dampfwagen bereits ausgehängten, im Schusse befindlichen Wagen an ihrer bestimmten Stelle einhalten sollen. Zur Aufsicht bei den Fahrten ist eigentlich nur ein Mann nöthig, welcher auf dem ersten Wagen sitzt, und, wo es erforderlich ist, die Bremse regiert. Uebrigens fahren in der Regel mehrere Aufseher mit, wenn sie gerade disponibel sind; sie sind auf den verschiedenen Transportwagen vertheilt.

Auf dem Verdeck des ersten Wagens ist ein kleines Kabriolet angebracht, in welchem ein Mann rückwärts sitzt, um den ganzen Wagenzug übersehen zu können. Er ist mit einer Trompete versehen, um sogleich dem Dampfwagenführer ein Signal geben zu können, wenn an irgend einem der Wagen sich etwas ereignet.

Die Anschaffungskosten der Transportwagen betragen zusammen genommen 10,444 fl. 44 kr., wonach im Durchschnitt einer 1160 fl. gekostet hat.

Nachdem bereits vorher im stillen Fahrversuche mit den Wagen unternommen worden waren, fand am 21. Oktober der erste offizielle Versuch mit einem Personenwagen statt. Im Wagen hatten 23 Personen Platz genommen. Durch diesen Versuch wollte man dem Publikum beweisen, daß die Wagen aus voller Fahrt jederzeit abgebremst werden konnten. Ingenieur Denis hatte hierzu eine spezielle Bremse entwickelt, die nunmehr das erste Mal der Öffentlichkeit vorgeführt wurde. Die allgemeine Handlungszeitung berichtet hierzu: «Der Wagen, obgleich mit großer Geschwindigkeit sich bewegend, konnte in jedem Augenblick und an jedem beliebigen Ort zum Stillstand gebracht werden, ohne daß hierdurch den Passagieren eine unangenehme Empfindung verursacht oder das Pferd gezwungen worden wäre, zum Aufhalten irgendeine Kraft anzuwenden.»

Wie bereits erwähnt, schließen sich ab Mitte November, nachdem nun die Dampflok eingetroffen und zusammengebaut worden war, weitere Versuchsfahrten an.

An diesen ersten Wagen wurden in den ersten Jahren ihres Betriebs immer wieder Änderungen vorgenommen, sodaß auf den alten, zeitgenössischen Darstellungen recht verschiedene Fahrzeuge zu sehen sind.

DIE DAMPFLOKOMOTIVE «ADLER» – IHRE TECHNIK UND GESCHICHTE

Die ersten Anfang der dreißiger Jahre des vergangenen Jahrhunderts von Stephenson gebauten Dampflokomotiven gehörten der sogenannten «Planetklasse» an. Über den unruhigen Lauf dieser zweiachsigen Lokomotiven waren vielfach Klagen laut geworden. Die Unruhe rührte daher, daß der Schwerpunkt der gesamten Lokomotive dicht vor der Treibachse lag. Bei den nickenden Bewegungen während der Fahrt traten gefährliche Entlastungen der vorderen Laufachse auf, die häufig zu Entgleisungen führten. Diese nickenden Bewegungen versuchte Stephenson durch den Einbau einer hinter der Feuerbüchse angeordneten weiteren Laufachse zu verhindern. Obwohl anfänglich diese Achse nur wenig belastet war, wurde die Laufruhe dieser derart gebauten Maschinen wesentlich verbessert. Der so entstandene Loktyp mit der Achsfolge 1 A 1 erhielt die Bezeichnung «Patentee»-Klasse. Diese Art von Lokomotiven wurde in England während eines langen Zeitraumes von 1833 bis 1894 in immer stärkerer Bauart und mit immer größerer Leistung verwendet. Der Adler, die erste Dampflokomotive Deutschlands, ist dieser Klasse zuzurechnen. Auf Wunsch der Besteller, dem Direktorium der Ludwigs-Eisenbahn, wurde für die nur rund 6 Kilometer lange, nahezu ebene und gerade Bahn eine kleine, vor allem aber auch billige Maschine geliefert. Die Lokomotivfabrik Robert Stephenson & Co. in Newcastle upon Tyne, wo der Adler unter der Fabriknummer 118 gebaut wurde, hatte zu dieser Zeit bereits Lokomotiven der Patentee-Klasse in Arbeit, die wesentlich größere Abmessungen aufwiesen, als die für die erste deutsche Eisenbahn Nürnberg-Fürth bestellte Lok. Für die Leistungsfähigkeit dieser Lokomotivfabrik spricht die Tatsache, daß der am 15. Mai 1835 bestellte Adler innerhalb von dreieinhalb Monaten fertiggestellt und versandfertig gemacht wurde. Exakte Gewichtsangaben für den Adler fehlen.

Gemäß dem Bestellschreiben der Ludwigs-Eisenbahn-Gesellschaft sollte der Dampfwagen höchstens 5 – 6 Tonnen wiegen. Als im Jahre 1894 die Firma Stephenson & Co. die erbetenen, heute im Deutschen Museum in München befindlichen Werkzeichnungen nach Nürnberg übersandte, teilte sie über das Gewicht folgendes mit: Die Fabrik-Nr. 118 (Adler) wurde nicht verwogen. Fabrik-Nr. 148, es handelt sich hierbei um die zweite ebenfalls von Stephenson an die Ludwigs-Eisenbahn gelieferte Lok, den «Pfeil», hatte folgende Gewichtsangaben:

	Leer	Dienst
Vorderachse	34 cwts = 1,73 t	39 cwts = 2 t
Treibachse	66,5 cwts = 3,38 t	68 cwts = 3,45 t
Hinterachse	11,5 cwts = 0,50 t	25 cwts = 1,27 t
Gesamtgewicht	112 cwts = 5,7 t	132 cwts = 6,72 t

Zu dieser Zusammenstellung ist anzumerken, daß die metrischen Gewichte nachträglich ergänzt wurden.

Diese Angaben lassen gewisse Rückschlüsse auf das Gewicht des «Adlers» zu, da die beiden Maschinen «Adler» und «Pfeil» sich sehr ähnlich waren.

So sehr im allgemeinen Gewichtsangaben aus dieser Zeit entsprechendes Mißtrauen entgegengebracht werden muß, so wenig besteht hierzu Anlaß, diese Angaben anzuzweifeln. Bei Robert Stephenson handelte es sich um die führende Lokomotivfabrik seiner Zeit. Daß diese seit dem Jahre 1832 die zum Wiegen ganzer Lokomotiven oder wenigstens größerer Einzelteile erforderlichen Vorrichtungen besaß, ist aus verschiedenen Lieferlisten dieser Firma anzunehmen. In diesen Listen fehlen Gewichtsangaben für die ersten 37 von Stephenson gebauten Maschinen in den Jahren 1829 bis 1833. Danach jedoch ist bei der Mehrzahl der gelieferten Maschinen eine genaue Angabe der Dienst- und meist auch des Leergewichtes festzustellen.

Auch in der bereits zitierten Beschreibung der Ludwigs-Eisenbahn von Hektor Rösler aus dem Jahre 1837 wird ein Gewicht von 120 bayrischen Zentnern = 6,72 t für die Maschine genannt. Das Gewicht des Tenders wird leer mit 55 bayrischen Zentnern = 3,08 t und gefüllt mit 85 bayrischen Zentnern = 4,71 t angegeben. Bei diesen Gewichtsangaben ist ebenfalls davon auszugehen, daß diese Angaben die im Jahre 1836 gelieferte zweite Maschine «Pfeil» betreffen und aufgrund der Baugleichheit auch für den «Adler» als gültig angesehen wurden. Abschließend ist zu diesem Thema zu bemerken, daß wohl davon ausgegangen werden kann, daß der «Adler» wahrscheinlich etwas leichter als der «Pfeil» gebaut war.

Ein weiterer fraglicher Punkt ist die Angabe der Leistungsfähigkeit des «Adlers».

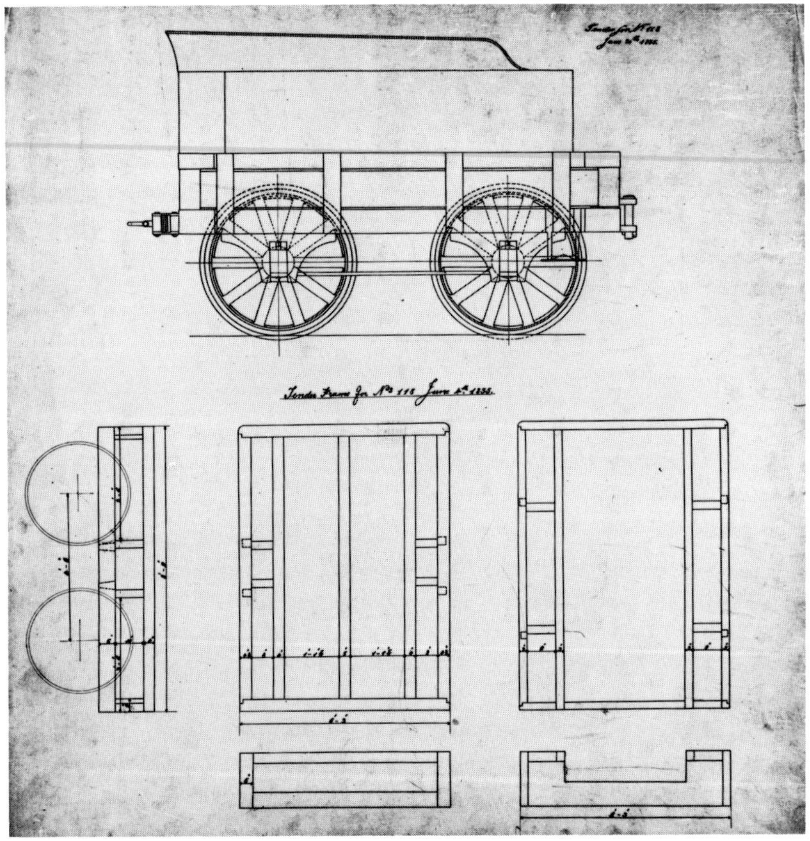

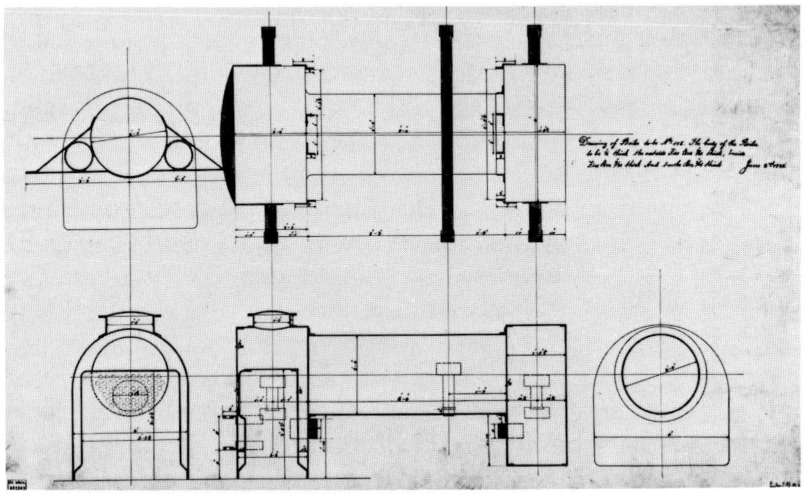

18 Originalplan zum Tender des «Adlers.»
Archiv Deutsches Museum München.

19 Originalzeichnung zum Kessel des «Adlers.»
Archiv Deutsches Museum München.

In einem Bahnbericht vom 5. Dezember 1835 heißt es, daß die Leistungsfähigkeit der Maschine auf ca. 12 – 15 Pferdekräfte taxiert werden kann.

Es ist jedoch anzunehmen, daß das Direktorium der Ludwigs-Eisenbahn damit lediglich ausdrücken wollte, daß bei der in Aussicht genommenen Teilung des Betriebes in Dampf- und Pferdefahrten die Maschine etwa ebenso viele Personenwagen werde befördern können, wie 12 – 15 Pferde. Zum Erstaunen aller leistete der «Adler» jedoch dann soviel wie 24 Pferde. Legt man das Gewicht des Eröffnungszuges am 7. Dezember 1835 zugrunde, das Hektor Rösler mit 500 bayrischen Zentnern = 28 t angibt, hätte die genannte Leistung von 10 – 12 PS zur Beförderung dieses schweren Zuges wohl nicht ausgereicht, zumal eine Geschwindigkeit von ca. 30 km erreicht wurde. Berücksichtigt man bei der Berechnung der Leistungsfähigkeit diese genannten Faktoren, so kann man davon ausgehen, daß die Maschine bei 23 Stundenkilometern etwa 41 PS leistete. Diese Angabe wird weiter bestätigt durch die Tatsache, daß im Frühjahr 1836 mit Zustimmung des Maschinisten Wilson 3 weitere Wagen als unbedenklich erklärt wurden. Die Wagenzahl erhöhte sich somit auf 12. Diese 12 Wagen konnte der «Adler» jedenfalls noch in der vorgeschriebenen Zeit befördern, wobei bei voller Besetzung des Zuges von etwa 40 t Zuglast ausgegangen werden konnte. Als Fahrzeit für die 6 km lange Strecke werden 10 – 12, aber auch 13 – 15 Minuten angegeben. Zusammenfassend kann man von nachfolgende Abmessungen des «Adlers» ausgehen:

Gewicht der Lok	ca. 6,7 t
Gewicht des Tenders	ca. 4 7 t
Heizfläche	18,2 qm
Rostfläche	0,48 qm
Kesseldruck	3,3 bar
Zylinderdurchmesser	229 mm
Zylinder	2
Kolbenhub	406 mm
Durchmesser Treibrad	1372 mm
Durchmesser Laufachsen	915 mm
Kamindurchmesser	292 mm

Der Kessel bestand aus dem runden, von 62 Heizrohren durchzogenen Langkessel, an dessen vorderen Ende sich eine vollständig ausgebildete Rauchkammer befand. An dem hinteren Ende des Langkessels war ein kastenförmiger, nach oben halbzylindrisch abgeschlossener Hinterkessel angebaut, der die ganz vom Wasser umgebene Feuerbüchse enthielt. Die beiden Dampfzylinder waren in dem unteren Teil der Rauchkammer untergebracht. Jeder Zylinder war mit seinem obenliegenden Schieberkasten aus einem Stück gegossen. Diese Unterbringung in der warmen Rauchkammer gewährte einen guten Schutz gegen Wärmeverluste und verringerte den Kohlenverbrauch der Maschine beträchtlich. Das enge seitliche Zusammenrücken der beiden Zylinder an die Mittelachse der Lokomotive sicherte zudem einen ruhigen Lauf. Die Befestigung der Zylinder an den dünnen und durch Abzehrung gefährdeten Rauchkammerwänden war jedoch nur mangelhaft, da die nicht unerheblichen Kolbenkräfte diese schwachen Bleche stark beanspruchten. Die beiden Innenzylinder bedingten eine doppelt gekröpfte Treibachse. Da zu der damaligen Zeit als Baustoff für Kropfachsen nur sehniges Schweißeisen zur Verfügung stand, außerdem aber die Berechnung solcher Kropfachsen noch recht unsicher war, bildete diese Achse den schwächsten Teil der ganzen Lokomotive. Man versuchte, diesen schwachen Maschinenteil durch sorgfältige Lagerung zu schützen und brachte deshalb außer den beiden äußeren Tragrahmen noch weitere vier innere Maschinenrahmen an. Die doppelt gekröpfte Treibachse war in diesem Rahmen sechsmal gelagert. Die beiden äußeren zum Tragen des Fahrzeugs bestimmten Rahmen bestanden aus je zwei Seitenblechen von 9 mm Stärke, zwischen denen auf die ganze Länge ein Balken von 70 – 90 mm dickem Eichenholz lag. Diese Außenrahmen waren an den über den Achslagern stehenden Tragfedern aufgehängt und an den beiden Enden durch Querrahmen gleicher Bauart verbunden. Sie trugen durch eiserne, an der Rauchkammer, dem Langkessel und der Feuerbüchse angreifende Träger den Kessel.

Die vier inneren Maschinenrahmen waren zur Aufnahme der Kolbenkräfte und zur Lagerung der Steuerungsteile bestimmt. Senkrechte Lasten waren von ihnen nicht aufzunehmen. Von der empfindlichen Kropfachse konnten aber übermäßige Beanspruchungen nur ferngehalten werden, solange die Maschinenrahmen in ihrer Längsrichtung genau ihre Lage beibehielten. Da die Rahmen aber an dem vorderen Ende fest mit der Rauchkammer und hinten fest mit der Feuerbüchse verbunden waren und den Wärmedehnungen des Kessels folgen mußten, traten schon nach kurzer Zeit Verschiebungen und Verbiegungen auf.

Der «Adler» besaß einfache Schiebersteuerung mit Muschelschiebern, welche sehr geringe Überdeckungen hatten und daher mit fast voller Füllung gefahren werden mußten. Für die Vor- und Rückwärtsfahrt waren zwei Exzenter vorhanden, die auf einer gemeinsamen Büchse gelagert waren. Diese konnte durch einen vom Führerstand aus zu betätigenden Handzug mit Rasten seitlich auf der Treibachse verschoben und in den beiden End- und in der Mittelstellung festgehalten werden.

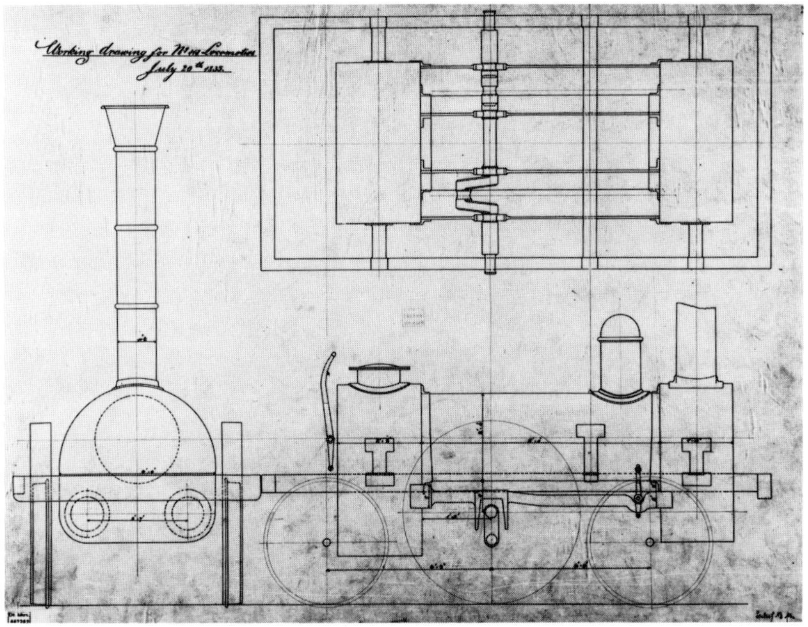

20 Werkszeichnung vom 20. Juli 1835 zur Fabriknummer 118, «Adler», der Stephenson'schen Lokomotivfabrik.
Archiv Deutsches Museum München.

In den Endstellungen wurde die Exzenterbüchse von geeigneten Anschlägen, die schellenartig auf der Achse festgeklemmt waren, mitgenommen. Diese Anschläge griffen in Aussparungen der Büchse ein, die annähernd um 180 Grad gegeneinander versetzt waren. Je nachdem die Büchse von dem rechten oder linken Anschlag mitgenommen wurde, erfolgte die Fahrt in der einen oder anderen Richtung. Das Ingangsetzen des Adlers beschreibt G. Rebenstein in seiner im Jahre 1836 in Nürnberg erschienen Veröffentlichung «Stephenson's Lokomotive auf der Ludwigs-Eisenbahn von Nürnberg nach Fürth in ihrer Ruhe und Thätigkeit dargestellt» wie folgt. Zum besseren Verständnis ist noch kurz anzumerken, daß es sich bei Rebenstein um einen Fachmann handelte, der vermutlich eine Zeitlang als Lehrling auf dem «Adler» Dienst tat und die Maschine gründlich kennengelernt hatte.

Um den Dampfwagen, nachdem er geheizt und Dampf von hinreichender Elastizität in dem Kessel entwickelt ist, aus dem Zustande der Ruhe in den der Bewegung zu bringen, hat der Kondukteur folgende Manipulationen vorzunehmen:

1) muß er die Steuerung aushängen, d. h. die Stangen, welche von den der Knieaxe der mittleren Räder beweglich sitzenden exentrischen Scheiben ausgehen, und mit Hülfe welcher die Maschine den Gang der Schiebventile selbst leitet. Dieses Aushängen geschieht mit Hülfe eines kleinen Hebels, der linker Hand zu den Füßen des Kondukteurs angebracht und mit einer Stange verbunden ist, die ihrerseits bis zur vorderen Abtheilung des Kessels läuft und dort unterhalb demselben mit einer, mit den Räderaxen parallel laufenden drehbaren Welle, auf welcher senkrecht zwei kurze, mit Rollen versehene Arme befestigt sind, in Verbindung steht. Dreht der Kondukteur den oben angegebenen Fußhebel, der außerdem, d. h. wenn die Maschine in Gang ist und die Steuerung selbst besorgt, senkrecht steht, aus der vertikalen in die horizontale Stellung, so wird die daran artikulirte Stange zurückgezogen, die Welle gedreht, die daran besfestigten zwei Arme werden gehoben, und da die schon oben erwähnten Stangen der excentrischen Scheiben mit ihrem andern Ende direkt über diesen Armen liegen, so werden sie durch die letzteren in Folge ihres Strebens nach der senkrechten Stellung gehoben und dadurch außer Verbindung mit dem Mechanismus der Schiebventile gebracht.

2) Ist dieses geschehen, d. h. liegt der Fußhebel zur Linken des Kondukteurs horizontal, so bringt er den oberhalb diesem ebenfalls zur Linken angebrachten Hebel umgekehrt aus der horizontalen in die vertikale Stellung. Durch einen dem erstbeschriebenen ähnlichen Mechanismus werden dann die Stangen, welche auf beiden Seiten des Kessels mit der waagrechten Drehungswelle der beiden größern vertikalen Hebel*), deren Handgriffe dem Kondukteur zu Gebote stehen und die daher direkt vor ihm angebracht sind, artikulirt sind, in Verbindung mit den beiden von einander unabhängigen Ventilhebeln gebracht, so daß also der Kondukteur den Ventilen selbst nach Willkür Bewegung geben, und nach Erforderniß Dampf hinter oder vor die Kolben der beiden Werkcylinder, die horizontal in der vorderen Abtheilung des Kessels liegen und deren Kolbenstangen dampfdicht durch die Kesselwand gehen, treten lassen kann.

Noch muß bemerkt werden, daß die Drehungswellen der Arbeitshebel, durch welche der Kondukteur die Bewegung anhebt und die daher unmittelbar vor ihm befindlich sind, zwar in einer und derselben Axenröhre (nahe über dem Schürloch) laufen, nichts destoweniger aber von einander unabhängig sind, so daß der eine Hebel bewegt werden kann, ohne daß der andere von der Bewegung affizirt wird. Der Hebel linker Hand wirkt daher nur auf das Ventil des Kolbencylinders auf der linken, der Hebel rechter Hand aber eben so nur auf das der rechten Seite, so daß der eine ganz in Ruhe seyn kann, während der andere in Bewegung ist.

3) Nun ergreift der Kondukteur den Hebel z. B. der linken Hand und macht einige Züge mit ihm; eben so verfährt er mit dem Hebel zur rechten Hand*), wobei er aber Acht geben muß, daß der Hebel nachher, wenn er wieder in Ruhe ist, so zu stehen kommt, daß die Ventile, mit welchen er in Verbindung steht, jeden Zutritt des Dampfes zu den Kolben verwehren. Zu diesem Zweck hat er nur auf den Arm zu sehen, welcher von der Drehungswelle der Arbeitshebel vertikal herabsteigt und durch welchen der daran befestigten Stange die Bewegung mitgetheilt wird, die sie ihrerseits auf die Schiebventile überträgt. Steht nämlich dieser Arm genau senkrecht, so haben die betreffenden Ventile eine solche Stellung, daß der Dampf weder vor, noch hinter den Kolben treten kann. Hierauf dreht der Kondukteur den Hahnschlüssel, welcher vor ihm über dem Schürloch angebracht ist, von der Rechten zur Linken, und verstattet dadurch dem Dampf, aus dem Kessel in die Vertheilungsbüchsen überzutreten. Dann beginnt er die Arbeit mit den Ventilen auf's Neue, wobei nun zwar wirklich Dampf in die Kolbencylinder eindringen, nicht aber die Kolben nach irgend einer Richtung in anhaltende Bewegung setzen kann, da er in Folge des schnellen Hin- und Herbewegens der Ventile fast eben so bald hinter den Kolben tritt, als er vor denselben gelangte*).

Endlich hebt der Kondukteur die Bewegung wirklich an, indem er das eine Ventil so stellt, daß der Dampf weder vor, noch hinter den Kolben treten kann; mit Hülfe des anderen aber, je nachdem das betreffende Knie der Axe der mittleren Räder, mit welchem die Kolbenstange durch die Kurbelstange in Verbindung steht, sich unter oder über der Axe befindet oder man den Wagen vor- oder rückgängig machen will, Dampf hinter oder vor den Kolben des anderen Cylinders treten läßt. Die Ebenen der Kniee (Krummzapfen) jener Axe sind gegen einander perpendikulär, d. h. das Knie rechter Hand ist dem andern immer genau um den vierten Theil der totalen Umdrehung voraus, wenn die Bewegung vorwärts, und um eben so viel zurück, wenn die Bewegung rückwärts geschieht; und hierauf muß der Kondukteur vorzüglich Rücksicht nehmen, damit er wisse, auf welcher Seite oder vielmehr mit welchem Kolben er die Bewegung anheben soll, worüber ihn ein Blick auf einen der Krummzapfen hinlängliche Auskunft geben kann. Denn es kann sich oft zutragen, daß die eine Kolbenstange ganz in ihren Cylinder hineingesenkt oder auch ganz aus demselben herausgestoßen, daß also auch der betreffende Krummzapfen völlig horizontal ist und daher, auch wenn der Dampf den Kolben zu bewegen sucht, doch keine Drehung stattfinden kann, so lange nicht die horizontale Lage des Krummzapfens in eine mehr oder weniger vertikale umgewandelt wird. In einem solchen Fall muß dann der andere Kolben aushelfen, denn es versteht sich aus der gegenseitigen Stellung der Krummzapfen schon von selbst, daß unmöglich beide zugleich in die horizontale oder senkrechte Stellung kommen können; daß daher immer einer dem Kondukteur zu Gebote stehen muß und eine mit diesem bewirkte geringe Drehung der Axe hinreicht, auch das andere Knie aus der horizontalen Lage (dem sogenannten Punkt der Ungewißheit der Bewegung) zu bringen, so daß es nun ebenfalls dem Zuge seiner Kolbenstange folgen kann.

*) Wir wollen Sie in der Folge, zum Unterschied von den andern die Arbeitshebel nennen.

**) Diese Arbeit hat den Zweck, die Schiebventile in Gang zu bringen, da sich die Stangen derselben in ihren Stopfbüchsen Anfangs sehr streng bewegen.

*) Durch diese Bewegung der Ventile wird nun beabsichtigt: 1) die Kolben in Gang zu bringen, und 2) die Cylinder derselben allmählig zu erwärmen. Denn da der Dampf im Kessel bei dem gewöhnlichen Druck von 50 Pfo. auf den Quadratzoll eine Temperatur con 148° C besitzt, so würden diese noch kalten Cylinder zu schnell erhitzt werden und dadurch vielleicht leiden, wenn man sogleich die ganze Masse des Dampfes mit ihnen in Berührung brächte. Daher wird auch der Anfangs in dieselben eintretende Dampf schnell zu tropfbarem Wasser verdichtet, welches dann, wenn die Kolben ihre regelmäßige Bewegung beginnen, mit Gewalt aus den Cylindern gedrückt und durch den Schlot in die Höhe gespritzt wird, was so lang fortdauert, bis die Kolbencylinder, die Vertheilungsbüchsen, die Dampfabführungskanäle u. eine der im Kessel herrschenden Temperatur besitzen.

Verrichtungen des Kondukteurs während der Bewegung.

Ist der Wagen einmal in Bewegung gebracht, und soll er einige Zeit in derselben verharren, so übergiebt der Kondukteur die Leitung der Ventile der Maschine selbst. Zu diesem Zweck hat er nun den Fußhebel, von welchem wir schon oben gesprochen haben, aus der horizontalen in die senkrechte Stellung zu bringen, worauf die Stangen der excentrischen Scheiben mit ihrer Einkerbung in die Bolzen der Ventilhebel eingreifen und auf diese Art die letzteren in Bewegung setzen.

Soll der Wagen während seiner Bewegung plötzlich angehalten werden, so hat man dazu zwei Mittel. Erstens kann dieses durch Abschließen des Dampfes zu den Ventilbüchsen geschehen (man braucht zu diesem Zweck nur den schon oben erwähnten Hahnschlüssel, den der Kondukteur vor sich hat, von der Linken gegen die Rechte zu drehen), während auch die linker Hand befindlichen zwei Räder des dem Dampfwagen angehängten Kohlenwagens durch eine Bremse gehindert werden, sich um ihre Axe zu drehen, worauf der Wagenzug noch ungefähr 15 Fuß weit fortrollt, bis sein Bewegungsmoment durch die Reibung der gepremsten Räder auf der Bahn ganz vernichtet ist. Soll die Bewegung des Wagens noch schneller aufgehoben werden, so verwandelt man 2) das Spiel der Ventile plötzlich in das entgegengesetzte, so daß der Dampf im Verhältnis zu der Stellung der Krummzapfen gerade entgegengesetzt wirken muß*), worauf der Wagen höchstens noch 5 bis 6 Fuß forteilt, dann zur Ruhe kommt und, wenn man das Verhältnis nicht wieder ändert oder den Dampf abschließt, selbst die Bewegung rückwärts beginnt, so daß diese eben so groß wird, als vorher die Geschwindigkeit vorwärts war. Dieß Alles wird durch die excentrischen Scheiben und durch einen horizontalliegenden Hebel zur Linken des Kondukteurs bewirkt, der mit seinem einen Ende auf einer Queerleiste aufliegt, während das andere mit einer Vorrichtung in Verbindung steht, durch welche die excentrischen Scheiben auf die linke, bald auf die rechte Seite der Bewegungsaxe geschoben, oder auch ganz außer den Einfluß der Bewegung derselben gesetzt werden können, je nachdem solches die Umstände erheischen. Da wir den Mechanismus der excentrischen Scheiben und ihr Verhältniß zu den Krummzapfen der Axe, auf welchem allein ihre erstaunenswürdigen Leistungen beruhen, schon früher dargestellt, so sey hier nur noch angegeben, daß wenn der horizontale Hebel, der mit obigem Mechanimus in Verbindung steht, in die Mitte der Queerleiste, auf welcher er aufliegt, gedreht wird, die excentrischen Scheiben unbeweglich stehen; wird er nach der Rechten gedreht (wobei jedoch vorausgesetzt wird, daß der Wagen schon in Bewegung ist), so läuft der Wagen vor-, erfolgt aber die Drehung zur Linken, so läuft er rückwärts.

Da in mehrfacher Beziehung viel daran gelegen ist, daß im Kessel immer ein gleichmäßiger Wasserstand erhalten werde, so muß der Kondukteur fleißig nach dem, rechter Hand vor ihm neben dem Schürloch angebrachten gläsernen Wasserzeiger schauen; diese Röhre mündet oben und unten in den Kessel, weßwegen das Wasser in ihr bis zu derselben Höhe empor steigen muß, als in jenem. Da jedoch die Oberfläche des im Kessel befindlichen Wassers während der Thätigkeit der Maschine nie in Ruhe ist, weil einestheils dasselbe durch die Stöße des Wagens, anderntheils durch die Einspritzungen der Pumpe in mehr oder weniger beträchtliches Schwanken gebracht wird, so kann auch die eben beschrieben Glasröhre den eigentlichen Wasserstand nur approrimativ angeben. Zudem kann auch der Fall eintreten, daß sie an ihrem obern oder untern Ende verstopft werde, worauf dann in beiden Fällen das statische Gesetz des Gleichgewichts der Flüssigkeiten aufgehoben und der Wasserzeiger nicht nur unnütz seyn, sondern auch zu den gefährlichsten Irrthümern Anlaß geben würde. Es sind daher zur rechten Seite der hinteren Kesselabtheilung, über dem Ofen zwei Hähne in einem Abstand von ein Paar Zollen über einander angebracht, durch deren öfter zu wiederholendes Öffenen und Schließen sich der Kondukteur am Sichersten von der Höhe des Wasserstandes überzeugen kann. Denn dreht er den untern Hahn, so muß Wasser, dreht er den obern, so muß Dampf herausströmen. Er weiß dann, daß im Kessel weder zuviel noch zu wenig Wasser ist und regulirt darnach den Zufluß desselben, indem er den Hahn des Kanales, durch welchen das Wasser aus dem Reservoir im Kohlenwagen in die Pumpenröhren übertritt, mehr oder weniger umdreht.

Damit der Kondukteur wisse, daß auch die Pumpe ihre Funktion gehörig verrichte, daß sie nicht verstopft oder sonst mangelhaft sey, steht ihm zu jeder Pumpe ein ähnlicher Probierhahn zu Gebote, bei dessen Umdrehung das Wasser in Strahlen aus der dadurch entstehenden Oeffnung hervorschießen muß, wenn dieser Theil der Maschine in Ordnung ist.

*) Das heißt, der Dampf bestrebt sich nun eben so stark, die Räder in entgegengesetzter Richtung zu drehen, als er sie vorher in der aufzuhebenden gedreht hat.

Die Bedienung der Steuerung war durchaus nicht leicht und ungefährlich und erforderte große Übung.

Die Speisung des Kessels erfolgte durch Langhubpumpen, deren Tauchkolben an den Kreuzköpfen angehängt waren. Später wurde noch eine an dem Stehkessel befestigte Handhebelpumpe hinzugefügt, um während des Stillstandes der Lokomotive auf den Bahnhöfen und im Schuppen nachspeisen zu können.

Die Annahme, daß die Dampfpfeife in der noch heute üblichen Form schon von Beginn des Lokomotivbetriebes an verwendet wurde und also auch beim «Adler» von Anfang an vorhanden gewesen sei, ist nicht richtig. So ist erwiesen, daß bei Eröffnung der Liverpool-Manchesterbahn am 15. September 1830 noch keine Dampfpfeife im Gebrauch war. Ein im Jahr 1831 veröffentlichter Stich zeigt, wie auf einer einen Güterzug befördernden Lokomotive dieser Liverpool-Manchesterbahn der Führer in ein Horn stößt. Auch in der Rebenstein'schen Beschreibung des «Adlers» aus dem Jahre 1836 fehlt jeder Hinweis auf eine Dampfpfeife. Es ist als nahezu sicher anzunehmen, daß sowohl der «Adler» als auch die ein Jahr später gelieferte Schwestermaschine, der «Pfeil», ohne Dampfpfeife in Nürnberg angeliefert wurden. Man kann davon ausgehen, daß diese beiden Maschinen ihre Pfeifen im Jahre 1838 montiert erhielten.

Auf dem Langkessel waren zwei Sicherheitsventile angeordnet. Das vordere Sicherheitsventil war in den dreißiger

Jahren mit einem hölzernen Gehäuse verkleidet, das unten bauchig war, um die Belastungsfedern aufzunehmen, und oben in ein mäßig hohes Dampfabzugsrohr ausmündete. Dieses Ventil ist auf sämtlichen zeitgenössischen Darstellungen deutlich zu erkennen. Ein weiteres kleineres Sicherheitsventil war unmittelbar vor dem Stehkessel am Langkessel angeordnet. Dieses Sicherheitsventil konnte über einen Hebel von der Lokomotivmannschaft bedient werden. Ein Aschkasten mit Klappen zur Regelung fehlte noch völlig. Dagegen war im Schornstein eine Klappe angebracht, die in geschlossenem Zustand nur die Blasrohrmündung frei ließ.

Die Räder besaßen einen gußeisernen Felgenkranz und eine gußeiserne Nabe. Die aus Rundeisen bestehenden Speichen trugen an dem einen Ende angeschmiedete Flanschen und waren durch diese mit der Felge vernietet. An dem anderen Ende waren die Speichen in der gußeisernen Nabe eingegossen. Die Treibräder hatten keine Spurkränze, um den Laufwiderstand in den Krümmungen zu vermindern. Die Handbremse des Tenders wirkte zuerst nur auf die Räder der Heizerseite.

Bis zur Außerdienststellung des «Adlers» im Jahre 1857 wurden noch verschiedene Veränderungen an der Maschine vorgenommen.

Folgende Umbauten sind uns bis heute noch bekannt: Um die Mitte der vierziger Jahre des vergangenen Jahrhunderts erhielt der «Adler» die schön verzierten Schutzbleche mit den senkrechten Ausschnitten an den Treibrädern. Diese Schutzbleche stammten von den Lokomotiven der bay. Staatsbahn – Gattung A I –, bei denen jedoch die Schlitze strahlenförmig, bei den Nürnberg-Fürther Maschinen aber senkrecht angeordnet waren. Zugleich wurden bei den Tenderfedern der besseren Zugänglichkeit halber Bleche ausgeschnitten und die Treibradfedern verstärkt, gleichzeitig wurde die Anzahl der Federblätter vermehrt. Der Stehkessel wurde bei einer Hauptuntersuchung mit Holz verkleidet. Außerdem erhielt der «Adler» versuchsweise eine neue Steuerung, wobei die bisher übliche Handsteuerung abmontiert wurde. Speziell dieser Umbau war von Erfolg, da der Kohlenverbrauch merklich sank. Außerdem wurde eine geänderte Rauchkammertür eingeführt, und zwar eine zweiflügelige, die nach der Seite zu öffnen war. Die bisher ursprünglich verwendete Rauchkammertür war halbkreisförmig und nach oben zu öffnen. Ebenfalls wurden neue Sicherheitsventile der damals üblichen Konstruktion angebracht. Das hintere Sicherheitsventil erhielt ein architektonisch verziertes Gehäuse. Das vordere Sicherheitsventil wurde auf den Dampfdom verlegt und mittels gewöhnlicher Federwaage belastet. Die Vorbilder für diesen Umbau waren zweifellos die bei der Königlich-Bayerischen Staatsbahn verwendeten Lokomotiven der Gattung AI. Wie erwähnt, wurde auch das hintere Sicherheitsventil geändert, Vorbild hierzu waren die Lokomotiven Jupiter und Juno der München-Augsburgerbahn, die im Jahre 1837 ebenfalls von Stephenson aus England nach Deutschland kamen. Lokführer Wilson kannte diese Lokomotiven gut, da er schon 1840 zur Besichtigung ihrer kupfernen Feuerbüchsen nach München gereist war, als es sich darum handelte, die eisernen Feuerbüchsen des «Adlers» und der zweiten später gelieferten Maschine durch kupferne zu ersetzen. Im Dezember 1844 wurde in den «Adler» in den eigenen Werkstätten eine von Stephenson bezogene neue Kropfachse eingebaut.

Aufgrund der Anordnungen der verschiedenen Bedienungshebel kann davon ausgegangen werden, daß ursprünglich der Lokführer des «Adlers» auf der linken und der Heizer auf der rechten Seite stand. Im Zuge der oben beschriebenen Änderungen und der Anpassung an die Gepflogenheiten der Königlich-Bayerischen-Staatsbahn wurde der Standpunkt Mitte der vierziger Jahre geändert, sodaß der Führer nunmehr rechts und der Heizer links standen.

Der Aufzeichnung der Sitzung des Direktoriums der Ludwigs-Eisenbahn-Gesellschaft vom 22. August 1850 ist zu entnehmen, daß der Maschinist und Lokführer Wilson sowie der Inspektor der Ludwigs-Eisenbahn, Korte, nach München geschickt wurden, um bei Maffei die vorhandenen Lokomotiv-Reserveräder neu bereifen zu lassen. Die beiden wurden angewiesen «sowohl auf Anwendung des vorzüglichsten Materials zu sehen, als auch möglichst die Kosten (650 Gulden) noch zu mildern».

Insgesamt ist festzuhalten, daß sich der «Adler» in seinen 22 Betriebsjahren bestens bewährt hatte. So war er innerhalb der ersten 3 Monate nur einen Tag nicht betriebsfähig und während 2360 Touren zwischen Nürnberg und Fürth hatte er nur 17 mal unterwegs gestanden, da das verwendete Heizmaterial nicht entsprach. Bei mehr als 2000 zurückgelegten deutschen Meilen betrugen die Reparaturen nur 173 Gulden 18 Kreuzer.

Im Jahre 1857 wurde er aus dem aktiven Dienst zurückgezogen. Aus dem 27. Bericht des Direktoriums der Königlich-Priviligierten-Ludwigs-Eisenbahn-Gesellschaft-Nürnberg, der die Rechenschaft über die Verwaltung des Jahres 1857 enthält, geht unter anderem hervor: «Den älteren Adler und Tender verkauften wir an Herrn Direktor Riedinger in Augsburg, jedoch ohne Räder und anderen Teilen, welche unseren Reservematerialien zugestellt wurden.» Die Hauptabrechnung des Jah-

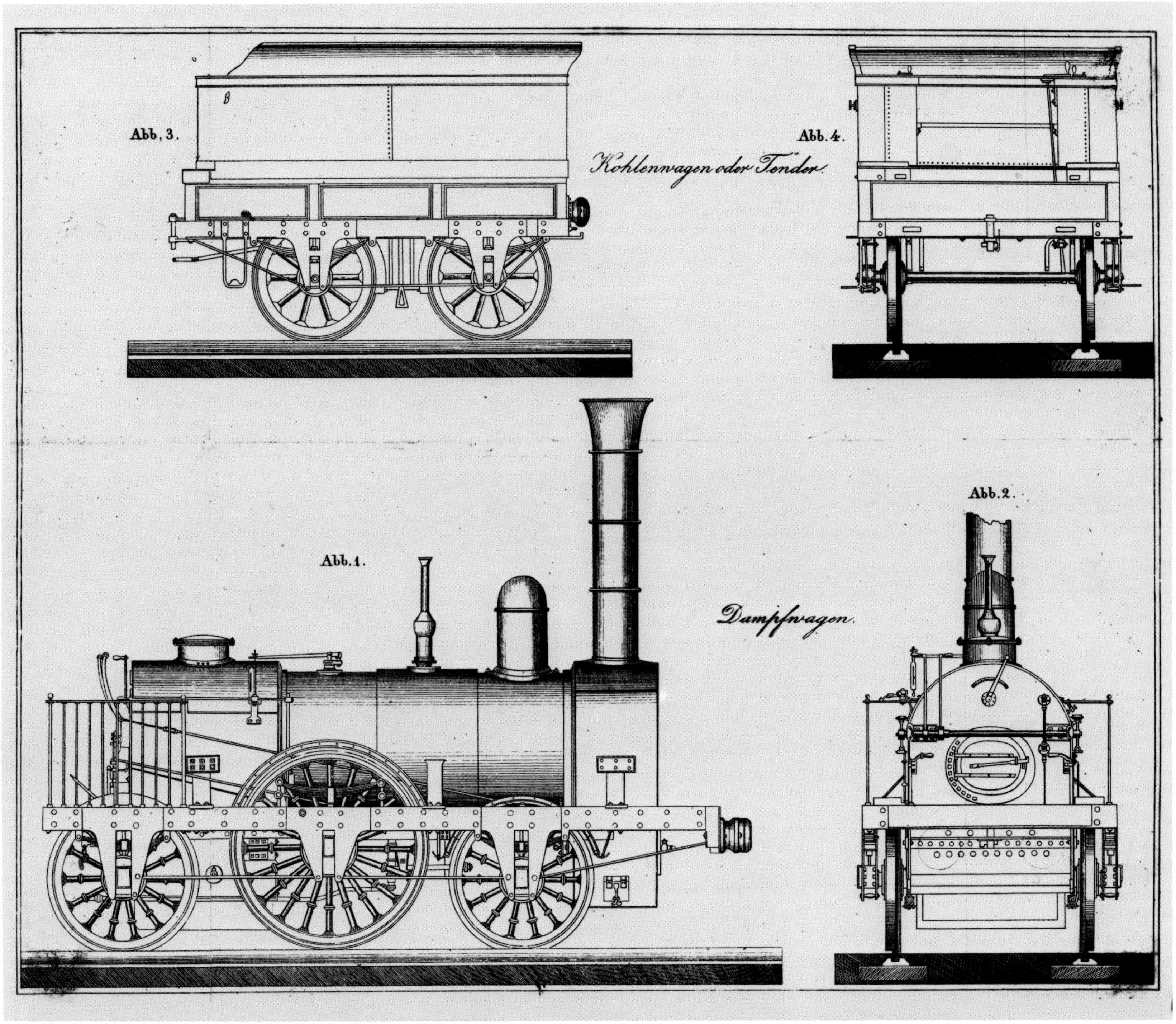

21 G. Rebenstein, vermutlich ein Lokomotivführeranwärter der Ludwigs-Eisenbahn, veröffentlichte 1836 eine Broschüre mit dem Titel: «Stephenson's Lokomotive auf der Ludwigs-Eisenbahn von Nürnberg nach Fürth in ihrer Ruhe- und Thätigkeit dargestellt.» Bei dem als Anlage in dieser Broschüre wiedergegebenen Stich handelt es sich nicht um den «Adler», sondern um eine baugleiche, schwerere Lokomotive. (Archiv Deutsches Museum München.)

22 Das Verkehrsmuseum in Nürnberg verfügt über eine umfangreiche Sammlung von Modellen im Maßstab 1:10, darunter befindet sich auch das Modell des «Adlers.» Weitere Modelle, die alle um die Zeit der Jahrhundertwende entstanden und sich in gewissen Dingen unterscheiden, befinden sich im Deutschen Museum in München sowie im Verkehrs- und Baumuseum in Berlin. Archiv Verkehrsmuseum Nürnberg.

res 1857 hat auf der Einnahmeseite folgenden Eintrag: «Für den alten Adler von Riedinger 1050 Gulden» erhalten.

Das Direktorium der Ludwigs-Eisenbahn-Gesellschaft schrieb im Zusammenhang mit dem Verkauf der Lokomotive «Adler» an die Generaldirektion der Königlich-Bayerischen-Staatseisenbahnen in München am 7.10.1900 unter anderem: «Wir gestatten uns nachträglich noch in Ergänzung fraglicher Richtigstellung, welche uns für die Allgemeinheit genügend erschien, folgendes ergebendst mitzuteilen: Das darin erwähnte Fabriketablissement, welcher die Lok «Adler» um einen verhältnismäßig hohen Preis überlassen wurde, ist die Firma L. A. Riedinger in Augsburg. Die Lokalitäten des Germanischen Museums, welches im Jahre 1852 ins Leben gerufen wurde, waren zur Zeit der Veräußerung des Adlers noch so beschränkt, daß zur Aufnahme desselben gar nicht einmal der erforderliche Raum vorhanden gewesen wäre. Abgesehen hiervon dürfte es sich auch fragen, ob damals überhaupt ein besonderes Interesse für Erhaltung dieser Lok vorhanden war. Jetzt ist dies allerdings anders. Die Anschauungen der Gegenwart sind eben anders als jene, die man vor mehr denn 40 Jahren hatte, was bei Vergleichen zwischen damals und jetzt überall deutlich wahrzunehmen ist.»

Am 1. November 1922 wurde auf der Nürnberg-Fürther-Eisenbahn der Verkehr eingestellt. Die Eisen- und Metall-Handelsgesellschaft Nürnberg hatte das rollende Material der Ludwigs-Eisenbahn zur Verschrottung erworben. Darunter dürften sich auch die Räder der Lokomotive «Adler» befunden haben, die beim Verkauf des Dampfkessels im Jahre 1857 von der Gesellschaft zurückbehalten worden waren.

Die Eröffnung der Ludwigs-Eisenbahn

Ursprünglich hatte man die Absicht, die Ludwigs-Eisenbahn am 25. August, dem Geburtstag des Königs Ludwig I. zu eröffnen. Bald stellte man jedoch fest, daß dieser Termin nicht eingehalten werden konnte. Der Grund hierfür waren die Schwierigkeiten bei der Beschaffung der Grundstücke, der Schienen, Wagen sowie der Lokomotive. Ingenieur Denis befürchtete sogar, daß eine Eröffnung der Bahn im Jahre 1835 nicht mehr möglich sein würde. Als jedoch im September und Oktober die Arbeiten rasch voranschritten, wurde als neuer Eröffnungstermin vom Direktorium der 24. November 1835 festgelegt. Entsprechende Einladungen ergingen an alle Freunde, Gönner und Interessenten, auch an König Ludwig I., sowie an die Königliche Regierung. Als jedoch wider Erwarten Anfang November eisige Kälte über das Land hereinbrach, schien es, daß die Bauarbeiten sowie die Aufstellung und der Zusammenbau des Dampfwagens nicht mehr rechtzeitig erfolgen würden. Das Direktorium beabsichtigte, die unfertige Bahn zu eröffnen, dagegen stellte sich jedoch Denis mit allem Nachdruck. Letztendlich einigte man sich auf eine nochmalige Verschiebung des Eröffnungstermines. Ende November waren alle Arbeiten abgeschlossen, sodaß man übereinkam, den 7. Dezember 1835 als endgültigen Eröffnungstermin der Ludwigs-Eisenbahn festzusetzen. Mit der Festlegung dieses Termins mußte man jedoch auch den Wunsch begraben, daß aus sämtlichen Teilen Deutschlands, ja ganz Europas Menschen zur Eröffnung der Bahn kommen würden. Wer wollte sich zu dieser vorgerückten Jahreszeit einer damals so beschwerlichen und langen Reise unterziehen.

Am Vortag der Eröffnung der ersten deutschen Eisenbahn, am 6. Dezember, trafen sich die Aktionäre im kleinen Rathaussaal zu Nürnberg zu einer Generalversammlung. Hierbei brachte das Direktorium seinen Rechenschaftsbericht vor, außerdem wurden Probleme erörtert. Bürgermeister von Binder begrüßte 117 erschienene Aktionäre der Bahn aufs herzlichste. Platner schloß mit dem Rechenschaftsbericht an und schilderte kurz die Schwierigkeiten und Hindernisse, die mit dem Bahnbau verbunden waren. Besondere Anerkennung und Würdigung erfuhr hierbei Bauingenieur Denis. Anschließend erfolgte eine Übersicht über die Kosten des Bahnbaues.

Der stellvertretende Direktor Scharrer erwähnte nochmals Baukosten und den voraussichtlichen Etat der Bahn und ging auf den zukünftigen Betrieb ein. Anschließend nahm er Stellung zu einer 50 Seiten umfassenden kritischen Schrift, die vom Aktionär Wellmer herausgegeben worden war. Da diese Schrift scharfe Angriffe gegen das Direktorium richtete, entschloß man sich, darauf einzugehen und diese zu entkräften. Scharrer wiederlegte die einzelnen Punkte dieses Berichtes. Besonders griff Wellmer in seiner Schrift die Verwendung der Dampfkraft an, außerdem brachte er vor, daß die Bahn zu solide gebaut worden wäre. Er vertrat die Meinung, eine neu errichtete Eisenbahn könne nur dann Ertrag abwerfen, wenn sie vorweg provisorisch errichtet und der Bahnbetrieb mit Pferdekraft durchgeführt würde.

Mehrere weitere Redner bestätigten das Vorgehen des Direktoriums und wandten sich nachdrücklich gegen die Vorwürfe Wellmers. Unter dem Vorsitz des Bürgermeisters von Binder stimmte das Direktorium dem Austritt Wellmers zu. Im Rahmen dieser Generalversammlung am Vorabend der Bahneröff-

Fahrt. Wagen Nr. 7

EINTRITTSKARTE
zur
Eröffnung der Königl. priv. Ludwigs-Eisenbahn
am 7. December 1835.

Die Abfahrt nach Fürth findet Punct 9 Uhr statt. Man beliebe sich aber eine halbe Stunde früher auf der errichteten Tribune im Verwaltungs-Locale einzufinden.

Das Directorium
der
Ludwigs-Eisenbahn-Gesellschaft.

23 Eintrittskarte zur Eröffnung der Ludwigs-Eisenbahn für Wagen Nr. 7.
(Archiv Verkehrsmuseum Nürnberg.)

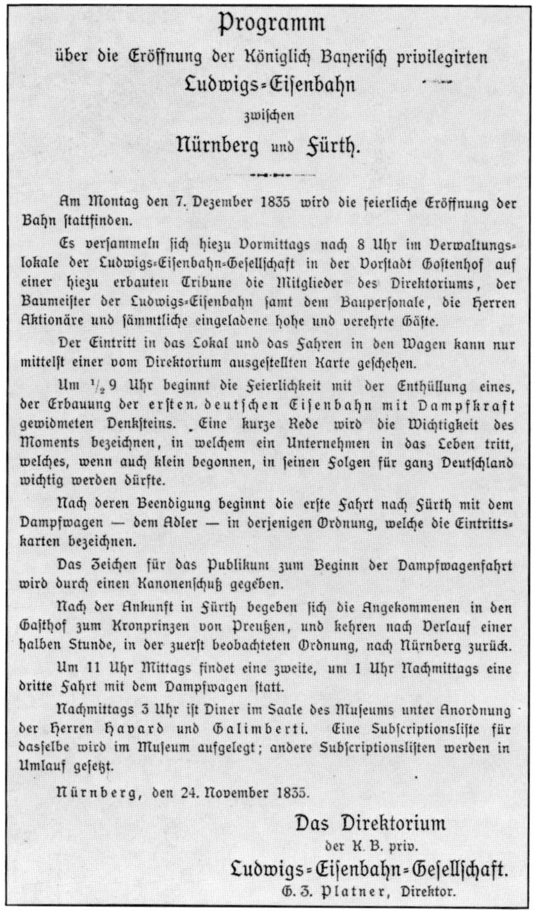

Programm
über die Eröffnung der Königlich Bayerisch privilegirten
Ludwigs-Eisenbahn
zwischen
Nürnberg und Fürth.

Am Montag den 7. Dezember 1835 wird die feierliche Eröffnung der Bahn stattfinden.

Es versammeln sich hiezu Vormittags nach 8 Uhr im Verwaltungslokale der Ludwigs-Eisenbahn-Gesellschaft in der Vorstadt Gostenhof auf einer hiezu erbauten Tribune die Mitglieder des Direktoriums, der Baumeister der Ludwigs-Eisenbahn samt dem Baupersonale, die Herren Aktionäre und sämmtliche eingeladene hohe und verehrte Gäste.

Der Eintritt in das Lokal und das Fahren in den Wagen kann nur mittelst einer vom Direktorium ausgestellten Karte geschehen.

Um 1/2 9 Uhr beginnt die Feierlichkeit mit der Enthüllung eines, der Erbauung der ersten deutschen Eisenbahn mit Dampfkraft gewidmeten Denksteins. Eine kurze Rede wird die Wichtigkeit des Moments bezeichnen, in welchem ein Unternehmen in das Leben tritt, welches, wenn auch klein begonnen, in seinen Folgen für ganz Deutschland wichtig werden dürfte.

Nach deren Beendigung beginnt die erste Fahrt nach Fürth mit dem Dampfwagen — dem Adler — in derjenigen Ordnung, welche die Eintrittskarten bezeichnen.

Das Zeichen für das Publikum zum Beginn der Dampfwagenfahrt wird durch einen Kanonenschuß gegeben.

Nach der Ankunft in Fürth begeben sich die Angekommenen in den Gasthof zum Kronprinzen von Preußen, und kehren nach Verlauf einer halben Stunde, in der zuerst beobachteten Ordnung, nach Nürnberg zurück.

Um 11 Uhr Mittags findet eine zweite, um 1 Uhr Nachmittags eine dritte Fahrt mit dem Dampfwagen statt.

Nachmittags 3 Uhr ist Diner im Saale des Museums unter Anordnung der Herren Havard und Galimberti. Eine Subscriptionsliste für dasselbe wird im Museum aufgelegt; andere Subscriptionslisten werden in Umlauf gesetzt.

Nürnberg, den 24. November 1835.

Das Direktorium
der K. B. priv.
Ludwigs-Eisenbahn-Gesellschaft.
G. Z. Platner, Direktor.

24 Programm zur Eröffnung der Ludwigs-Eisenbahn, herausgegeben am 24. November 1835.
(Archiv Verkehrsmuseum Nürnberg.)

25

26

25 Tabaksdosen mit dem Motiv der ersten Deutschen Eisenbahn waren beliebte Erinnerungsstücke in ihrer Zeit.
Archiv Verkehrsmuseum Nürnberg.

26 Anläßlich der Eisenbahn-Eröffnung wurden von dem Fürther Zinngießer Johann Georg Löffler Zinnmedaillen hergestellt und verkauft.
Sammlung Stadtmuseum Fürth.

nung wurde eine Erhöhung des Aktienkapitals beschlossen. Eine sofort durchgeführte Subskription erbrachte die Summe von 10.000 Gulden. Außerdem wurde ein Rechnungsprüfungsausschuß eingesetzt. Zufrieden mit diesem Verlauf schloß man die Versammlung und ging zum angenehmeren Teil, einem festlichen Abendessen bei Platner über.

Am Morgen des 7. Dezember 1835, dem Tag der Eröffnung der Ludwigs-Eisenbahn, waren in den beiden Städten Nürnberg und Fürth Kavallerie und Infanteriepatrouillen unterwegs. Sie waren beauftragt, an diesem Tag die öffentliche Ruhe, Ordnung und Sicherheit in den Städten und Vorstädten zu gewährleisten. Unterstützt wurde das Militär von der Polizei, die sich speziell zur Verhütung von Unglücksfällen an den Überfahrten der Bahn aufgestellt hatte. Bereits Tage zuvor war das Publikum in den örtlichen Zeitungen aufgerufen worden, am Tag der Bahneröffnung die Bahnstrecke nicht mehr zu betreten und sich des Überquerens der Bahn zu enthalten, da dies mit äußerster Lebensgefahr verbunden sei.

Auch die Schulkinder wurden unter Strafandrohung vor dem Betreten der Eisenbahn gewarnt. Es wurde angeordnet, daß die Eisenbahn bis zum Dooserweg von zwei Polizeioffizianten und 6 Polizeisoldaten bewacht werden solle, um allen möglichen Unfällen vorzubeugen.

Auch die Stadtkommandantschaft von Fürth erließ den Befehl, daß am Tag der Eröffnung vormittags um 8.00 Uhr eine Grenadierkompanie des Landwehrregiments ausrücken und denjenigen Teil der Eisenbahn, welcher mit einem Gatterwerk umgeben sei, samt den dazuführenden Ein- und Ausgängen besetzt halten solle. Diese sämtlichen Maßnahmen waren ergriffen worden, um irgendwelche Unglücksfälle und Störungen am Tag der Bahneröffnung abzuwenden. Am Montag den 7. Dezember 1835, ja bereits am Tag zuvor, hatte sich in Nürnberg und Fürth sowie entlang der Bahnstrecke eine ungeheure Menschenmenge von nah und fern versammelt. Der Plärrer, Gostenhof und die Chaussee bis nach Fürth waren mit Menschen überfüllt. Die Landwehr und die Polizei hatten alle Mühe, die Ordung aufrecht zu erhalten. Ein derartiges Schauspiel hatte Nürnberg seit Menschengedenken nicht mehr erlebt. Unter den Gästen sah man den Präsidenten der hohen Königlichen Regierung von Mittelfranken als Vertreter seiner Majestät König Ludwig I., Abgeordnete der Universität Erlangen und der Magistrate der benachbarten Städte Fürth, Ansbach, Erlangen und Schwabach. Kurz nach 8.00 Uhr versammelten sich auf der vor dem Verwaltungslokal der Ludwigs-Eisenbahn-Gesellschaft in Nürnberg erbauten Tribüne die Mitglieder des Direktoriums, die Königlichen Militär- und Zivilbehörden, die Städtischen Beamten, der Baumeister der Eisenbahn mit dem Baupersonal, die Aktionäre sowie sämtliche geladenen Gäste. Auf der einen Seite der Tribüne hatte sich die Regimentsmusik der Königlichen Landwehr in voller Uniform unter Leitung des Kommandanten Oberstleutnant Rauh aufgestellt. In der Nähe der Regimentsmusik stand ein Sängerchor, geleitet von Kantor Köhler.

Unter musikalischen Klängen bestieg um 8.30 Uhr Bürgermeister Binder die Rednerbühne und eröffnete die Feierlichkeiten mit einer Ansprache. Hierbei erwähnte er nochmals die mit dem Bahnbau verbundenen Schwierigkeiten, rühmte die Verdienste aller, die am Bahnbau beteiligt waren, beson-

27 Das Erinnerungsblatt zur Bahneröffnung am 7. Dezember 1835. Dieses Blatt wurde an die Festgäste verteilt.
Archiv Verkehrsmuseum Nürnberg.

28 Das Panorama der Stadt Nürnberg um 1845. Am rechten Bildrand im Vordergrund ist neben der Chaussee die Nürnberg-Fürther Eisenbahn zu erkennen. Rechts im Hintergrund sieht man einen Zug der Königlich Bayerischen Staatsbahn. Archiv Verkehrsmuseum Nürnberg.

ders die von Bezirksingenieur Denis und dankte abschließend den Königlichen Staatsbehörden, besonders der Könglichen Kreisregierung. Zum Schluß der Ansprache erfolgte ein dreimaliger Ruf: «Hoch lebe der König und das ganze Königliche Haus!» Die versammelte Menge stimmte laut unter den Musikakkorden in diesen Hochruf mit ein. Während die Musikkapelle die Nationalhymne «Heil unserem König heil» spielte, erfolgte die Enthüllung des bis dahin bedeckten Gedenksteines, der auf der einen Seite den Namenszug König Ludwig I. mit der Inschrift: «Deutschlands erste Eisenbahn mit Dampfkraft 1835» und auf der anderen die vereinten Wappen beider Städte Nürnberg und Fürth trug. Nach der Enthüllung des Gedenksteines bestiegen die Festgäste den bereitgestellten Zug. Berechtigt zur Mitfahrt waren nur diejenigen, die spezielle Einladungskarten erhalten hatten. Unter Musik und Kanonendonner setzte sich der «Adler» mit seinen 9 Personenwagen in Bewegung und trat die erste offizielle Fahrt nach Fürth an.

Bei der Ankunft in Fürth wurde der Zug von den dortigen Königlichen und Städtischen Behörden empfangen, die Passagiere wurden in den Gasthof zum Kronprinzen von Preußen geleitet, wo ein Frühstück eingenommen wurde. Gegen 10.00 Uhr Vormittags wurde die Rückfahrt nach Nürnberg angetreten.

Um 11.00 Uhr mittags fand eine zweite und um 13.00 Uhr nachmittags die dritte Fahrt mit dem Dampfwagen statt, die eine Freifahrt für das allgemeine Publikum war. Die Züge waren jedesmal voll besetzt, bei Abfahrt gab ein Kanonenschuß das Signal. Um 15.00 Uhr nachmittags fand im Saal der Museums-

gesellschaft unter Anordung der Herren Hovard und Galimberti ein Diner statt. An dem Festessen, zu welchem auch Denis, seine beiden Gehilfen Dambrunn und Anger sowie der Buchbindermeister und Magistratsrat Schnerr, eingeladen waren, beteiligten sich alle erschienen Aktionäre und eine große Zahl von Ehrengäste. Nach dem Diner trug Buchbindermeister Schnerr ein Festgedicht vor. Mit diesem gemeinsamen Essen fand der denkwürdige Tag, der ohne jegliche Störung oder einen Unfall verlaufen war, seinen Abschluß

Im folgenden nun ein zeitgenössischer Bericht aus dem Stuttgarter Morgenblatt, dessen Berichterstatter Augenzeuge dieses denkwürdigen Ereignisses war. Er beschrieb den Augenblick, als sich der Dampfwagen in Bewegung setzte: «Der Wagenlenker ließ die Kraft des Dampfes nach und nach in Wirksamkeit treten. Aus dem Schlot fuhren nun die Dampfwolken in gewaltigen Stößen, die sich mit dem schnaufenden Ausatmen eines riesenhaften antediluvianischen Stieres vergleichen lassen. Die Wagen waren dicht aneinandergekettet und fingen an, sich langsam zu bewegen; bald aber wiederholte sich die Ausatmung des Schlotes immer schneller und die Wagen rollten dahin, daß sie in wenigen Augenblicken den Augen der Nachschauenden entschwunden waren. Auch die Dampfwolke, welche lange noch den Weg, den diejenige genommen, bezeichnete, sank immer tiefer, bis sie auf dem Boden zu ruhen schien; die erste Testfahrt war in neun Minuten vollendet, und somit die Strecke von 20.000 Fuß zurückgelegt.» Bedient wurde die Lokomotive von dem wegen seines Amtes und seiner «geheimnisvollen» Kenntnisse bewunderte englische Maschinist, William Wilson, und dem Heizer Johann Georg Hieronymus aus Triesdorf in Mittelfranken. Hatte die glückliche Eröffnung der Eisenbahn Nürnberg-Fürth bei allen Beteiligten eine Stimmung der Freude und des Erfolges hervorgerufen, so mischte sich doch ein Wermutstropfen dazu. Kein Angehöriger des Königlichen Hauses hatte an der Eröffnungsfeierlichkeit teilgenommen, obgleich die Einladung für die Bahneröffnung an den König, an den Prinzen Karl Theodor und den Herzog

29 Im Verlag von Frau Erika Kästner in Schwaig bei Nürnberg erschien eine Postkarte, die die Eröffnung der ersten Deutschen Eisenbahnlinie zwischen Nürnberg und Fürth zeigt. Die dazugehörigen Zinnfiguren wurden von Fritz Söltner bemalt.

Max sowie an mehrere Mitglieder des Hofes ergangen waren. Das Nichterscheinen des Königlichen Hauses läßt sich damit erklären, daß die Reise von König Ludwig I. nach Griechenland sowohl ihn selbst als auch seine Familie unabkömmlich machte, außerdem kam hinzu, daß der Eröffnungstermin mehrmals verschoben wurde und die Eröffnung zu fortgeschrittener Jahreszeit erfolgte, die ein weites Reisen erschwerte.

Die Eröffnung der ersten Deutschen Eisenbahn zwischen Nürnberg und Fürth nahm man zum Anlaß, eine Vielzahl von Erinnerungsstücken auf den Markt zu bringen. So wurde durch die Ludwigs-Eisenbahn-Gesellschaft selbst das Gedicht, das Magistratsrat Schnerr bei dem nachmittaglichen Diner am 7. Dezember vorgetragen hatte, in 800 Exemplaren gedruckt und verteilt.

Bei den Souveniers gab es nahezu alles, angefangen von Schnupftabakdosen über Spitzentaschentücher bis hin zu dem mit Eisenbahnemblem geschmückten Bierkrügen, in denen «Dampfbier» gereicht wurde. Eine Zeitlang galt es als besonders schick, sich Briefpapiers mit dem Aufdruck des Adlerzuges zu bedienen. Eine Vielzahl von Drucken erschien auf dem Markt, die die erste Eisenbahn Deutschlands in nur allen möglichen denkbaren Situationen darstellte. So gab es unter anderem ein sogenanntes Ausziehbild, das einen Blick aus luftiger Höhe eines auf dem Dach des ersten Wagen angebrachten Verdeckes auf die Bahnstrecke vermittelt. Speziell diese Erinnerungsstücke werden heute in Sammlerkreisen hochgeschätzt und sind zum Teil nur gegen enorme Summen zu erhalten. Aber auch in der Musikwelt der damaligen Zeit fand das epochale Ereignis seinen Niederschlag. So entstand in Nürnberg ein sogenanntes «Volkseisenbahnlied» mit Blechmusikbegleitung. Acht Tage nach Eröffnung der Bahn begeisterte Johann Strauß die Nürnberger mit seiner Musik. Hoch schlugen die Wellen der Begeisterung, als Strauß als 89. Werk einen Eisenbahnwalzer für Pianoforte vortrug.

Nicht nur in Bayern, sondern in ganz Deutschland fand die Eröffnung der ersten Deutschen Eisenbahn zwischen Nürnberg und Fürth begeisterte Aufnahme. Speziell die in dieser Zeit bereits existierenden Eisenbahn-Komitees in Leipzig, Magdeburg und Köln fühlten sich durch die Bahneröffnung bestätigt und in ihrem Vorhaben bestärkt.

Der Betrieb der Ludwigs-Eisenbahn

Mit dem 8. Dezember 1835 kehrte der Alltag auf der Ludwigs-Eisenbahn ein, d.h. der regelmäßige Bahnbetrieb wurde aufgenommen. Der erste Zug fuhr jeweils früh um 7.00 Uhr von Fürth nach Nürnberg, in den Stunden von 8.00 Uhr bis 12.00 Uhr und 15.00 Uhr bis 18.00 Uhr gingen dann an den vollen Stunden Züge mit Pferdebetrieb von Nürnberg nach Fürth. An den halben Stunden in umgekehrter Richtung. Der letzte Zug ging nach Fürth um 17.30 Uhr abends. Wegen der Knappheit und des hohen Preises der Kohlen waren die Dampfwagenfahrten auf die Nachmittagsstunden von 13.00 bis 14.30 Uhr beschränkt. Es waren vorläufig nur zwei solcher Fahrten, von Nürnberg und von Fürth abgehend, vorgesehen. Da man sich noch nicht im klaren war, wie groß der Andrang des Publikums sein würde, wurde vorerst nur ein provisorischer Fahrplan erstellt.

Um den starken Zustrom der Reisenden in den Griff zu bekommen, wurde der Fahrbetrieb bis in das kleinste geregelt. Vor Antritt der Fahrt war es notwendig, daß jeder Reisende eine Fahrkarte erwarb. Um jede Schwarzfahrt zu vermeiden, hatten die Fahrkarten für jeden Tag eine andere Farbe, aber auch für jede Stunde wurde eine bestimmte Karte ausgegeben. Fahrkarten für die Rückfahrt erhielt der Reisende jeweils nur am anderen Bahnhof bzw. gegen eine Voranmeldung tags zuvor am Abfahrtsort. Bei der Reise selbst konnte zwischen drei Tarifklassen gewählt werden. In der ersten Klasse waren 12, in der zweiten 9 und in der dritten Klasse 6 Kreuzer Fahrgeld zu entrichten. Speziell der Fahrpreis in der dritten Klasse wurde allgemein als zu hoch empfunden. Trotz mehrerer eingebrachter Anträge blieb jedoch das Direktorium bei den genannten Fahrpreisen. Von den Fahrgästen wurde auch der Wunsch vorgetragen, «abonnierte Plätze» zu reservieren. Doch auch dieser Antrag wurde abgelehnt. Doch bald nach der Eröffnung der Eisenbahn entschloß sich das Direktorium, den Kindern bis zu 10 Jahren den halben Fahrpreis einzuräumen. Polizeibeamte im Außendienst, Dienstmitglieder des Direktoriums und das Köngliche Kanalbaupersonal bekamen nach vorheriger Anmeldung Freiplätze zugewiesen. Auch in Einzelfällen, in denen aus sozialen Gründen der Fahrpreis nicht aufgebracht werden konnte, erteilte das Direktorium die Erlaubnis für kostenlose Fahrkarten. So wurde unter anderem auch einmal im Jahr für die Kinder des Waisenhauses eine kostenlose Lustfahrt im Frühjahr durchgeführt. An dieser Stelle erscheint es angebracht, zu schildern, auf welch umständliche Weise die Züge der Nürnberg-Fürther Ludwigsbahn an den Endbahnhöfen gewendet wurden. Die Züge wurden in den Bahnhof hineingeschnellt, d.h. die Lokomotive wurde im Fahren kurz vor der Weiche vom Zug getrennt und lief vorweg in das eine der zwei Gleise, während die Wagen nach Umstellung der Weiche in das andere gelenkt wurden. Die Lokomotive machte erst jenseits der gegen das Ende des Gleises eingebauten Drehscheibe halt. Nun wurde der Tender abgekuppelt, nach rückwärts auf die Drehscheibe gedrückt, hier um 90 Grad gedreht und auf das nach dem Lokomotivschuppen führende Gleis zurückgeschoben. Darauf fuhr die Lokomotive auf die Scheibe, wurde um 180 Grad gedreht und rückte etwas vorwärts, worauf der Tender zurückgeholt und nach nochmaliger Drehung um 90 Grad mit der Lokomotive wieder vereinigt wurde. Jetzt kamen die Wagen an die Reihe. Da streng darauf geachtet wurde, daß in jeder Fahrrichtung die Wagen immer genau in der gleichen Reihenfolge liefen, so mußte jeder Wagen einzeln durch die zwei nebeneinander liegenden Drehscheiben von dem einen Gleis in das andere, wo die Lokomotive stand, hinübergedreht werden. Es waren also bei einem Zug von 12 Wagen zwei Drehungen des Tenders um 90 Grad, eine Drehung der Lokomotive um 180 Grad und 24 Wagenumdrehungen um je 90 Grad notwendig. Ab dem Jahre 1846 erfolgte eine Vereinfachung dieses Verfahrens. Auch der Fahrgast hatte sich einem strengen Reglement zu unterwerfen. Fünf Minuten vor Abfahrt des Zuges hatten sich die Reisenden nach einem Zeichen durch die Stationsglocke im Hof des Verwaltungslokales zu versammeln. Nach dem 2. Läuten wurden sie von dem Fahrkartenschaffner je nach Wagenklasse an die für sie bestimmten Wagen geführt.

30

31

30 Blick auf den Nürnberger Bahnhof. Am linken Bildrand ist das zu Ehren von Johann Scharrer errichtete Denkmal zu sehen.
Archiv Verkehrsmuseum Nürnberg.

31 Bei den aus der Tabakfabrik Platner gelieferten Waren wurden auf den Verpackungen die Szene des Nürnberger Bahnhofes dargestellt.
Archiv Verkehrsmuseum Nürnberg.

32 Die Bahnanlagen des Nürnberger Bahnhofes von der Straßenseite aus gesehen.
Archiv Verkehrsmuseum Nürnberg.

33 Ein Blick auf die Abfahrtshalle des Bahnhofes Nürnberg. Archiv Verkehrsmuseum Nürnberg.

34 Eine Lithographie von J. Hitz zeigt die Anlagen des Nürnberger Bahnhofes. Eben ist ein Zug mit Pferdebespannung eingelaufen.
Archiv Verkehrsmuseum Nürnberg.

35 Zum 25jährigen Jubiläum am 7. Dezember 1860 erschien diese Karte. Eben rollt eine Lokomotive von der Abfahrtshalle am Empfangsgebäude vorbei zu der auf der linken Seite befindlichen Remise. Archiv Verkehrsmuseum Nürnberg.

32

33

34

35

Hier hatte jeder Fahrgast seinen Platz, der ihm durch die Nummer der Fahrkarte zugewiesen war, einzunehmen. Auf das dritte Glockenzeichen hin, setzte sich der Zug in Bewegung. Voluminöses Handgepäck konnte nicht mitgenommen werden. Auch die Mitnahme von Hunden war nicht erlaubt, ebenso war es nicht gestattet, in den Wagen der I. Klasse zu rauchen.

Der Andrang der Fahrgäste in den ersten Monaten war enorm. Ingenieur Denis meinte hierzu, man müsse um das Leben der Menschen und den Bestand der Bahn fürchten, wenn man die Wagen weiterhin so überlade, wenn der Lokomotivführer Wilson auch weiterhin so rase, wie in den ersten Tagen. In Fürth und Nürnberg mußte man an Sonn- und Feiertagen um polizeiliche Aufsicht nachsuchen, um Ausschreitungen zu vermeiden. Besonders gefragt waren natürlich die täglich zweimal stattfindenden Dampffahrten. Auf diese enorme Nachfrage richtete man sich ab 1838 ein und ließ an gewöhnlichen Tagen acht Dampfzüge verkehren. An Sonn- und Feiertagen waren es gar deren zehn. Nachfolgend die Entwicklung der Fahrgastzahlen:

Jahr	I. Klasse	II. Klasse	III. Klasse	Summe
1835/36	74.860	159.708	240.651	475.219
1837	55.759	135.417	276.128	467.304
1838	44.174	121.611	274.104	439.889
1839	36.235	104.958	287.269	428.669
	211.235	521.694	1.078.152	1.811.081

Dem Wunsch des Publikums entsprechend wurden auch sogenannte Schnellfahrten eingerichtet. An diesen Fahrten nahmen Gruppen von 50 Personen teil, wobei jeder Passagier 1½ Gulden zu bezahlen hatte, gleich welchen Platz er im Zug

36

38

37

36 Ansicht des Bahnhofes zu Fürth. Eben verläßt ein Zug mit einer Dampflokomotive die Abfahrtshalle, während zwei Personenwagen durch Pferde transportiert werden.
Archiv Verkehrsmuseum Nürnberg.

37 Der Bahnhof Fürth zur Zeit der Bahneröffnung von der Straßenseite aus gesehen.
Sammlung Stadtmuseum Fürth.

38 Bahnhofszene in Nürnberg. Links ist der Gedenkstein der Bahneröffnung am 7. Dezember 1835 zu erkennen.
Archiv Verkehrsmuseum Nürnberg.

39 Der Bahnhof in Fürth im Jahre 1848. Nach einem Bild von Georg Christoph Wilder.
Sammlung Stadtmuseum Fürth.

40 Eine Zinkographie von J. J. Lechner aus Nürnberg stellt die Ankunft des Dampfwagens in Fürth dar.
Sammlung Germanisches Nationalmuseum Nürnberg.

39

40

Zinkographie bei J.J.Lechner in Nbg.
Ankunft des Dampfwagens in Fürth.
Verlag der J.A.Endterschen Handlung.

41 Die Ludwigs-Eisenbahn zwischen Nürnberg und Fürth nach einem Stich, erschienen bei C. Trummer Nürnberg.

(Stadtgeschichtliche Museen Nürnberg, graphische Sammlung.)

einnahm. Diese Schnellfahrten fanden großes Interesse und nahmen rasch überhand. Ingenieur Denis wandte sich nachdrücklick gegen diese Art von Fahrten, da er wohl um die Bahn selbst als auch um die Lokomotive und die Wagen besorgt war.

Einen besonders starken Andrang erfuhr die neu errichtete Eisenbahn während der Zeiten der Fürther Kirchweih und des Nürnberger Volksfestes sowie zur Zeit des Christkindlesmarktes. Das Platzangebot der Züge reichte zu dieser Zeit bei weitem nicht aus.

Besondere Sorgfalt wurde auf die Überwachung der Bahnstrecke und hier speziell der Wegkreuzungen gelegt. Drei Bahnwärter standen zur Überwachung bereit. Es wurde streng darauf geachtet, daß keine Unbefugten den Bahnkörper betraten. Verbotstafeln, Bekanntmachungen in den Tageszeitungen wiesen darauf hin. Aber speziell in den ersten Wochen des Eisenbahnbetriebes wurden diese Hinweise mißachtet und deshalb strenge Strafen ausgesprochen.

Aber auch der Zug verkehrte unter den damals möglichen Sicherheitsmaßnahmen. Jeder Wagen wurde mit einer Bremse ausgerüstet, obwohl zum Anhalten des Zuges die Bremse des ersten Wagens genügte. In jedem Wagen saß ein Aufseher, der bei Notwendigkeit die Bremse zu bedienen hatte. Außerdem wurde auf dem Dach des ersten Wagens ein sogenanntes «Kabriolet» angebracht, von wo aus ein Bediensteter den gesamten Wagenzug übersehen und im Notfall den Lokomotivführer mit einem Hornsignal verständigen konnte.

Signale im heutigen Sinne waren in den ersten Jahren auf der Ludwigs-Eisenbahn unbekannt. Allein die auf der Strecke tätigen drei Bahnwärter verfügten zur Verständigung mit dem Zugpersonal über Fahnen. Wurde eine Fahne hochgehalten, bedeutete dies, es ist alles in Ordnung. Beim Senken der Fahne wurde angezeigt, daß irgendein Umstand zu beanstanden war.

42 Zeitgenössische Darstellung, erschienen bei C. Trummer in Nürnberg, des Fürther Bahnhofes. Eben verlassen zwei Züge mit Pferden bespannt die Station. Im Hintergrund die Frauenkirche.
(Stadtgeschichtliche Museen Nürnberg, graphische Sammlung.)

Erst im Jahre 1844, als die Kreuzung mit der Königlich Bayerischen Staatsbahn bestand, wurden Signale eingeführt. Aufgrund dieser sorgfältigen Führung des Bahnbetriebes blieb die erste deutsche Eisenbahn vor schweren Unfällen bewahrt.

Ein besonderes Problem stellte in der Anfangszeit der Nürnberg Fürther-Eisenbahn die Befeuerung des Dampfwagens dar. Zu Beginn war eine Beheizung mit Holzkohlen vorgesehen, da die benötigten Steinkohlen in der Nähe Nürnbergs nicht zu beschaffen waren. Diese Absicht stieß jedoch in den gewerblichen Kreisen auf großen Widerspruch, da befürchtet wurde, daß der Preis der Holzkohle dadurch enorm in die Höhe steigen könnte. Ebenso wurde ursprünglich geplant, die Maschine mit Kronacher Steinkohlen zu beheizen. Des weiteren sah man vor, Steinkohlen aus Stockheim, welche verkokt wurden, zu verwenden. Es bestand sogar die Absicht, Kohlenlager in Stockheim zur Beleuchtung der öffentlichen Gebäude mit Gas heranzuziehen und den verbleibenden Koks für die Lokomotive zu verwenden. Der aus England mit der Maschine gekommene Dampfwagenfahrer Wilson konnte bezüglich der verschiedenen Möglichkeiten der Befeuerung der Lokomotive keine definitive Auskunft erteilen. Aus diesem Grund wurden verschiedene Versuche angestellt. So brachten Fuhrwerke mühsam Kohle aus dem Saargebiet, aus Böhmen, der Oberpfalz und dem Fichtelgebirge. Das Anheizen der Lokomotive geschah auf folgende Weise: In der sogenannten Wasserstation befand sich ein großer Kessel. Das darin befindliche Wasser wurde vorgeheizt und in den Tender eingefüllt. Zwei Stunden vor Abfahrt des Zuges wurde nun die Lok mit Holz angefeuert und das im Tender angewärmte Wasser schließlich zum Kochen gebracht. Während der Fahrt selbst befeuerte man die Maschine mit Koks. Da die reine Koksfeuerung jedoch auf die Dauer zu teuer kam, wurde unter den Koks Steinkohle bzw. hartes Holz gemischt. Da diese Feuerungsart nicht befriedigte, wurden weitere Versuche angestellt. Man verwendete Kohle, die durch hartes Holz gestreckt wurde. Aber auch an kuriosen Versuchen in dieser Richtung fehlte es nicht. So wurde versuchsweise Torfkohle mit einer Mischung aus Holzkohle, Steinkohlenpulver und Tontorf verbrannt. Im Jahr 1842 wurden in den Kamin ein Funkenfänger eingebaut, der es ermöglichte, überwiegend bzw. ausschließlich Holz zu verheizen. Mit der Eröffnung der Ludwig-Süd-Nord-Bahn im Jahre 1844 war die Voraussetzung für einen preiswerten Kohlentransport gegeben. Die Ludwigs-Eisenbahn stellte die Befeuerung ihrer Lokomotiven ausschließlich auf Kohle um.

Bei den Schwierigkeiten des Kohletransportes und den damit verbundenen hohen Preisen verwundert es nicht , daß in den ersten Jahren bei der Beförderung der Züge überwiegend auf die Pferdekraft zurückgegriffen wurde. Des weiteren kam hinzu, daß man aufgrund eines technischen Defekts den Ausfall des Dampfwagens fürchtete. Auch waren die zwischen Nürnberg und Fürth verkehrenden Züge teilweise sehr unterschiedlich stark besetzt. So wurden die meisten Fahrten mit zwei Wagen, die von einem Pferd gezogen wurden, abgewikkelt. In jedem Wagen fanden je nach Klasse zwischen 24 und 30 Personen Platz. Benötigte man drei Wagen, so wurde der Zug von zwei hintereinander laufenden Pferden gezogen.

Nach einjährigem Betrieb stellte interessanterweise Platner fest, daß die Kosten der Dampf- und Pferdefahrten annähernd gleich hoch waren. Diese Ansicht vertrat Ingenieur Denis von Haus aus und betonte, daß der Betrieb gleichzeitig mit dem Dampfwagen und den Pferden nur als Provisorium zu betrachten sei. Nach sieben Jahren des Bahnbetriebes wurden die Pferdefahrten nahezu völlig eingestellt. Allerdings die sogenannten Nachtfahrten, die dazu dienten, die Theaterbesucher und Nachtschwärmer nach Hause zu bringen, wurden weiterhin von Pferden durchgeführt. Die Entfernung zwischen Nürnberg und Fürth wurde mit einem Pferdegespann auf der Eisenbahn in etwa 25 Minuten bewältigt, während ein Eilwagen auf der Chaussee etwa 32 Minuten brauchte und ein Fußgänger gar eine 3/4 Stunde. Bis zum Jahre 1839 diente die Nürnberg-Fürther-Eisenbahn ausschließlich der Beförderung von Personen. Am 11. Juni 1836 jedoch gestattet das Direktorium der Ludwigs-Eisenbahn-Gesellschaft dem Bierbrauer Lederer mit dem ersten Zug nach Fürth, d. h. also mit einer Pferdefahrt, zwei Fäßchen Bier an den Wirt zur Eisenbahn zu senden. Der Transport kostete pro Faß 6 Kreuzer, wobei bedungen wurde, daß der Wirt bei Ankunft des Wagens die Fässer abzuholen hatte. In Nürnberg selbst mußte das Bier zum Bahnhof gebracht werden, wo es galt, zwei Personenfahrkarten für die Beförderung zu lösen. In diesem Zusammenhang besteht Veranlassung, darauf hinzuweisen, daß die Darstellung des Transportes der beiden Bierfässer auf dem Tender des Adlers zwar ein liebgewordenes Requisit wurde, jedoch nicht den Tatsachen entspricht.

Im Jahre 1837 übernahm die Ludwigs-Eisenbahn die tägliche Beförderung der Tageszeitung «Korrespondenten von und für Deutschland» gegen eine kleine Entschädigung und Überlassung von zwei Freiexemplaren.

Als im August 1839 zwei Metzgermeister aus Fürth den Transport von Kleinvieh auf der Ludwigs-Eisenbahn beantrag-

43 Entlang der Chaussee rollt der Zug Richtung Fürth. Im Hintergrund die Stadt Nürnberg. Gemälde von H. Maurus.
Archiv Deutsches Museum München.

44 Dampfwagenfahrt von Nürnberg nach Fürth nach einer Zinkographie von J. J. Lechner, erschienen im Verlag der J. A. Endter'schen Handlung.
Sammlung Germanisches Nationalmuseum Nürnberg.

ten, erklärte man sich bereit, diesen Transport gegen 4 Kreuzer pro Stück Kleinvieh zu übernehmen. Aus diesem Grund wurden zwei Transportwagen gebaut. Hierzu verwendete man zwei alte zum Personentransport nicht mehr brauchbare Gestelle von den Wagen Nr. 4 und Nr. 10 mit gußeisernen Rädern. Ab diesem Zeitpunkt kann man von der Aufnahme des Güterverkehrs sprechen.

Im Jahre 1844 wurde nach Eröffnung der Königlich Bayerischen Staatsbahn ein Gepäckwagen eingerichtet, wobei man einen der Viehtransportwagen verwendete. Der Gepäckwagen war notwendig geworden, da ein Zubringerdienst zur Staatsbahn eingeführt wurde. Aber auch in den kommenden Jahren überwog die Personenbeförderung auf der Ludwigs-Eisenbahn.

Im Oktober 1836 kam es zu Verhandlungen zwischen dem Nürnberger Oberpostamt und dem Direktorium der Ludwigs-Eisenbahn mit dem Ziel, die bisher zwischen Nürnberg und Fürth von einem Postillon beförderte Post der Bahn zu übergeben. Wie es scheint, kam man nicht sofort zu einer entsprechenden Einigung, da erst im Jahre 1839 aufgrund der verbuchten Einnahmen festzustellen ist, daß der Transport des Postgutes übernommen worden war. Die Beförderung des Postgutes blieb bis zum 1. Juli 1862 der Ludwigs-Eisenbahn übertragen. Ab diesem Zeitpunkt übernahm den Posttransport die Ludwigs-Süd-Nord-Bahn.

Das Personal der Ludwigs-Eisenbahn

Zur Zeit der Eröffnung der Ludwigs-Eisenbahn waren ca. 30 Angestellte dort tätig. Für eine 6 km lange Bahn eine ungewöhnlich hohe Zahl. Sie ist sicherlich damit zu erklären, daß aufgrund dieses völlig neuen und ungewohnten Verkehrsmittels noch keinerlei Erfahrungswerte vorlagen, wieviel Leute zur Durchführung des Bahnbetriebes notwendig waren.

Da in den ersten Tagen nach der Bahneröffnung das Personal noch nicht über entsprechende Uniformen verfügte, war es äußerst schwierig, Reisende und Bedienstete zu unterscheiden. Das Direktorium entschloß sich deshalb bereits Mitte Dezember, dem Dienstpersonal Staubmäntel aus ungebleichtem Leinen zur Verfügung zu stellen. Die auf der Bahn tätigen Kutscher erhielten eine Livree. Erst im Jahre 1840 bekamen die Eisenbahner eine komplette Uniform. Diese Uniform bestand aus einem dunkelgrauen Überrock mit blauem Kragen und Aufschlägen, sowie einem dunkelgrauen Mantel. Diese Kleidungsstücke stellte die Bahnverwaltung zur Verfügung.

45

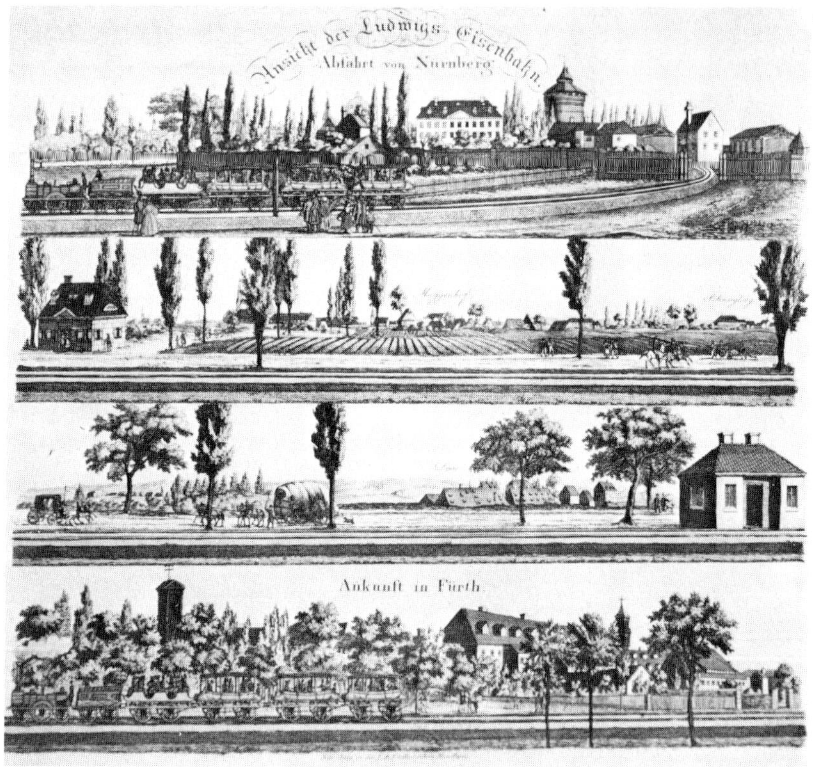

Dem Direktorium, als höchste Verwaltungsinstitution, war der Commisair unterstellt. Er hatte die Aufgabe, für Ordnung bei der Ausgabe der Fahrkarten zu sorgen, überwachte das Ein- und Aussteigen der Passagiere, begleitete den Zug auf jeder Fahrt. Zusammen mit dem ihm untergeordneten Inspektor war er auch für die Instandhaltung der Bahn verantwortlich. Auch kümmerte er sich um die Personalangelegenheiten. Die gesamte Verwaltung, Rechnungsführung und Dividendenauszahlung mußte er besorgen. Die Funktion des Commisairs bestand bis zum 14. 3. 1839 und wurde bald nach der Gründung der Königlich-Bayerischen Staatsbahn in die eines Inspektors umgewandelt.

Unterstützt wurde der Commisair in seiner Tätigkeit durch den Inspektor. Bereits zur Zeit des Bahnbaues wurde er als Aufsichtsperson eingestellt. Nachdem die Bahn eröffnet war, bestand sein Aufgabenbereich in der Kontrolle des Personals, des gesamten Mobiliars und der Einnahmen sowie der Ausgaben. Auch war er befugt, eventuell notwendige Reparaturen anzuordnen und das dafür nötige Material zu beschaffen. Als der Posten des Commisairs aufgehoben wurde, gingen dessen Aufgaben in seinen Verantwortungsbereich über. Der Inspektor war angewiesen, dem Direktor der Ludwigs-Eisenbahn wöchentlich Bericht zu erstatten.

45 Ansicht der Ludwigs-Eisenbahn auf ihrem Weg von Nürnberg nach Fürth. Dieser Stich erschien zur Zeit der Bahneröffnung bei der J. A. Endter'schen Handlung.
Archiv Verkehrsmuseum Nürnberg.

46 Die Nürnberg-Fürther-Eisenbahn nach einer Lithographie von A. Richter.
Archiv Verkehrsmuseum Nürnberg.

47 Eine Pferdefahrt zwischen den beiden Städten.
Archiv Verkehrsmuseum Nürnberg.

48 Die Eisenbahn bei Nürnberg nach einem Stich von F. Scharrer.
Archiv Verkehrsmuseum Nürnberg.

46

47

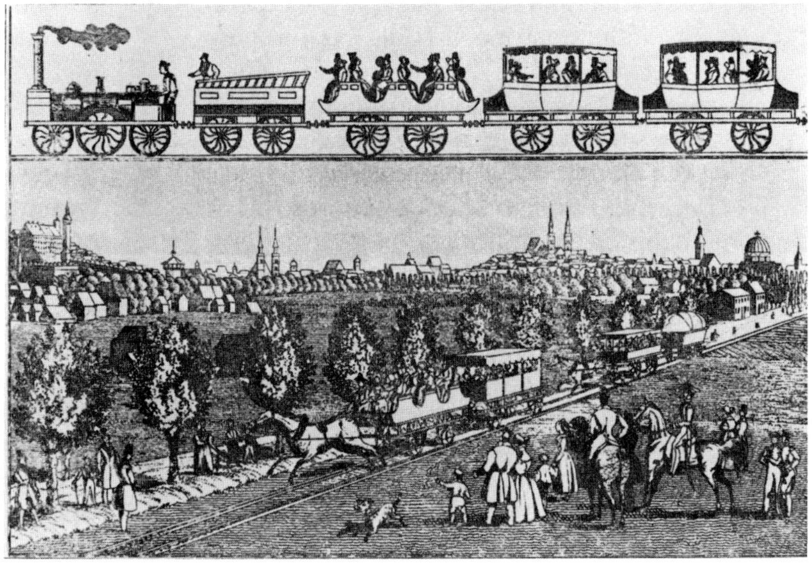

48

Die dritte Stufe in der Rangordnung nahm der Kontrolleur ein. Seine Aufgabe war, beim zweiten Glockenzeichen die Eingangstüren zu öffnen, die Fahrkarten der Reisenden zu kontrollieren und ihnen beim Besteigen der Wagen behilflich zu sein. Kurz vor der Abfahrt des Zuges mußte er die Türen schließen und die eingesammelten Fahrkarten zu sich nehmen. Sämtliche Fahrkarten eines jeden Tages wurden am Abend dem Inspektor abgeliefert. Wenn kein Zug abzufertigen war, mußte sich der Kontrolleur um Besucher kümmern, die gekommen waren, um die Einrichtungen der Bahn zu besichtigen. Da in Fürth kein Inspektor eingesetzt war, hatte der Kontrolleur dessen Aufgaben zu übernehmen.

Die Aufgaben der Einnehmer der Ludwigs-Eisenbahn bestanden darin, die Fahrkarten für den jeweiligen und den nächsten Tag geordnet nach Wagen und Abfahrtsstunde bereit zu halten. Die täglichen Einnahmen mußten von ihnen in ein doppeltes Verzeichnis eingetragen werden. Auch war es ihre Aufgabe, die Wagen- und Geschirrmeister von der Zahl der benötigten Wagen und Pferde zu informieren. Die Wagen- und Geschirrmeister hatten die Aufsicht über die Kutscher, deren Gehilfen, die Pferde, Wagen und Geschirre. Sie waren dafür verantwortlich, die Pferde gut zu versorgen und die damit verbundenen Einrichtungen in Ordnung zu halten. Außerdem hatten sie für die Einhaltung der Abfahrtszeiten Sorge zu tragen.

Die Kutscher mußten sich um ihre Pferde kümmern, sie verpflegen, tränken und füttern. Fünf Minuten vor der Abfahrt mußten die Pferde vor die Wagen gespannt sein, auch war ihnen vorgeschrieben, die Fahrzeit zwischen Nürnberg und Fürth von 25 Minuten genau einzuhalten.

Auf der Ludwigs-Eisenbahn waren des weiteren drei Bahnwärter angestellt. Ihre wesentliche Aufgabe bestand darin, den Ober- und Unterbau der Bahnstrecke auf seinen Zustand zu kontrollieren, auch waren sie angewiesen, die Überfahrten in Ordnung zu halten. Die in Nürnberg und Fürth tätigen Hofwächter mußten die Drehscheiben zum Wenden der Wagen und der Lokomotive bedienen, außerdem hatten sie Hof und Gebäude in Ordnung zu halten. Sie mußten das zur Befeuerung der Dampflokomotive notwendige Heizmaterial herbeibringen.

Einen besonderen Rang unter den Angestellten nahm der Dampfwagenführer ein. An seine Position wurden höchste Ansprüche gestellt. Auf die Person des ersten auf der Ludwigs-Eisenbahn tätigen englischen Lokomotivführers Wilson sowie seine Nachfolger wird in einem späteren Kapitel dieses Buches eingegangen. Siehe hierzu den Lebenslauf der führenden Männer der Ludwigs-Eisenbahn.

Schwierigkeiten in den ersten Jahren des Bahnbetriebes

Wie bei allen Unternehmen, bei denen Neuland beschritten wird, war der Beginn der Ludwigs-Eisenbahn mit Problemen und Schwierigkeiten verbunden.

Gleich am ersten Tag ereignete sich ein Zwischenfall, der sich wie folgt zutrug: Am Nachmittag, bei einer Rückfahrt des Zuges von Fürth nach Nürnberg, fuhr der letzte Personenwagen, nachdem der Dampfwagen abgehängt worden war, an die frisch erbaute Mauer des Gesellschaftsgebäudes. Die Folge war, daß ein Teil des eisernen Gitters umstürzte und zwei dort stehende Personen niederwarf, die aber nicht verletzt wurden. Die Passagiere und die Wagen selbst erlitten keinen Schaden. Der Zugbetrieb wurde nicht unterbrochen. Bereits am nächsten Tag war der Schaden an der Mauer beseitigt, und der Zugverkehr konnte in gewohnter Weise wieder aufgenommen werden.

Ein Problem, das sich nach der Betriebsaufnahme herausstellte, war, geeignete Schmiermittel sowohl für die Räder als auch für die sich bewegenden Teile an Wagen und Lokomotive zu finden. So wurden die Kolben und Schieber der Lokomotive «Adler» während der Fahrt mit warmem, flüssigen Talg geschmiert. Als weiteres Problem stellte sich heraus, daß die von Mechanicus Späth in Nürnberg gefertigten Drehscheiben dem harten Alltagsbetrieb nicht gewachsen waren. Die Ursache lag darin, daß die Drehscheiben nicht entsprechend gut gelagert waren und nur von 8 Mann bewegt werden konnten. Doch war dieser Konstruktionsfehler bereits nach wenigen Wochen des Betriebes behoben worden. Ein weiteres technisches Problem stellten die Schienenstöße, d. h. die Fugen zwischen den jeweiligen Schienenenden dar. Zwar wurde diese Unvollkommenheit vom begeisterten Reisepublikum nicht wahrgenommen, doch bereitete dieses Problem den Technikern Umstände. Ebenso machten die an den Wagen verwendeten Räder große Sorgen. Bereits bei einer Fahrt am 25. Dezember 1835, also nur wenige Tage nach der Bahneröffnung, gingen an den Personenwagen eines Zuges während der Fahrt zwei Räder zu Bruch. Das Direktorium der Ludwigs-Eisenbahn gab daraufhin bereits am 28. Dezember desselben Jahres neue verstärkte Räder in Auftrag. Außerdem wurden sämtliche Wagen in dieser Richtung eingehend untersucht, wobei man feststellte, daß ein weiteres Rad bereits defekt war. Sämtliche damaligen Experten wurden bemüht, Kosten und Versuche nicht gescheut. Man probierte hölzerne, gegossene und schmiedeeiserne Räder aus, doch gelangte man zu keinem befriedigenden Ergebnis. Noch im Jahre

49 Der «Adler» hat mit seinem Zug eben Nürnberg verlassen, um nach Fürth zu eilen. Voll Bewunderung betrachtet das Volk dieses Schauspiel.

Archiv Verkehrsmuseum Nürnberg.

50 Szenen der Ludwigs-Eisenbahn zwischen Nürnberg und Fürth.
Sammlung Stadtmuseum Fürth.

51 In den Sammlungen des Museums der Stadt Fürth befindet sich dieses Ölgemälde eines unbekannten zeitgenössischen Künstlers. Es zeigt den «Adler» und seinen Zug vor der Kulisse Nürnbergs. Im Hintergrund ist deutlich das Spittlertor zu erkennen.

52 Ein Gemälde aus den Sammlungen des Städtischen Museums zu Fürth. Zu sehen ist die Ausfahrt Nürnberg.

1838 wußte man sich nicht anders zu helfen, als aus England die benötigten Räder nach Nürnberg kommen zu lassen. Die alten gußeisernen wurden ausschließlich bei den Wagen, die für Pferdefahrten bestimmt waren, verwendet, da hier keine allzugroßen Geschwindigkeiten auftraten. Erst im Jahre 1844 sah sich ein deutsches Unternehmen in der Lage, gleichwertige wie bisher aus England bezogene Räder herzustellen. Bis dahin klagte das Direktorium über hohe Kosten, die die Räder verursachten. So brachen allein im Jahre 1837 45 gußeiserne Räder, von denen jedes 50 Gulden kostete.

Der Unterhalt und die Pflege der Personenwagen und der Lokomotive erforderte mehr Arbeit, Mühen und Kosten, als der Erhalt der Bahnanlagen. Da immer wieder kleinere Reparaturen anfielen, errichtete man bereits im Jahre 1836 eine eigene Werkstätte in Nürnberg. Die Leitung und Aufsicht dieser Werkstätte wurde Lokführer Wilson übertragen.

Am 16. Oktober 1840 ereignete sich auf der neben der Bahn verlaufenden Chaussee ein Unglück, als die Pferde des Bauern Vitus Popp aus Dürnbuch wegen des vorbeifahrenden Zuges scheuten und der Mann hierbei tödlich verunglückte. Die Witwe Popp wurde durch Zahlung von 200 Gulden entschädigt. Dieser tödliche Unfall blieb jedoch eine Ausnahme. Dieses Vorkommnis wurde jedoch zum Anlaß genommen, die Pflanzung einer Hecke entlang der Bahnstrecke zu verlangen. Nach langwierigen Debatten und verschiedenen Gutachten von Regierungsseite entschloß man sich im September 1843, entlang der Bahn eine Hecke aus 400 Weiden zu pflanzen.

Am 23. Juni 1845, einem regnerischen Sommertag, geschah an der Fürther Kreuzung ein Unfall. Während dort der Dampfzug länger als gewöhnlich stand, um noch Reisende aufzunehmen, fuhr von hinten aus Richtung Nürnberg kommend ein mit zwei Pferden bespannter Zug auf. Während das voranlaufende Pferd neben das Gleis sprang, wurde das zweite zwischen den Zügen zerquetscht und kam um. Größerer Sach- und Personenschaden war damit nicht verbunden.

Ein Vorfall, der sich am 24. August 1845 zutrug, sorgte für größte Aufregung. Dieses Ereignis wird in den alten Akten wie folgt geschildert: «Der Himmel hat von unserer Bahn ein großes Unglück abgewendet. Während der Heizer bei Tische war, setzte sich heute gegen 1.00 Uhr die zweite Lokomotive «Pfeil», nur mit Holz vorgeheizt und der Tender noch nicht daran, durch einen unbegreiflichen Zufall in Bewegung und kam bis in die Nähe Muggenhofs, wo eben ein Wagenzug aus Fürth entgegenkam.

Die Bediensteten bemerkten das Entgegenkommen, hielten, spannten das Pferd aus, ließen die Passagiere aussteigen, alles ehe noch die ganz matt gewordene Maschine ankam, sodaß ihr Anstoß an die Wagen ganz unbedeutend war. Ein zufällig bei den Passagieren befindlicher Bediensteter sprang sofort auf die Lokomotive, stellte sie fest und gleich darauf kam Maschinist Wilson mit dem Tender durch ein Pferd gezogen nach, heizte mit Kohlen die Maschine auf, brachte sie zurück, ohne daß der mindeste Unfall stattgefunden hatte.»

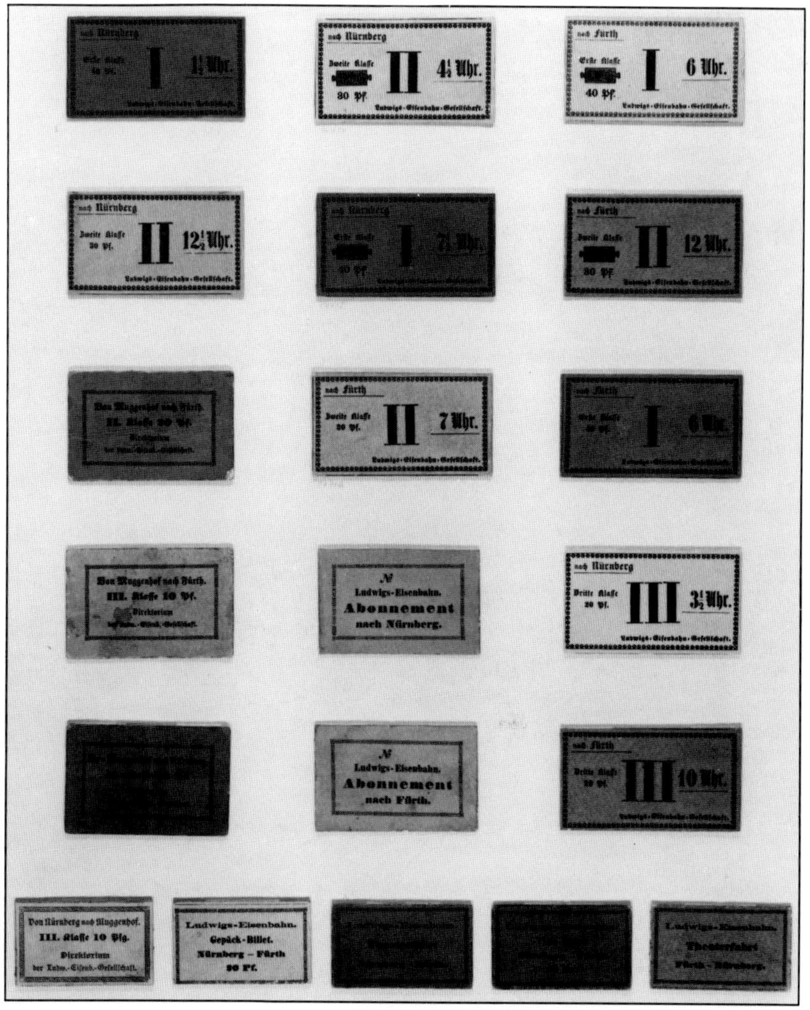

53 Fahrkarten der Ludwigs-Eisenbahn.
Sammlung Germanisches Nationalmuseum Nürnberg.

In den ersten Jahren des Betriebes der Ludwigs-Eisenbahn ergaben sich allerdings nicht nur technische, sondern auch organisatorische und rechtliche Probleme. So wurde unter anderem das Wahlrecht der Aktionäre neu geregelt. Ebenso ließen sich verschiedentlich rechtliche Maßnahmen nicht vermeiden.

ADLER

54 Der Engländer Prof. A. L. Hammonds zählt zu den bedeutendsten Künstlern seiner Heimat, die sich der Eisenbahnmalerei verschrieben haben. Sein Gemälde, speziell angefertigt für dieses Buch, zeigt den «Adler» und seinen Zug bei der Abfahrt im Bahnhof Nürnberg.

Die weitere Geschichte der Ludwigs-Eisenbahn

In den Jahren nach der Eröffnung der Ludwigs-Eisenbahn war man bemüht, den Betrieb und die Verwaltung ständig zu verbessern und zu vervollkommnen. Da man einen unvorhergesehenen Ausfall des «Adlers» fürchtete und außerdem der Meinung war, daß die Vermehrung der Dampfwagenfahrten den Gewinn der Bahn erhöhen würde, entschloß man sich, eine zweite Lokomotive, ebenfalls bei Stephenson, zu bestellen. Der entsprechende Auftrag wurde am 20. Februar 1836 erteilt.

Das Angebot Stephensons für die zweite Lokomotive lag etwa um 100 Pfund Sterling höher als beim «Adler», was auf die allgemein gestiegenen Preise zurückzuführen war. Die zweite Maschine, später «Pfeil» genannt, wurde in Auftrag gegeben und bei Lieferung nahm diese in Kisten verpackt den Weg über Hamburg. Dieser Transportweg war gewählt worden, um die unerfreulichen Umstände, die beim Transport des «Adlers» aufgetreten waren, zu vermeiden. Die an den Direktor der Polytechnischen Schule in Nürnberg, dessen Leiter zu dieser Zeit Scharrer war, adressierte Sendung übernahm in Hamburg Suilhaumann & Co. und in Harburg die Firma C. W. Schließstein, zur Spedition. Der Transport der Kisten mit den Lokteilen von Hamburg aus geschah durch die Fuhrleute Vristner aus Flamersbach, Schißler aus Engsterode und Richard von der Strath über den Kurhessischen Ort Witzenhausen.

Die Anschaffungskosten beliefen sich einschließlich des Tenders, des Zolles und eines neuen Anstriches auf 14150 Gulden, 54 Kreuzer.

Obwohl in einem Schreiben vom 28. November 1836 an Stephenson berichtet wurde, daß der neue Dampfwagen, der im wesentlichen dem «Adler» entsprach, seit 4 Wochen seinen Dienst zur Zufriedenheit erledigt, war er nicht von der gleichguten Qualität. In den Jahren 1845 und 1846 wurden die beiden Lokomotiven «Adler» und «Pfeil» in den Nürnberger Werkstätten gründlich überholt und wieder instandgesetzt. Hierbei wurde die gebrochene Kropfachse des «Pfeils» durch eine neue, bereits schon früher von Maffei bezogene ersetzt.

1852 stellte man am «Pfeil» so große technische Mängel fest, daß die Königliche Regierung auf einen Bericht der Königlichen Aufsichts-Commission hin die weitere Verwendung untersagte. Verhandlungen mit den Firmen Henschel und Maffei über eine gründliche Reparatur, bei welcher auch durch die Vergrößerung der Heizfläche mehr Leistung und ein sparsamerer Betrieb erzielt werden sollte, führten zu keinem Ergebnis. Sie wurde daher im gleichen Jahr außer Dienst gestellt und an die Firma Maffei in München verkauft. Der «Adler» hingegen versah seinen Dienst noch bis zum Jahre 1856.

Im Hinblick auf die Namensgebung der beiden Lokomotiven «Adler» und «Pfeil» sind in den alten Unterlagen verschiedene Angaben zu entnehmen. Während einerseits behauptet wird, daß die Lokomotiven im Herbst 1836 mit entsprechenden Namenstafeln versehen wurden, wird andererseits festgestellt, daß die beiden Maschinen keine solchen Tafeln trugen. Die beiden Dampfwagen seien lediglich durch unterschiedliche Symbole gekennzeichnet gewesen.

Das erste Betriebsjahr 1836 brachte für die Ludwigs-Eisenbahn ein bedeutendes Ereignis. Auf der Rückreise von einem Badeaufenthalt in Bad Brückenau traf König Ludwig I. am Abend des 16. August in Nürnberg ein. Am darauffolgenden Tag wurde er vom Bayerischen Innenminister Fürst von Oettingen-Wallerstein und dem Regierungspräsidenten von Stichhaner im Verwaltungslokal der Ludwigs-Eisenbahn empfangen. Anschließend besichtigte er die Lokomotive und die Einrichtungen. Selbstverständlich war mit dem Besuch auch eine Fahrt auf der Eisenbahn verbunden. Der festlich geschmückte Zug setzte sich mit seinen sieben Wagen gemächlich in Bewegung und verließ den Nürnberger Bahnhof durch eine zu Ehren König Ludwigs errichtete blumengeschmückte Pforte. Mit der normalen Geschwindigkeit von ca. 40 Stundenkilometer wurde Fürth nach wenigen Minuten erreicht. Dort besichtigte er nach dem üblichen Empfangszeremoniell den im Bau befindlichen Kanal. Auf ausdrücklichen Wunsch König Ludwigs I. erfolgte die Rückfahrt als eine sogenannte Schnellfahrt. Zu diesem Zweck wurden bis auf drei die anderen Wagen von der Lokomotive abgekoppelt. Mit diesen drei Wagen – im mittleren saß der König – fuhr Wilson in 5⅔ Minuten von Ehrenpforte zu Ehrenpforte. Da die Ehrenpforten etwas außerhalb der beiden Bahnhöfe errichtet waren, dürfte der zurückgelegte Weg etwa 5⅔ km betragen haben. Demnach betrug die Durchschnittsgeschwindigkeit der kleinen Maschine etwa 60 Stundenkilometer. Diese Leistung konnte wohl nicht ohne Erhöhung des sonst üblichen Dampfdruckes um 1 bis 1½ bar erzielt worden sein. Es ist bekannt, daß die alten Lokomotivführer in dieser Beziehung durchaus nicht zimperlich waren.

König Ludwig I. schien von der neuen Erfindung «Eisenbahn» sehr beeindruckt gewesen zu sein. Er ließ es mit den geschilderten Fahrten nicht bewenden, sondern äußerte außerdem noch den Wunsch, den Zug von außen in rascher Fahrt an sich vorbeiziehen zu sehen. Von einem Aussichtsplatz aus beobachtete König Ludwig I. den Zug, der mit etwa 270 jubelnden Personen an ihm vorbeirollte.

55 Am 17. August 1836 fuhr König Ludwig I. erstmals auf der Bahn Nürnberg-Fürth. Nach einem Kupferstich von Wiessner.
Sammlung Germanisches Nationalmuseum Nürnberg.

56

Stahlstich Druck u Verlag von G. Löwensohn's Kunstanstalt in Fürth

57

58

DEUTSCHLANDS ITE EISENBAHN
MIT DAMPF-KRAFT
NÜRNBERG-FÜRTH

56 Die Kreuzung zwischen der Ludwigs-Eisenbahn und der Bayerischen Staatsbahn, die sogenannte Fürther Kreuzung. Das in der Bildmitte sichtbare Signal gehörte sicherlich zu den ersten seiner Art. Stahlstich, Druck und Verlag von G. Löwensohn's Kunstanstalt in Fürth.
Stadtgeschichtliche Museen Nürnberg, graphische Sammlung.

57 Eine Rarität stellt diese Aufnahme dar, die um 1870 entstanden sein muß. Sie zeigt den alten Ludwigs-Bahnhof in Nürnberg.
Archiv Verkehrsmuseum Nürnberg.

58 Anläßlich des 25jährigen Bestehens der Ludwigs-Eisenbahn wurde diese bronzene Erinnerungsmedaille herausgegeben, gestaltet von F. Lauer.
Archiv Deutsches Museum München.

59 Einladungskarte zu den Festlichkeiten anläßlich des 25jährigen Bestehens der Ludwigs-Eisenbahn 1860.
Archiv Verkehrsmuseum Nürnberg.

60 Ein Zug der Ludwigs-Eisenbahn abfahrbereit vor dem Bahnhof in Nürnberg. Das hier abgebildete Bahnhofsgebäude wurde 1870 im Zuge eines vollständigen Umbaues des Nürnberger Bahnhofes neu errichtet.
Archiv Verkehrsmuseum Nürnberg.

59

60

61 Einladungskarte für die Festgäste zum 50jährigen Bestehen der Ludwigs-Eisenbahn am 7. Dezember 1885.

Archiv Verkehrsmuseum Nürnberg.

62 Das Festmenü zum 50jährigen Bestehen der Ludwigs-Eisenbahn.

Archiv Verkehrsmuseum Nürnberg.

63 Zur Feier des 50jährigen Jubiläums der ersten Deutschen Dampfeisenbahn von Nürnberg nach Fürth, nach einer Zeichnung von C. Daumerlang.
Archiv Deutsches Museum München.

64 Am 5. Juni 1925 erfolgte der Abtransport des gesamten rollenden Materials der Ludwigs-Eisenbahn zur Verschrottung.
Archiv Verkehrsmuseum Nürnberg.

65 Um 1920 gehörten die Züge der Ludwigs-Eisenbahn zwischen Nürnberg und Fürth noch zum Alltagsbild. Auf den früher freien Feldern wurden im Laufe der Jahrzehnte stattliche Häuser gebaut.
Archiv Verkehrsmuseum Nürnberg.

66 Szene auf der Ludwigs-Eisenbahn um 1920.
Archiv Verkehrsmuseum Nürnberg.

67 Die letzte Fahrt der Ludwigs-Eisenbahn Nürnberg-Fürth am 31.10.1922.
Archiv Verkehrsmuseum Nürnberg.

68

69

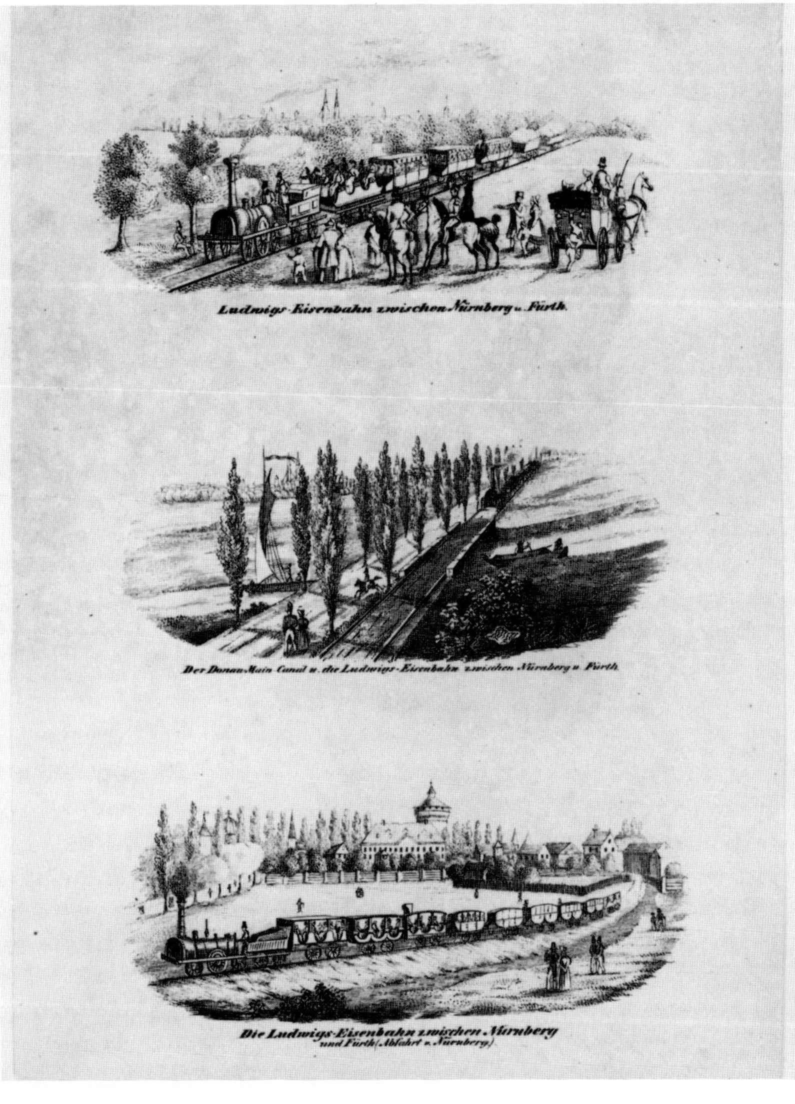

Im Jahr 1836 wurden weitere Wagen für die Bahn angeschafft. Das Betriebsjahr 1838 brachte einen leichten Rückgang an Reisenden. Die sogenannten Lustfahrten wurden seltener, auch das Interesse des auswärtigen Publikums ließ allmählich nach. Der Bahnbetrieb wurde immer mehr zu einer alltäglichen Selbstverständlichkeit.

Im März des Jahres 1840 bedingte der zu dieser Zeit sich in vollem Umfang befindliche Bau des Ludwig-Donau-Mainkanals die Errichtung einer Eisenbahnbrücke über diese Wasserstraße. Um den Eisenbahnbetrieb nicht unterbrechen zu müssen, wurde eine sogenannte «Interrims-Ausweichbahn» von Anfang Mai bis zum 22. August benutzt. Während dieser Zeit entstand auf Kosten der Kanalgesellschaft die steinerne Eisenbahn-Brücke bei Doos.

Vier Jahre später, 1844, wurde die Staatsbahnstrecke Nürnberg, Bamberg, Hof eröffnet. Die Nürnberg-Fürther-Eisenbahn wurde von der neuen Bahnstrecke in der Nähe von Muggendorf gekreuzt. Auf Kosten der Staatsbahn baute man dort eine sogenannte Ausweiche. Die Ludwig-Eisenbahn-Gesellschaft verpflichtete sich, den von Fürth bis zur Kreuzung entstehenden Personen- und Güterverkehr abzuwickeln. Hierbei wurde festgelegt, daß der Gütertransport nur die von Fürth in Richtung Bamberg oder Augsburg gehenden Waren, nicht aber jene nach Nürnberg umfassen durfte. Am 15. Oktober 1844 wurde die sogenannte Fürther Kreuzung ihrer Bestimmung übergeben. Erst im Mai 1845 traf man für die hier stattfindenden Zugkreuzungen aufgrund einiger «Beinahunfälle» entsprechende Sicherheitsvorkehrungen.

Von der Königlich Bayerischen Staatsbahn wurde im Jahre 1848 in Muggenhof eine Haltestelle eingerichtet. Dies hatte zur Folge, daß die Zahl der Reisenden auf der Zubringereisenbahn zur «Fürther Kreuzung» rapide abnahm. Ein diesbezüg-

68 Die Süd-Nordbahn der Königlich-Bayerischen Staatsbahn. Im Hintergrund, vor der Kulisse Nürnbergs, die Ludwigs-Eisenbahn.
Stadtgeschichtliche Museen Nürnberg, graphische Sammlung.

69 Drei Szenen der Ludwigs-Eisenbahn um 1850. Sammlung Germanisches Nationalmuseum Nürnberg.

70 Die Ludwigs-Eisenbahn, die Landstraße von Nürnberg nach Fürth sowie den im Jahre 1846 eröffneten Ludwigs-Donau-Main-Kanal stellt dieser Stich von F. Scharrer dar.
Sammlung Germanisches Nationalmuseum Nürnberg.

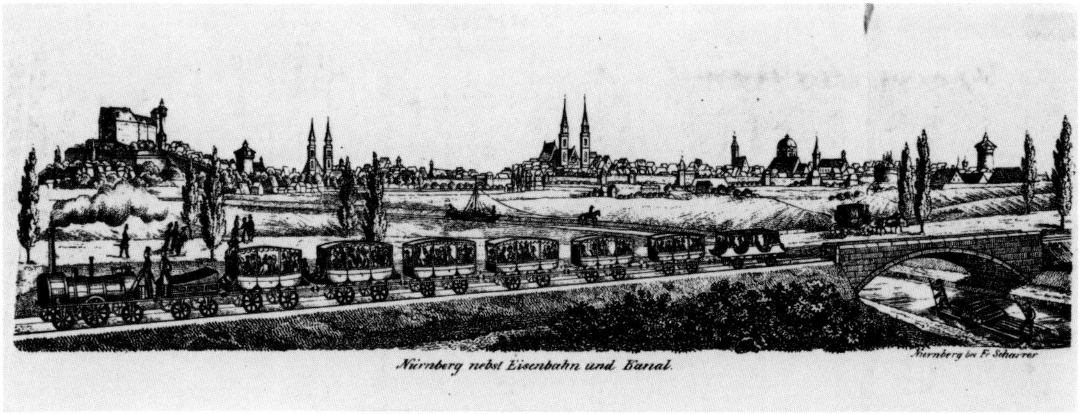

70

lich von der Ludwigs-Eisenbahn-Gesellschaft vorgebrachter Protest blieb jedoch ungeachtet. Die zur Erstellung der Fürther Kreuzung investierten Mittel konnten nicht wie erwartet eingebracht werden.

Das erste Betriebsjahr 1836 brachte für die Aktionäre eine Dividende von 20%. Auch in den folgenden Jahren ergaben sich reichliche Überschüsse, sodaß das von den Aktionären eingebrachte Kapital nach Ablauf von 10 Jahren durch die Dividendenzahlungen bereits zurückgezahlt war. Allmählich aber wurden diese Gewinnausschüttungen immer geringer. Die Konkurrenz mit der Staatsbahn erforderte die Erbauung eines zweiten Gleises. Außerdem wurde in den Jahren 1870 und 1871 eine durchgreifende Umgestaltung und Erweiterung der Nürnberger Bahnhofsanlagen unumgänglich. Mit dem Anwachsen der beiden Städte konnte die Ludwigs-Eisenbahn die sich mehrenden Wünsch der Bevölkerung nicht mehr erfüllen. Als besonders lästig wurde es empfunden, daß nur zwei Zwischenhaltestellen in Muggendorf und Doos bestanden. Es kam zur Eröffnung der Pferdestraßenbahn im Jahre 1881, die mit ihrem zahlreichen Halten die vorhandenen Lücken schloß. Im Jahre 1896 wurde diese Pferdestraßenbahn elektrifiziert. Die Folge war, daß die Abwanderung des Publikums von der Eisenbahn zur Straßenbahn nicht mehr aufzuhalten war. Die Verlegung des Städtischen Gaswerkes mit seinem Anschlußgleis in den Bereich der Staatseisenbahn im Jahre 1904 brachte für die Ludwigs-Eisenbahn einen spürbaren Verlust aus einer konstanten Einnahmequelle, waren doch hier beachtliche Kohlentransporte notwendig.

Die Auswirkungen der Inflationszeit nach dem Ersten Weltkrieg führten endgültig zur Schließung des Betriebes der Ludwigs-Eisenbahn am 31. Oktober 1922. Das rollende Material, die Bahnhofsliegenschaften in Nürnberg und in Fürth wurden verkauft. Der Gleiskörper selbst wurde im Jahre 1927 an die Städtische Straßenbahnverwaltung verpachtet, die nun ihren Betrieb in die Straßenmitte verlegen konnte. Durch städtebauliche Maßnahmen wurde das Schienengelände zunehmend entwertet. Als im Jahre 1964 im Bereich der Stadtgrenze zwischen Nürnberg und Fürth eine Schnellstraße erstellt wurde, war dies der Anlaß, den ehemaligen Bahnkörper an die Städte Nürnberg und Fürth anteilig zu verkaufen.

So war von dem ehemaligen Eisenbahn-Unternehmen nur noch eine Vermögensverwaltung übriggeblieben. Im Jahre 1970 erfolgte die Streichung des Unternehmens «Ludwig-Eisenbahn-Gesellschaft» aus dem Handelsregister.

Heute ist, wo einst vor dem Spittlertor die in aller Welt bewunderte erste Deutsche Eisenbahn ihren Anfang genommen hatte, ein großer Verkehrsknotenpunkt. Nichts mehr erinnert dort an die Vergangenheit.

Die Lokomotiven der Ludwigs-Eisenbahn

Da in den vorangegangenen Kapiteln dieses Buches bereits die beiden von Stephenson aus England gelieferten ersten Maschinen der Ludwigs-Eisenbahn-Gesellschaft beschrieben wurden, sollen auch die weiteren Maschinen kurz vorgestellt werden. Am 16. März 1852 nahm eine weitere Maschine, die Lokomotive «Nürnberg - Fürth», ihren Dienst auf. Sie war von der Firma Henschel & Sohn in Kassel unter der Fabriknummer 14 gebaut worden. Es handelte sich um eine Lokomotive mit der Achsfolge 1A1 mit Innenzylindern und überhängendem Stehkessel. 37 Jahre lang bis zum Jahre 1889 versah sie ihren Dienst auf der Ludwigs-Eisenbahn.

71 1886 lieferte die Maschinenfabrik Maffei, München, unter der Fabriknummer 1414 die «Daniel Ley» an die Ludwigs-Eisenbahn.
Foto E. Eberhart, Sammlung C. Asmus.

72 Die «Frankonia», geliefert von der Lokomotivfabrik Maffei, München, im Jahre 1881 mit der Fabriknummer 1248.
Foto E. Eberhart, Sammlung C. Asmus.

73 Die «Pegnitz», geliefert 1880 von der Lokfabrik Maffei, München, unter der Fabriknummer 1224. Foto E. Eberhart, Sammlung C. Asmus.

74 Die «Germania» wurde 1905 von der Lokomotivfabrik Maffei, München, mit der Fabriknummer 2511 an die Ludwigs-Eisenbahn übergeben. Foto E. Eberhart, Sammlung C. Asmus.

75 Die «Johannes Scharrer» (II) wurde von der Lokomotivfabrik Maffei, München, 1887 unter der Fabriknummer 1433 angeliefert.
Foto E. Eberhart, Sammlung C. Asmus.

76 Unter der Fabriknummer 1538 lieferte die Maschinenfabrik Maffei, München, 1889 die «Nürnberg-Fürth» (II) an die Ludwigs-Eisenbahn.
Foto E. Eberhart, Sammlung C. Asmus.

77 Die Lokomotive «Ludwig» gebaut von der Lokomotivfabrik Maffei, München, kam 1906 unter der Fabriknummer 2549 zur Ludwigs-Eisenbahn. Foto E. Eberhart, Sammlung C. Asmus.

78 Unter der Fabriknummer 127 lieferte die Lokomotivfabrik Maffei, München, im Jahre 1853 die «Phönix» an die Ludwigs-Eisenbahn.
Archiv Deutsches Museum München.

Anscheinend hatte man mit dieser Maschine trotz der kurzen Strecke und der nicht allzu hohen Fahrgeschwindigkeiten schlechte Erfahrungen in Bezug auf die Laufruhe gemacht, denn bei der im Mai 1853 von der Lokomotivfabrik Maffei mit Fabriknummer 127 gelieferten Lok handelte es sich zwar auch um eine Maschine mit Innenzylinder und gleicher Achsfolge, doch war man wieder zum durchhängenden Stehkessel zurückgekehrt. Ihr Name war «Phönix», sie stand im Wettbewerb mit der von Henschel gelieferten bereits erwähnten Lokomotive «Nürnberg - Fürth». In einem Untersuchungsprotokoll der Königlichen Untersuchungs-Commission vom 29. Oktober 1853 und in einem Protokoll der Commission zur Untersuchung der Lokomotiven und Dampfschiffe, respektive der Anlage und den Gebrauch der Dampfkessel, wurde die vorzügliche Ausführung beider Maschinen gewürdigt. Wegen der kurzen Drehscheiben in Nürnberg und Fürth war eine Verlängerung des Achsstandes nicht möglich. So betrug der Achsstand der Phönix nur 2,591 Meter.

Die Masse der Frachtgüter zur «Fürther Kreuzung» war durch Pferde nicht mehr zu bewältigen und der altgediente «Adler» nicht mehr in der Lage, derart schwere Züge zu transportieren. Um nun auch zusätzlich eine Reservemaschine zu haben, beschloß man auf der Generalversammlung von 1857, eine weitere Maschine zu kaufen, die bereits am 28. Mai desselben Jahres in Dienst gestellt wurde. Auch diese Lokomotive wurde von Maffei München bezogen und trug die Fabriknummer 279. Sie erhielt den Namen «Adler», nach dem die unter gleichem Namen als erste von Stephenson an die Ludwigs-Eisenbahn gelieferte Maschine bereits ausgemustert war. Der «Adler II» wies grundsätzlich die gleiche Bauart wie die «Phönix» auf, hatte allerdings einen etwas längeren Achsstand von 2,692 Metern.

Ein beängstigender Augenblick für die Bahnverwaltung trat im Jahre 1861 ein. Bei der Lokomotive «Adler II» war auf der Fahrt von Nürnberg nach Fürth ein Zylinder gebrochen, während die Maschine «Nürnberg - Fürth» auf längere Zeit zur Reparatur in München war. Trotz der schnellen Hilfe durch die Maschinenfabrik Cramer-Klett erforderte die Instandsetzung fünf Tage. Während dieser Zeit mußte der gesamte Dienst durch die Maschine «Phönix» erledigt werden.

Im Dezember 1865 wurde die Lokomotive «Scharrer» unter der Fabriknummer 108 von Henschel & Sohn in Kassel angeliefert. Im März 1872 erfolgte der Ankauf der Lokomotive «Faust» für den Reservedienst von der Königlich Bayerischen Staatsbahn. Diese Maschine hatte dort zwar schon eine Reihe von Jahren Dienst getan, wurde aber von der Staatsbahn nur aus dem Grunde abgegeben, weil sie sich für die immer schwereren Züge als zu schwach erwies. Sie war in vollkommen betriebsfähigem Zustand und leistete mehr als die Maschine «Scharrer». Die mit der Maschine «Faust» gemachten Erfahrungen gaben der Gesellschaft Veranlassung, weitere derartige Lokomotiven zu kaufen. So erwarb sie im Oktober 1873 die «Henlein» und im September 1875 die «Wallenstein».

Mit der Lieferung der Lokomotive «Bavaria» am 6. Juni 1879 trat im Lokomotivbestand und in der weiteren Beschaffung dieser Fahrzeuge bei der Ludwigs-Eisenbahn-Gesellschaft eine Änderung ein. Diese und die später angeschafften Lokomotiven waren Tendermaschinen der Firma Maffei.

Das Jahr 1880 brachte die Ausmusterung der «Henlein», und die dafür vorhandenen Reservestücke wurden für die »Faust» und die «Wallenstein» aufbewahrt. Im Juni desselben Jahres wurde die «Pegnitz» geliefert.

Die «Faust» wurde im Laufe des Jahres 1881 außer Dienst gestellt. An ihre Stelle trat ab dem 15. September 1881 die Tenderlokomotive «Frankonia».

Die «Wallenstein» wurde Ende Juli 1885 aus dem Betrieb genommen und fand Ersatz durch die im Juni des gleichen Jahres gelieferte «Daniel-Ley».

Die alte «Scharrer» wurde durch die Ende Juli 1887 bei der Ludwigs-Eisenbahn eingetroffene und dort sofort in Betrieb genommene neue Maschine «Johannes Scharrer» ersetzt.

Im Jahre 1888 zeigten die drei ältesten Maschinen so beträchtliche Mängel, daß ein weiterer Einsatz aus technischen Gründen nicht mehr möglich war. Als Ersatz hierfür schien die Anschaffung einer weiteren Tenderlokomotive geboten. Die Lieferung erfolgte ebenfalls durch Maffei und wurde bis zum 1. September 1889 zugesichert. Die Maschine wurde unter dem Namen «Nürnberg-Fürth II» betrieben. Die drei älteren Lokomotiven wurden verkauft.

Die Inbetriebnahme der Lokomotiven «Germania» und «Ludwig» erfolgte im Jahre 1906, so daß im Geschäftsjahr 1920 der Ludwigs-Eisenbahn-Gesellschaft acht Tenderlokomotiven zur Verfügung standen. Es handelte sich hierbei um folgende Maschinen: Bavaria, Pegnitz, Frankonia, Daniel-Ley, Johannes Scharrer, Nürnberg-Fürth, Germania und Ludwig.

Nachdem am 31. Oktober 1922 wie bereits erwähnt die letzte fahrplanmäßige Fahrt der Ludwigs-Eisenbahn stattfand, erfolgte am 5. Juni 1925 der Abtransport des gesamten rollenden Materials zu der «Eisenverwertungsgesellschaft Nürnberg-Dutzendteich» zur Verschrottung. Diese traurige Aufgabe übernahm die leidlich instandgesetzte Lokomotive «Bavaria».

Die Maschine «Pegnitz» der Ludwigs-Eisenbahn-Gesellschaft verrichtete noch mehr als 10 Jahre treue Dienste als Werkslok bei dem Walzwerk Tafel in Nürnberg.

Im folgenden eine Zusammenstellung der auf der Ludwigsbahn verwendeten Lokomotiven:

Lfd. Nr.	Name/Betriebs-Nr.	Achs-folge	Bau-jahr	Liefer-firma	Fabrik-Nr.	Bemerkungen (D = Treibrad-Durchmesser)
1	DER ADLER (I)	1A1 n2	1835	Stephen-son	118	D = 1372 mm
2	PFEIL	1A1 n2	1836	Stephen-son	148	D = 1372 mm
3	NÜRNBERG-FÜRTH (I)	1A1 n2	1852	Henschel	14	D = 1372 mm
4	PHÖNIX	1A1 n2	1853	Maffei	127	D = 1400 mm
5	ADLER (II)	1A1 n2	1857	Maffei	279	D = 1400 mm
6	JOH. SCHARRER (I)	1A1 n2	1865	Henschel	108	D = 1396 mm
7	FAUST	1A1 n2	1845	Maffei	6	früher Stsb. AI D = 1524 mm
8	PETER HENLEIN	1A1 n2	1845	Maffei	9	früher Stsb. AI D = 1524 mm
9	WALLENSTEIN	1A1 n2	1845	Keßler	27	früher Stsb. AI D = 1524 mm
10	BAVARIA	B n2	1879	Maffei	1204	D = 1228 mm
11	PEGNITZ	B n2	1880	Maffei	1224	D = 1228 mm
12	FRANKONIA	B n2	1881	Maffei	1248	D = 1228 mm
13	DANIEL LEY	1B n2	1886	Maffei	1414	D = 1228 mm
14	JOHANNES SCHARRER (II)	B n2	1887	Maffei	1453	D = 1228 mm
15	NÜRNBERG-FÜRTH (II)	B n2	1889	Maffei	1538	D = 1228 mm
16	GERMANIA	1B n2	1905	Maffei	2511	D = 1330 mm
17	LUDWIG	1B n2	1906	Maffei	2549	D = 1330 mm

DIE FÜHRENDEN MÄNNER DER LUDWIGS-EISENBAHN

GEORG ZACHARIAS PLATNER

Am 27. Juli 1781 wurde Georg Zacharias Platner als Sohn eines Nürnberger Handelsherrn geboren. Eine gute solide Ausbildung, die ihn später zur Führung dieses Hauses befähigen sollte, wurde ihm zuteil. Auf Auslandsreisen knüpfte er schon vor der Übernahme des väterlichen Geschäftes im Jahre 1811 Verbindungen an, und durch seine Heirat mit Maria-Katharina-Elisa Cramer festigte er seine Verbindungen zur führenden Kaufmannschaft in aller Welt. Schon früh wirkte Platner im öffentlichen Leben. 1810 sandte ihn die Kaufmannschaft nach München, um bei König Max Josef und seinem Minister Monteglas Erleichterungen bei der Handhabung der Kontinentalsperre zu erwirken.

1826 riet er in München zur Senkung der Zollsätze. 1827 nahm er widerstrebend die Wahl zum Marktvorsteher und Handelsgerichtsassesor an. Seit dem Jahre 1818 war er Mitglied des Gemeindebevollmächtigten-Kollegs und trat 1829 mit einer Minderheit für die Wiederwahl Scharrers zum 2. Bürgermeister Nürnbergs ein. Georg Zacharias Platner wurde in den Landtag berufen und beteiligte sich an den wirtschaftspolitischen Debatten.

Im Jahre 1833 fand er eine weitere neue Aufgabe in der Planung der Ludwigs-Eisenbahn von Nürnberg nach Fürth. Ab diesem Jahr nahm der Handelsvorsteher Platner die Verwirklichung des Eisenbahnbaues in die Hand, und mit Hilfe einiger Freunde, die er um sich sammeln konnte, wurden die nötigen Vorarbeiten durchgeführt. Besondere Unterstützung wurde ihm durch seinen Freund, den Kaufmann und Marktadjunkten Johannes Scharrer zuteil.

Anläßlich einer Reise nach München war es Platner gelungen, von den Ministerien und vom König für das Eisenbahnvorhaben größtmögliche Unterstützung zugesichert zu bekommen, und er erwirkte auch, daß der König seine Genehmigung zur Führung des Prädikates «Ludwigs-Eisenbahn-Gesellschaft in Nürnberg» erteilte.

Am 21. November 1833 traten die Mitglieder des Direktoriums zusammen, um Platner als Direktor und Kassier der Ludwigs-Eisenbahn-Gesellschaft zu wählen.

Nachdem die Eisenbahn von Nürnberg nach Fürth am 7. Dezember 1835 eröffnet war, sah Platner seine Aufgabe als erster Direktor der Ludwigs-Eisenbahn-Gesellschaft als erfüllt an. Er bat die Mitglieder des Direktoriums von einer erneuten

Wahl seiner Person abzusehen. Platner hatte erkannt, daß eine Institution wie die Eisenbahn nach der Inbetriebnahme nicht mehr ausschließlich nebenamtlich geleitet werden konnte. Es erschien ihm zweckmäßig, einen hauptamtlichen Direktor zu bestellen. Aufgrund seiner beruflichen Tätigkeit konnte er diesen Posten nicht übernehmen. Sein Freund und Stellvertreter schien für diese Position des ersten Direktors der richtige Mann zu sein.

Am 12. Dezember 1836 wurde auf Empfehlung Platners Johannes Scharrer zum ersten Direktor der Ludwigs-Eisenbahn-Gesellschaft gewählt.

Auf einer Konferenz am 21. Januar 1849, im Alter von 68 Jahren, erklärte Platner unerwartet, daß er aufgrund seines vorgerückten Alters sich nicht mehr in der Lage sehe, im Direktorium der Ludwigs-Eisenbahn-Gesellschaft mitzuwirken. Vergebens versuchten die Anwesenden, ihn zur Rücknahme dieses Entschlusses zu bewegen. Er erklärte sich lediglich dazu bereit, daß die Hauptkasse der Bahngesellschaft weiterhin durch das Haus Georg Platner, dessen Leitung inzwischen seine beiden Söhne übernommen hatten, geführt werde.

Georg Zacharias wurde auf Lebenszeit zum Ehrenmitglied des Direktoriums der Ludwigs-Eisenbahn-Gesellschaft ernannt. Auch sein Sohn, Konsul Georg Platner, wurde in das Direktorium aufgenommen.

In der Sitzung vom 28. Januar schlug Platner die Verringerung der Jahresdividende vor. Er war der Meinung, daß ein solches Unternehmen einer größeren Rücklage bedürfe und die günstigen Einnahmen des Jahres 1851 hierzu den besten Anlaß gäben. Platner setzte sich jedoch mit seiner Anregung nicht durch, und die Dividendenzahlung wurde für seine Vorstellungen als zu hoch festgesetzt. Die Folge war, daß er ab September des gleichen Jahres die Führung der Hauptkasse abgab und aus dem Direktorium austrat.

Als am 7. Dezember 1860 das 25jährige Jubiläum der Ludwigs-Eisenbahn feierlich begangen wurde, trat Georg Zacharias Platner, nunmehr fast 80jährig, nochmals in Erscheinung. Bei diesem Anlaß wurde ihm eine Vielzahl von Ehrungen zuteil.

Platner starb im 81sten Lebensjahr am 9. Juli 1862. Er hatte viele seiner Mitarbeiter und Freunde aus der Gründerzeit der Ludwigs-Eisenbahn überlebt.

Johannes Scharrer

Als Nachfolger für den am 12. 12. 1836 zurückgetretenen ersten Direktor, Georg Zacharias Platner, wurde Johannes Scharrer gewählt. Er galt seit der Gründung der Eisenbahn-Gesellschaft als der führende Verwaltungsfachmann.

Am 30. Mai 1875 wurde er als ältester Sohn des Bierbrauers und Landwirts Johann Konrad Scharrer geboren. Entgegen seiner wissenschaftlichen Neigung ergriff er den Kaufmannsberuf und strebte, nachdem er sich in mehreren Sprachen ausgebildet hatte, einen Aufenthalt im Ausland an. Seine Ehe mit der Kaufmannstochter Katharina Barbara Weis im Jahre 1808 hielt ihn aber in Nürnberg fest, wo er bis zum Jahre 1826 einen gut florierenden Hopfenhandel betrieb.

1818 wurde Johannes Scharrer einer der 12 bürgerlichen Magistratsräte der Stadt Nürnberg und 1821 Gemeindebevollmächtigter. Eine überwiegende Mehrheit wählte ihn am 17. März 1823 zum 2. Bürgermeister Nürnbergs. Gestützt auf eine vertrauensvolle Freundschaft des 1. Bürgermeisters Dr. Jakob Friedrich Binder und des Magistrats arbeitete er zielsicher und mutig am Aufbau der Stadt Nürnberg. Es war keine einfache Zeit, denn die bisher freie Reichsstadt Nürnberg war durch den Bayerischen Staat übernommen worden, was eine Vielzahl von Problemen mit sich brachte.

Seine besondere Fürsorge galt der Wasserversorgung, dem Ausbau der Straßen, der Errichtung einiger Bauwerke und der auf sein Betreiben am 1. November 1821 gegründeten Sparkasse sowie der Städtischen Pensionsanstalt. Scharrer widmete sich außerdem der Neuordnung des Schulwesens und war an der Gründung der Polytechnischen Schule, die am 2. Januar 1823 eröffnet worden war, wesentlich beteiligt.

Der Bayerische König, in dessen Gunst er stand, berief den kinderreichen Mann im März 1830 zum Direktor der Polytechnischen Schule. Neun Jahre hatte er dieses Amt inne. Im Jahre 1833 nahm er an der Gründung der Ludwigs-Eisenbahn-Gesellschaft teil. Bei der Wahl des Direktoriums am 21. November 1833 wurde er zum Stellvertreter des Direktors ernannt. In dieser Funktion konnte er seine Erfahrungen und Fähigkeiten als Verwaltungsfachmann beweisen. Am 12. 12. 1836 wurde er zum ersten Direktor der Ludwigs-Eisenbahn-Gesellschaft gewählt. Die vielseitige Tätigkeit von Johannes Scharrer ließ seine Kraft vorzeitig erlahmen. Während eines Gespräches am 30. März 1844, das er mit einem seiner Söhne führte, erlag er einem Gehirnschlag. Im Alter von 59 Jahren wurde er am 1. April 1844 auf dem Johannis Friedhof zu Nürnberg beigesetzt.

79 Georg Zacharias Platner, geboren 27. Juli 1781, gestorben 9. Juli 1862.
Sammlung C. Asmus.

80 Johannes Scharrer, geboren 30. Mai 1785, gestorben 30. März 1844.
Archiv Verkehrsmuseum Nürnberg.

81 Paul Camille von Denis, geboren 26. Juni 1795, gestorben 2. September 1872.
Archiv Deutsches Museum München.

Paul Camille von Denis

Paul von Denis gilt als der Erbauer der ersten Deutschen Eisenbahn zwischen Nürnberg und Fürth.

Am 26. Juni 1795 wurde er in Mainz geboren, studierte an der Technischen Hochschule in Paris und trat 1816 in den Bayerischen Staatsdienst ein. Seit dem Jahre 1825 war er Bauinspektor in Zweibrücken. 1832 unternahm er Studienreisen nach Belgien, Frankreich, England und Nordamerika. Von seinen Auslandsaufenthalten kehrte er 1834 zurück und war einer der wenigen deutschen Ingenieure, die das Eisenbahnwesen aus eigener Anschauung kannten. Auf Empfehlung des Vorstandes der obersten Baubehörde in Bayern, Leo von Klenze, wurde er dem Initiator der Ludwigs-Eisenbahn, Johannes Scharrer, als der geeignete Mann für den Bahnbau empfohlen. Für die Zeit seiner Tätigkeit beim Bahnbau in Nürnberg wurde er vom Staatsdienst beurlaubt. Nach der Fertigstellung der Ludwigs-Eisenbahn wirkte er für kurze Zeit bei der Kanalbaukommission des Ludwig-Donau-Mainkanals.

Aufgrund des wohlgelungenen Baus der Ludwigs-Bahn wurde er zu einem allseits gesuchten Fachmann. 1836 erbaute er die München-Augsburger-Bahn und bald darauf die Taunusbahn. 1840 ernannte ihn die Bayerische Regierung zum Regierungs- und Kreisbaurat in Speyer und gleichzeitig zum Mitglied der Staatlichen Baukommission in Nürnberg. In den Jahren 1844 bis 1846 plante und baute er die vier Privatbahnen der Rheinpfalz und die Hessische Bahn von Worms nach Mainz. Als Direktor der Bayerischen Ostbahn errichtete er eine Vielzahl von neuen Eisenbahnstrecken. Insgesamt hat er wohl mehr als 1000 km Schienenwege erbaut.

Durch die Verleihung des Bayerischen Kronenordens wurde Denis geadelt und somit für seine Verdienste um das Bayerische Eisenbahnwesen geehrt.

Am 2. 9. 1872 starb er im Alter von 77 Jahren in Dürkheim.

William Wilson

Die Eröffnung der Ludwigs-Eisenbahn am 7. Dezember 1835 war nicht nur das Geburtsdatum eines neuen Verkehrsmittels in Deutschland, sondern auch das Geburtsdatum eines neuen Berufes, des «Eisenbahners». Eine besondere Stellung in dieser neuen Berufsgruppe nahm der Lokomotivführer, oder wie es damals hieß, der Remorqueurmeister ein. Von Anfang an vertraute man nämlich nur dazu ausgebildeten und im Umgang mit dem Dampfwagen erfahrenen Männern die Führung der Lokomotiven an. Solche Eisenbahner fand man in diesen Jahren aber im eigenen Lande nicht, und so mußte man sich wohl oder übel in den ersten Jahren nicht nur die Lokomotiven selbst, sondern auch einen erfahrenen Fachmann aus England holen. Der erste und berühmteste englische Wagenlenker in Deutschland war William Wilson. Man ließ ihn mit dem ersten Dampfwagen, dem «Adler», aus der Robert Stephenson'schen Lokomotivfabrik in Newcastle upon Tyne kommen. Dort war der am 18. Mai 1809 in Wallbottle (bei Aberdeen) geborene Sohn des Mechanicus Wilson 1829 als Maschineningenieur in den Dienst des genialen Lokomotivkonstrukteurs Georg Stephenson (1781 – 1848) getreten. Der Direktor der Königlich Privilegierten Ludwigs-Eisenbahn-Gesellschaft, Johannes Scharrer, der am 19. Mai 1835 unter anderem bei Stephenson & Co. den Dampfwagen mit Tender bestellte, forderte dabei auch einen Führer für diesen Dampfwagen mit folgenden Zeilen an: «Sie werden zugleich die Güte haben, uns mit dem Dampfwagen einen Mann zu senden, der mit der Leitung, Beheizung und Behandlung desselben völlig vertraut ist und der solange hierbleibt und besoldet wird, bis er einen anderen hierin unterrichtet hat, der alsdann an seine Stelle treten kann».

In der Übereinkunft, die Stephenson daraufhin am 4. September 1835 mit Wilson geschlossen hatte, war vorgesehen, daß er die Lokomotive acht Monate lang zu behandeln und andere darin zu unterrichten habe, damit sie ihn einmal ersetzen könnten. Die Arbeitszeit sollte am Tage 12 Stunden nicht überschreiten.

Gemeinsam mit dem «Adler» machte sich Wilson auf die Reise nach Nürnberg, wo er am 17. Oktober 1835 eintraf und sich bei dem damaligen Direktor der Ludwigs-Bahn vorstellte. Im Gasthaus «Wilden Mann» nahm er Wohnung. Neun Tage nach seiner Ankunft gelangte die Dampflokomotive nach einer beschwerlichen Reise ebenfalls in Nürnberg ein.

Die einzelnen über 100 Maschinenteile im Gesamtgewicht von 120 Zentnern wurden von Wilson zusammengestellt, wofür er 60 Gulden Entlohnung erhielt.

Mit heller Begeisterung begingen dann die Zeitgenossen den Geburtstag der Deutschen Eisenbahn, der den erst 26jährigen Wilson auf der Höhe seines Ruhmes sah. Der Dampfwagenführer Wilson stand im Frack und mit Zylinder auf der Maschine und waltete seines Amtes. Die Nürnberger mögen wohl Wilson für den leibhaftigen Satan gehalten haben, er sah auch eigenartig aus. Die Schöße seines schwarzen Frackes flogen im Luftzug, und mit seinen langen Armen gestikulierend bediente er die Hebel wie ein Hexenmeister. Die Bewunderung, die man seiner Tätigkeit entgegenbrachte und die auch in der Höhe des Gehaltes deutlich zum Ausdruck kam, sprach Karl von Hailbronner folgendermaßen aus: «Es gibt nichts Imponierenders als die Sicherheit dieses Eisenwagenführers, von dem das Schicksal so vieler Hunderter abhängt, und was ist die Geschicklichkeit des kühnsten Rosselenkers gegen die Kaltblütigkeit des Remorqueurmeisters.» Seine dienstlichen und persönlichen Verhältnisse regelte die Ludwigs-Eisenbahn noch während der achtmonatigen Frist, die ihm Robert Stephenson für seinen Aufenthalt in Deutschland zugebilligt hatte in einem Vertrag vom 29. Januar 1836, nachdem man ihm bereits am 25. Januar des gleichen Jahres mitgeteilt hatte, daß er den Lehrer der praktischen Mechanik an der Polytechnischen Schule zu Nürnberg, Michael Josef Bauer, in der Behandlung und Führung der Dampfmaschine unterweisen möge. Sowohl der Vertrag als auch der dienstliche Verkehr der Gesellschaft mit Wilson mußte anfangs von einem Dolmetscher übersetzt werden, da Wilson kein Wort Deutsch sprach. Schon in diesem Vertrag wird deutlich, daß man Sorge hatte, Wilson wieder zu verlieren, ohne daß ein Nachfolger entsprechend gut ausgebildet worden war. Für die Ausbildung und Unterweisung eines Nachfolgers sollte er wöchentlich eine Entschädigung von 40 Schilling erhalten. Bei dieser Gelegenheit drückte man Wilson die besondere Zufriedenheit sowie den Wunsch aus, er möge sich bei der Ludwigs-Eisenbahn-Gesellschaft solange als möglich aufhalten.

Ebenso wie für Wilson regelte die Ludwigsbahn auch für seinen Heizer Johann Georg Hyronimus die Dienstaufgaben und Besoldung. Hyronimus hatte die Aufsicht über den Dampfwagen und den Tender, welche er täglich zu reinigen, zu scheuern und gehörig herzurichten hatte. Er mußte auch den Dampfwagen schmieren und alles das tun, was ihm Herr Wilson auftrug. Auch mußten von ihm die Wagen nachgesehen und geschmiert werden, er war also nach den heutigen Begriffen der erste Wagenmeister. Für seine Tätigkeit erhielt er jährlich 400 Gulden Entlohnung, während Wilson für seine Ausnahmestellung vertraglich die enorm hohe Summe von 1500

Gulden bis Ende 1843 erhielt. Um den Vergleich dieses beachtlichen Verdienstes zu verdeutlichen, sei angeführt, daß der erste Direktor der Gesellschaft 1200 Gulden Jahreslohn bekam.

Als die Ludwigsbahn die 2. Dampfmaschine aus England erwartete, wurde am 6. August ein zweiter Vertrag mit Wilson geschlossen. Es war damals erneut die Besorgnis, Wilson zu verlieren rege geworden, da sein Dolmetscher, Dr. Gambihler, vorübergehend nach England gereist war. Man setzte deshalb Wilson das Gehalt noch herauf, übertrug ihm aber außer der Leitung der beiden Maschinen auch die Aufsicht über die mechanische Werkstätte und das Eisenwerk der Bahn sowie über die Bahn und die Wagen. Auch machte man ihm erneut zur Pflicht, mehrere junge Männer als Dampfwagenführer auszubilden.

Die ihm von der Ludwigsbahn zugewiesenen Gehilfen zog Wilson zunächst überwiegend zu Reparaturen heran, allerdings brachte ihm dies manchen Vorwurf sowohl der Bahnverwaltung als auch der Gehilfen ein, die glaubten, daß er eine Einbuße an Ansehen und lästige Konkurrenz befürchtete. Außer dem Schlossergesellen Ludwig Bockmüller, der im Jahre 1849 aus dem Dienst der Gesellschaft schied, gingen noch aus der Schule Wilsons in den ersten Jahren folgende Lokomotivführer hervor. Der Drechsler Ferdinand Rech, der Schlossergeselle Johann Beck und der Mechaniker Geng aus Hersbruck. Wilson, der im März 1837, anspruchslos wie er war, ein kleines Zimmer im Nürnberger Bahnhof bezogen hatte, erkrankte Ende Mai 1842 bedenklich. Wie der behandelnde Arzt Prof. Dr. Dietz sagte, war die Krankheit, die früher ihren Sitz in der Brust hatte, ganz weg und hatte sich in die Gedärme verzogen. Wilson mußte fast drei Monate dem Dienst fernbleiben. Am 29. August 1842 bewilligte man ihm nach einer Dienstzeit von fast sieben Jahren einen ersten sechswöchigen Heimaturlaub, aber in besonderer Erwägung, daß der Gehilfe Bockmüller ihn vollständig vertreten konnte.

Wilson brachte seine um neun Jahre jüngere Schwester Elisabetha aus England mit, die ihm bis 1845 den Haushalt führte. Sie wohnte bei ihrem Bruder und starb, erst 27 Jahre alt, am 18. Juni 1845. Sie wurde auf dem Johannis Friedhof zu Nürnberg beerdigt.

Krankheit und Urlaub Wilsons hatten gezeigt, daß er in den Augen der Gesellschaft für den Dampffahrtdienst eigentlich entbehrlich war. Am 15. September 1843 teilte ihm Scharrer mit, daß man ihm im Hinblick auf die hohen Personalausgaben das bisherige Gehalt von 1500 Gulden und die besondere Vergütung für die Unterweisung der Lehrlinge nicht mehr zahlen könne. Man wäre bereit, ihm vom 1. Januar 1844 an nur

82 William Wilson, geboren 18.5.1809, gestorben 17. April 1862. Zeitgenössische Porzelanmalerei.
(Archiv Verkehrsmuseum Nürnberg.)

83 Auf der Rückseite der Grabstätte der Familie Nudinger auf dem Friedhof in Nürnberg ist diese Erinnerungstafel an den ersten deutschen Lokomotivführer William Wilson angebracht.
(C. Asmus.)

noch 1000 Gulden zu gewähren und würde dann das Dienstverhältnis mit Vergnügen noch fernerhin auf unbestimmte Zeit fortdauern lassen. Falls er sich dafür nicht einlassen könne, müsse man den Dienstvertrag kündigen. Dieses Angebot hat Wilson abgelehnt und am 19. September 1843 seinen Austritt zum 1. Januar 1844 erklärt. Scharrer schrieb ihm dann einen Abschiedsbrief, worin er die volle Zufriedenheit mit seinen Dienstleistungen, seiner musterhaften Pünktlichkeit und Vorsicht bezeugte, die zur Folge gehabt habe, daß in diesen acht Jahren kein Unglück verschuldet wurde. Man werde seiner «immerdar eingedenk bleiben.» Scharrer wäre nun den kostspieligen Lokomotivführer losgewesen, wenn nicht nochmals der Ausschuß der Ludwigs-Eisenbahn eingegriffen hätte. Er führte eine nochmalige persönliche Rücksprache mit Wilson am 4. Oktober 1843 herbei und sah sich dann bewogen, Wilson gegen ein jährliches Gehalt von 1200 Gulden im Dienst zu behalten. Wilson hat sich daraufhin bereit erklärt, für diese Summe bei der Gesellschaft zu bleiben, bis eine definitive Entscheidung über ihn erfolgt sein werde. Diese Entscheidung wurde indessen nicht gefällt. Wilson konnte sich auch nicht dazu entschließen, Nürnberg zu verlassen. Am 31. Oktober 1844 teilte er der Direktion mit, daß er von der Königlichen Eisenbahn-Baukommission in Nürnberg ohne sein Verlangen aufgefordert worden sei, die Stelle eines Obermaschinisten in Oberhausen anzunehmen. Er wolle aber nicht undankbar erscheinen und seine sichere Stelle nicht aufgeben und frage deshalb an, ob er in seiner bisherigen Stellung verbleiben könne und ob das Direktorium darüber mit ihm einen Vertrag abschließen wolle. Ein neuer Kontrakt, der aber nur noch ein Gehalt von 1200 Gulden vorsah, kam dann am 12. November 1844 zustande. Später wurde das Gehalt wegen der ungünstigen Entwicklung der Verhältnisse im Revolutionsjahr 1848 nochmals gekürzt, im Januar 1850 jedoch wieder auf den alten Stand erhöht.

Am 13. Oktober 1857 berichtet Direktor Mainberger der Gesellschaft erstmals, daß Wilson mit dem Gehör ganz schlecht daran sei und daß dieser Umstand Anlaß zu Mißverständnissen und Streitfällen mit dem Personal gebe. Wilson habe als Folge der Erkrankung einen heftigen Charakter bekommen und glaube gar vieles als absichtliche Kränkung oder Unfolgsamkeit empfinden zu müssen. Vom Juli 1859 an wurde Wilsons Gesundheitszustand noch bedenklicher. Er suchte um einen 14tägigen Urlaub nach, den Prof. Dr. Dietz zum besten seiner Gesundheit nach Bad Reichenhall verordnet hatte. Kurz nach seiner Rückkehr erkrankte er aber von neuem, sodaß die Gesellschaft am 31. Januar 1860 seine Tauglichkeit für den Dampffahrtdienst überprüfen ließ. Wilson wurde zwar wieder dienstfähig geschrieben, blieb aber doch ein kranker Mann. Bei der Feier des 25jährigen Bestehens der Ludwigs-Eisenbahn im Jahre 1860 konnte man Wilson unter den Anwesenden noch begrüßen. Am 17. April 1862 ereilte den erst 53jährigen der Tod.

Wilsons Tochter Anna heiratete in jungen Jahren Sebastian Nudinger, der aus einer alten Nürnberger Familie stammte. Schon mit 27 Jahren, nach der Geburt ihres sechsten Kindes, ist sie in Nürnberg verstorben. Sie ruht zusammen mit ihrem Vater in der Familiengrabstätte der Familie Nudinger auf dem Johannes Friedhof. Ganz einfach ist es nicht, diese Grabstätte zu finden, aber es lohnt sich, sie aufzusuchen, denn dort befindet sich das einzige Erinnerungsstück an diesen vielbestaunten Mann, eine gußeiserne Gedenkplatte. Sämtliche anderen Erinnerungsstücke sind im Krieg verbrannt. Man geht durch den Eingang an der Johannisstraße durch den von Bäumen flankierten Weg, durchschreitet zwei querlaufende Grabreihen und überquert auch noch den zum Leichenhaus führenden Weg. Nach weiteren 13 Reihen kommt man zu dem Weg, der zu den Arkaden führt. Auf diesem gelangt man nach wenigen Schritten zum Grabe Wilsons; es ist der fünftletzte am linken Wegrand stehende Grabstein. Im folgenden die wortgenaue Wiedergabe des Vertrages vom August 1836, der abgeschlossen wurde, als der zweite Dampfwagen aus England eintraf.

Zwischen dem Direktorium der Ludwigs-Eisenbahn-Gesellschaft dahier und Herrn William Wilson aus Newcastle ist heute folgender Dienstvertrag abgeschlossen worden:

Herr Wilson verpflichtet sich, in dem Dienst der Ludwigs-Eisenbahn-Gesellschaft solange zu verbleiben, als dieselbe es wünscht und ihrem Interesse gemäß erachtet. Im Entlassungsfall muß eine 3monatliche Aufkündigung vorangehen. Sollte jedoch unvorhergesehene Familienereignisse die Rückkehr des Herrn Wilson nach England unumgänglich notwendig machen, so verpflichtet sich derselbe, den Dienst der Gesellschaft nicht eher zu verlassen, als bis es ihm gelungen ist, seine Stelle hier durch einen vollkommen tüchtigen und bewährten Dampfwagenführer und Maschinisten zu besetzen.

Ferner verpflichtet sich Herr Wilson, nicht nur seine bisherigen Funktionen als Führer und Aufseher des Dampfwagens fortzusetzen und die daraus vorkommenden Reparaturen zu besorgen und den Lehrling Rech fernerhin zu unterweisen, sodaß derselbe in den Stand gesetzt werde, im eintretenden Notfall seine Stelle zu vertreten, sondern auch

1.) dieselben Funktionen bei dem demnächst ankommenden zweiten Dampfwagen zu übernehmen.

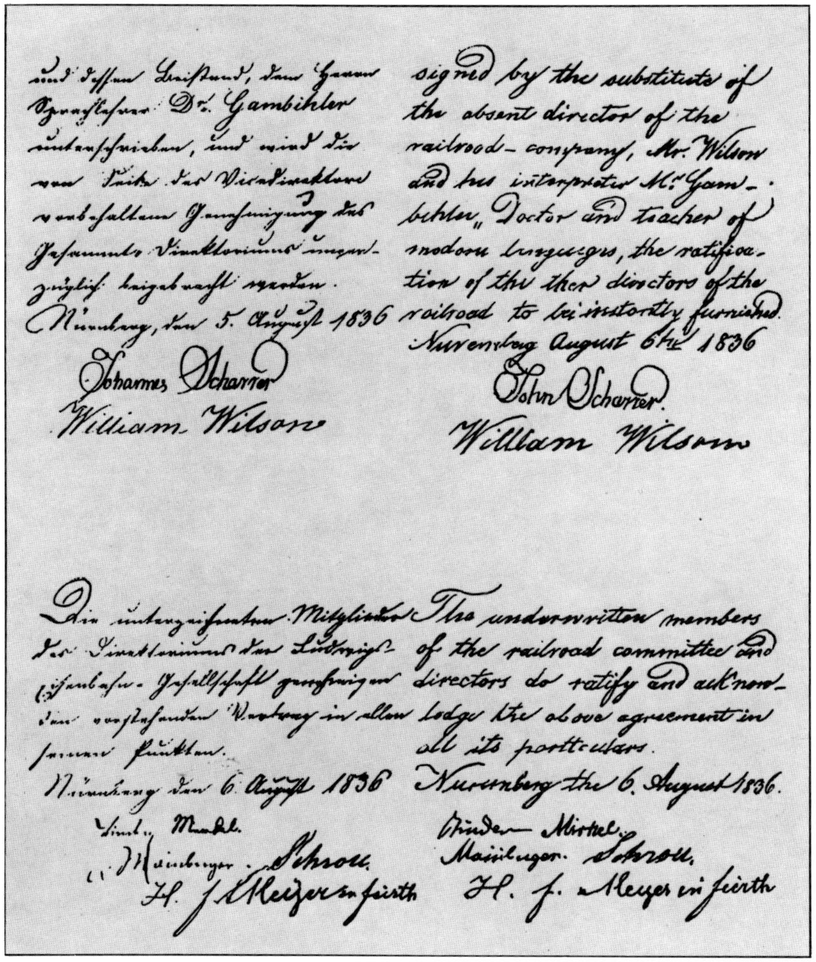
und dessen Beistand, dem Herrn Sprachlehrer Dr. Gambihler unterschrieben, und wird die von Seite der Mitdirektoren vorbehaltenen Genehmigung des Gesammt Direktoriums unverzüglich beigebracht werden.
Nürnberg, den 5. August 1836
Johannes Scharrer
William Wilson

signed by the substitute of the absent director of the railroad-company, Mr. Wilson and his interpreter Mr. Gambihler, Doctor and teacher of modern languages, the ratification of the other directors of the railroad to be instantly furnished.
Nurenberg August 6th 1836
John Scharrer
William Wilson

Die unterzeichneten Mitglieder des Direktoriums der Ludwigs-Eisenbahn-Gesellschaft genehmigen den vorstehenden Vertrag in allen seinen Punkten.
Nürnberg den 6. August 1836
Binder Mirtel
Mainberger Schroll
H. F. Meyer in Fürth

The underwritten members of the railroad committee and directors do ratify and acknowledge the above agreement in all its particulars.
Nurenberg the 6. August 1836.
Binder Mirtel
Mainberger Schroll
H. F. Meyer in Fürth

84 Letzte Seite des Vertrages zwischen der Ludwigs-Eisenbahn-Gesellschaft und dem englischen Lokomotivführer Wilson.
Archiv Verkehrsmuseum Nürnberg.

2.) Nach vollendeter Herstellung einer mechanischen Werkstätte für die Zwecke der Gesellschaft, die Leitung derselben und aller vorkommenden Reparaturen beider Dampfwagen und den Transportwagen, soweit solche in dieser Werkstätte ausgeführt werden können, zu besorgen.

3.) Die Aufsicht über sämtliche Transportwagen und über das Eisenwerk des Oberbaues der Bahn zu übernehmen und alle dabei vorkommenden Reparaturen anzuordnen und auszuführen oder ausführen zu lassen.

4.) Noch andere junge Männer nach und nach in der Führung und Behandlung der Dampfwagen zu unterrichten, um auf diese Weise mehrere Stellvertreter in auftretenden Notfällen zu gewinnen.

Dagegen bewilligte das Direktorium der Ludwigs-Eisenbahn-Gesellschaft dem Herrn Wilson einen jährlichen Gehalt von 1500 Gulden in monatlichen Raten von 125 Gulden und eine besondere Remuneration von 240 Gulden für jeden Lehrling für die Eisenbahn, nachdem derselbe seinen Lehrkurs vollendet und sich zur Führung und Besorgung des Dampfwagens vollkommen geschickt gemacht hat. Vorstehender Vertrag tritt vom 1. September dieses Jahres an in Wirksamkeit und wurde in beiden Sprachen in 2 gleichlautenden Exemplaren ausgefertigt von dem Stellverteter des abwesenden Direktors, dem Herrn Wilson und dessen Beistand, dem Herrn Sprachlehrer Dr. Gambihler unterschrieben, und wird die von Seite der Mitdirektoren vorbehaltenen Genehmigung des gesamten Direktoriums unverzüglich beigebracht werden.
Nürnberg, den 5. August 1836.

Die unterzeichneten Mitglieder des Direktoriums der Ludwig-Eisenbahn-Gesellschaft genehmigen den vorstehenden Vertrag in allen seinen Punkten.
Nürnberg, den 6. August 1836.

Die Nachbauten des Adlers

Es ist sehr zu bedauern, daß der «Adler,» die erste deutsche Lokomotive aus der Fabrik Robert Stephensons nicht erhalten geblieben ist.

Aufgrund der im Jahre 1935 zum 100jährigen Bestehen der Eisenbahn in Deutschland vorgesehenen Feierlichkeiten entschloß sich die damalige Deutsche Reichsbahn eine originalgetreue betriebsfähige Nachbildung des «Adlers» herstellen zu lassen. Dieses zweifellos äußerst schwierige Vorhaben wurde in dem Reichsbahn-Ausbesserungswerk Kaiserslautern unter der Leitung des Reichsbahnoberrates Carl Klensch durchgeführt.

Die wenigen erhalten gebliebenen Zeichnungen von Stephenson geben nur lückenhaft die Konstruktion des «Adlers» wieder.

Auch den zeitgenössischen Beschreibungen und den ihnen beigefügten Zeichnungen konnte nichts entnommen werden, da es sich bei den hier dargestellten Maschinen um ganz andere Lokomotiven als den «Adler» handelte. Die Folge davon war, daß speziell durch diese Zeichnungen totale Unklarheit entstand, in welcher Form die Steuerung und speziell die Hilfseinrichtung zum Umsteuern gestaltet war. Es bestanden ernstliche Zweifel, ob eine Nachbildung des Adlers überhaupt betriebsfähig gemacht werden konnte. Wie schwierig und aufwendig die Steuerung des Adlers zu bedienen war, wurde in einem der vorangegangenen Kapitel ausführlich dargestellt.

Da zur Zeit des Nachbaues in Form der allgemeinen gültigen Betriebsordnung umfangreiche technische Vorschriften bestanden, mußten diese bei einer Neukonstruktion bzw. einem Neubau berücksichtigt werden. So entsprach das bei der Lieferung des Adlers verwendete Kesselblech von 8 mm Stärke nicht den im Jahr 1935 gültigen Bestimmungen.

Der Langkessel mit 711 mm war so klein im Durchmesser, daß die geforderte Festsetzung des niedrigsten Wasserstandes auf 10 cm über der Feuerbüchsdecke den Dampfraum zu sehr eingeschränkt hätte und die Gefahr bestand, daß die Maschine allzusehr Wasser überreissen könnte.

Zur Behebung und Beseitigung all dieser Schwierigkeiten wurde der Kessel des Nachbaues mit einer Wandstärke von 12 mm ausgeführt, wobei der Langkessel nur einen einzigen Schuß an Stelle der von Stephenson angewandten zwei oder drei Schüsse erhielt. So war es möglich, einen kleinen Spielraum für den Wasserstand über der 10 cm Grenze und einem zulässigen Betriebsdruck von 6,3 bar zu gewinnen. Um das Aussehen der Maschine nicht zu verändern, wurden die Nietköpfe des Kessels in die Holzverkleidung eingelassen. Durch diese Maßnahme konnte erreicht werden, daß der äußere Durchmesser des Kessels inklusive der Bekleidung entsprechend dem Original hergestellt werden konnte. Davon abgesehen wurde bei den sonstigen Teilen genau nach den Originalvorlagen gearbeitet.

Von größtem Wert für die Ausführung des Triebwerkes waren einige im Nürnberger Museum vorhandene Teile einer älteren Stephenson-Lokomotive, die dem «Adler» zugeschrieben werden. Eine endgültige einwandfreie Zuordnung war jedoch nicht möglich. Ein zeitgenössischer Zeitungsausschnitt berichtet hierzu folgendes:

«Zur Nachbildung des ‚Adlers' werden die im Verkehrsmuseum zu Nürnberg aufbewahrten Dampfzylinder verwendet werden, deren Auffindung merkwürdig vor sich ging. Als im Jahre 1903 das am Englischen Garten in München betriebene Kupferhammerwerk aufgelassen wurde, hat dessen Besitzer, Lismann, die Dampfmaschine des Werkes, die er selbst erbaut hatte, dem Bayerischen Eisenbahn-Museum angeboten. Bei näherer Besichtigung erkannte man, daß die zwei Zylinder der Maschine von einer Lokomotive stammen müßten. Weitere Nachforschungen ergaben, daß Lismann diese Zylinder von dem Alteisenhändler Adler kaufte, der diese in Nürnberg von der zerlegten Lokomotive ‚Adler' als Schrott erwarb.»

Diese Triebwerksteile ließen keinen Zweifel über die außerordentliche Sorgfalt der Ausführung speziell der Schmiedestücke bei den alten Stephensonschen Lokomotiven und gaben vollkommen Aufschluß über die bei Stephenson ge-

85 Das Rahmengestell des «Adler»-Nachbaues 1935. Archiv Verkehrsmuseum Nürnberg.

86 Der Kessel des «Adler»-Nachbaues im Ausbesserungswerk Kaiserslautern. Archiv Verkehrsmuseum Nürnberg.

87 Der Kessel des «Adler» zum erstenmal unter Dampf am 23.3.1935. Ganz links H. Trautner, daneben Werkdirektor Klensch. Vor dem Kessel Werkmeister Schubart. H. Trautner

bräuchlichen Ausführungsarten, der Einzelteile, deren Formgebung, der Gußstücke, der Verbindungen und Verzierungen.

Für den Nachbau des «Adlers» waren die alten zeitgenössischen Stiche von großem Wert sowie eine im Deutschen Museum vorhandene Skizze, die wesentliche, von anderen Stephenson-Lokomotiven bekannte Teile auch für den «Adler» nachweisen ließen. Aufgrund dieser Skizze war es auch möglich, nähere Angaben über den Tender zu erfahren, über den nur äußerst mäßige Unterlagen vorhanden waren.

Wie bekannt, wünschten die Besteller des «Adlers,» die damalige Ludwigs-Eisenbahn-Gesellschaft, nur eine relativ kleine Lokomotive für ihre Bahnstrecke Nürnberg-Fürth. Diese gedrängte Bauweise wird augenscheinlich in dem kleinen und kurzen Langkessel und in dem außerordentlich kurzen Triebwerk. Sicherlich wäre vor der Feuerbüchse noch Platz gewesen, um die Treibachse weiter nach rückwärts zu verlagern und längere Treibstangen zu erzielen. Die Wahl der Radstände zeigte jedoch, wie meisterhaft Stephenson die Lastverteilumg beherrschte. Schon die erste Verwiegung der nach diesen Prinzipien erstellten Nachbildung ergab eine ideale Lastverteilung

Von dem Kessel mit einer Rostfläche von 0,48 m^2 und der Heizfläche von 18,2 m^2 bei einem Wasserinhalt von 200 l und der sehr großen Verdampfungsoberfläche über dem Feuer konnte angenommen werden, daß der Kessel ein sehr guter Dampferzeuger sein müßte. Diese Annahme wurde dadurch bestärkt, daß im «Adler» im wesentlichen nur Einrichtungen zur Dämpfung des Feuers und nicht zur Belebung angebracht waren.

Die Kesselwände waren, wie schon eingangs erwähnt, reichlich dünn dimensioniert. Es war nicht allein die Sparsamkeit, solche dünne Wandungen zu wählen. Es war vielmehr auch für die Bauart wesentlich, daß die über dem Langkessel seitlich und unten hervortretende Feuerbüchse und die ebenso geformte Rauchkammer durch die Art ihrer Verbindung mit Winkelflanschen und Winkeln in der Längsrichtung etwas nachgiebig waren und federten. Nur so ist es zu verstehen, daß Rauchkammer und Feuerbüchse unterhalb des Langkessels durch die 4 starren Innenrahmen fest miteinander verbunden werden konnten, wo doch immerhin eine Längedehnung von etwa 3 bis 4 mm auftreten mußten.

Der Erbauer hatte dabei sicherlich das Hilfsmittel gebraucht, die von Rauchkammer zur Feuerbüchse reichenden Innenrahmen erst festzuschrauben, nachdem der Kessel mit heißem Wasser gefüllt war, sodaß in den beiden Beharrungszuständen – kalt oder unterDampf – die Bauteile nur die halbe Dehnung aufzunehmen hatten, was sie wegen der federnden Eigenschaft des Dampfkessels konnten. Außerdem dehnten sich die Innenrahmen geringfügig durch die Berührungswärme.

Wegen der dickeren Kesselbleche, die bei dem Nachbau verwendet wurden, wurde die Schraubverbindung der Innenrahmen in ein Langloch gelegt, wobei die Verbindung erst dann vorgenommen wurde, nachdem der Kessel mit 80 Grad warmem Wasser gefüllt worden war. Keinerlei Verschiebungen an der Verbindungsstelle wurden weder in kaltem noch in betriebsfähigem Zustand wahrgenommen. Die Befestigung der Zylinder mit ihrem vorderen und hinteren Flanschen an der Rauchkammertür und an der Rohrwand verlangte unbedingt sehr saubere Kesselschmiedearbeit und ebene Flächen. Diese Voraussetzung erforderte beim Nachbau viel Arbeit, da ein Geraderichten der durch die Nietarbeit verwundenen Rohrwand immer wieder notwendig war.

Beim «Adler» lagen die Zylinder und ebenso die Schieberkästen in dem über 200 Grad warmen Teil der Rauchkammer. Hierbei wurden diese förmlich vor Dampfeintritt vorgeheizt, und speziell nach einem Stillstand traf der Dampf beim ersten Anfahren auf eine rechte hohe Wandungstemperatur. So ist es verständlich, daß für besondere Reinigungshähne an den Zylinderenden kein Bedürfnis bestand und die Ableitung des Niederschlagwassers in einem an die Ausströmung angeschlossenen Bogenrohr mit Auslaß nach unten völlig genügte.

Auch die schon erwähnten, im Verkehrsmuseum Nürnberg aufgefundenen Zylinder einer Lokomotive dieser Bauart hatten während der ganzen Betriebszeit keine besonderen Reinigungshähne besessen, und es wurden auch nachträglich keine angebaut.

Zur Schmierung der Kolben und Schieber hatte Stephenson vorne auf den Zylinderdeckeln zwei Schmierhähne angebracht. Der Dampfkessel trug vorne den Dampfdom aus Kupferblech, der wie damals üblich an den Verbindungsstellen geschrägt und hartgelötet war. Im Kessel unterhalb des Domes saß der Regler in Gestalt eines Kegels aus Gußeisen. Ungefähr um diese Zeit der Erbauung des «Adlers» hatte Stephenson diese Bauart zugunsten der fächerförmigen Regler aufgegeben. Der Grund wurde beim Nachbau des Adlers klar. Bei Dampfdrücken bis zu $4\frac{1}{2}$ bar arbeitet das Kücken einwandfrei. Bei höheren Drücken machte die Abdichtung jedoch Schwierigkeiten, außerdem ließ sich der Regler nur mehr schwer bewegen. Der Regler des Nachbaues wurde genau nach den Stephenson'schen Zeichnungen ausgeführt, allerdings verriet die Zeichnung ebensowenig wie die Beschreibung, daß die Welle in das Kücken eingegossen werden mußte.

88

89

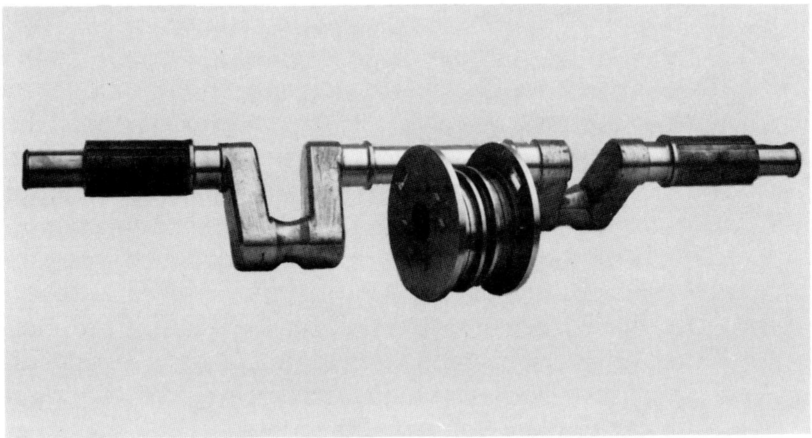

90

91

92

88 Ein Laufrad beim Einformen 1935.
(Archiv Verkehrsmuseum Nürnberg.)

89 Zylinder und Teile der Steuerung einer alten Stephenson'schen Lokomotive, die in den dreißiger Jahren im Verkehrsmuseum in Nürnberg aufgefunden wurden. Ob sie zum «Adler» gehörten, ist nicht einwandfrei zu klären.
(Archiv Verkehrsmuseum Nürnberg.)

90 Die Kurbelwelle und die Exzenterbuchse.
(Archiv Verkehrsmuseum Nürnberg.)

91 Ein Laufrad nach dem Guß 1935.
(Archiv Verkehrsmuseum Nürnberg.)

92 Das vordere Sicherheitsventil des «Adler»-Nachbaues.
(Archiv Verkehrsmuseum Nürnberg.)

Der Langkessel zeigt noch die beiden Sicherheitsventile mit kegelförmigem Ventilsitz. Das bei der Feuerbüchse sitzende Ventil mit seitlich nach hinten ausladendem Ventilhebel und einstellbarer Federbelastung ersetzte das Manometer. Das vordere Sicherheitsventil mit fester Belastung geht auf eine Konstruktion von Timothy Hackworth zurück, der es im Jahre 1827 zum erstenmal verwendete. Dieses Sicherheitsventil war auch in die legendäre Rocket aus dem Jahre 1829 eingebaut. Jedes einzelne der 10 Federblätter hatte in der Mitte eine Dicke von 4 mm. Diese Ventilkonstruktion wurde vor der Verwendung auf dem Nachbau an stationären Kesseln erprobt und als äußerst zuverlässig befunden. In der Stehkesselmitte war das sogenannte Mannloch aufgeschraubt. Es war oval, mehr breit als lang, und aus Schmiedeeisen hergestellt.

Außer den für den Adler nachgewiesenen Längsverankerungen und Deckenbarren wurden im Nachbau wegen der unter Umständen benötigten höheren Dampfdrücke die zur Zeit des Nachbaues üblichen Quer- und Deckenverankerungen und sonstigen Versteifungen angebracht. Wie bei der ursprünglichen Lokomotive wurden auch bei der Nachbildung Schlammbolzen und am Langkesselbauch eine größere Waschluke eingebaut. Die beim «Adler» verwendeten Federn hatten in der Mitte zur Erhöhung der Elastizität dünne Holzplättchen als Unterlage zwischen den einzelnen Blättern.

Besondere Sorgfalt erforderte beim Nachbau die Befestigung der vier Innenrahmen, die das Fundament der Maschine bilden. Hierbei wurde so verfahren, daß zunächst an Stelle der Kropfachse eine Hilfswelle ohne Kröpfung, welche jedoch in Länge und Durchmesser vollkommen der endgültigen zu verwendenden Achse entsprach, in die Innenrahmen eingebaut wurde. Dann wurde die ganze Maschine, Kreuzköpfe und die Pumpen mit ihrem Antrieb vom Kreuzkopf und die Umkehrwellen in die Innenrahmen eingebaut und genau ausgerichtet. Über das Ganze wurden dann der von der Dampfprobe noch warme Kessel herabgelassen und die Verbindung mit der Rauchkammerrohrwand und der Stehkesselvorderwand vorgenommen, nachdem die Ausrichtung mit den schon in der Rauchkammer befestigten Zylinder erfolgt war. Infolge der Zwischenschaltung der Hilfswelle gelang die Arbeit in der kurzen Zeitspanne von zwei Stunden, bevor sich der Kessel unter 80 Grad abgekühlt hatte. Es ist anzunehmen, daß diese Verfahrensweise von Stephenson ebenso angewandt wurde.
Nach diesem Zusammenbau wurde die Hilfswelle entfernt und der Kessel samt Maschine auf das bereits auf die Räder gestellte Fahrwerk aufgebracht und die Kesselträger befestigt. Die Konstruktionshöhe der Maschine wurde hierbei durch genaues Ablängen der runden Federstützen der drei Achsen hergestellt. Mit zu dem schönsten am «Adler» zählen zweifelsohne die Räder. Es scheint, daß Stephenson an dieser Maschine das äußerste aufgeboten hatte, was Schmiede und Gießerei zu leisten im Stande waren.

Naben und Felgen waren in Eisen gegossen. Vor dem Guß wurden die schmiedeeisernen hohlen Speichen höchst kunstvoll durch Schablonen in ihre schrägen, sich gegenseitig überkreuzenden Lagen eingeformt und Nabe und Felge in durch die Erfahrung bestimmten Zeitabständen gegossen, um dem Schwinden des Werkstoffes und seiner Wirkung auf die Speichen Rechnung zu tragen. Beim «Adler» trugen die Speichen an den Enden und am Schaft noch Rosetten gleichen Musters, wie wir es an Zierleisten, am Kamin, Dom, den Stoffbüchsen und der Armatur immer wieder antreffen. In seiner Beschreibung des Adlers sagt Rebenstein: «Die Räder sind von Gußeisen. . . ihre Speichen sind hohl und enthalten einen Kern von Holz, um den Stößen mehr Widerstand und Elastizität entgegensetzen zu können.» Diese Beschreibung ist jedoch nicht wörtlich zu nehmen. Der Holzkern lag natürlich nicht im Speichenrohr, sondern in der Nabe, und zwar muß man sich vorstellen, daß in dem äußeren Umfang der Nabe immer an der Stelle, wo innen eine Speiche in die Nabe eintritt, eine runde Vertiefung von etwa 70 bis 80 mm Durchmesser und 12 mm Tiefe eingeformt war, die mit einer etwas dickeren, im unbereiften Zustand über die Nabe geringfügig vorstehende Holzscheibe ausgelegt war, welche beim Erkalten des darübergezogenen Reifens sich fest zusammenpreßte. So konnte man wohl sagen, daß der Reifen beim Fahren die Stöße nicht unmittelbar auf die Speichen übertrug, sondern auf dem Weg über das elastische Holz.

Beim Nachbau des «Adlers» bereitete die Herstellung dieser Räder besonders große Mühe. Die Felgen wurden aus Stahl gefertigt, wobei die Speichen schräg und übers Kreuz gestellt in die Nabe stramm eingeschraubt wurden. Dem Schwinden der Nabe nach dem Guß wurde durch vorherige Erwärmung der Felge Rechnung getragen. Beim Nachbau gelang der Guß der Räder zur vollen Zufriedenheit, die Räder wurden durch vier Keile auf die Achsen aufgepreßt. So wenig ansonsten der überlieferten Konstruktionszeichnung von Stephenson entnommen werden konnte, so war sie doch beim Nachbau der Steuerung von großem Nutzen. Ihre Konstruktion belegt die letzte Ausführungsform der Zweiexzentersteuerung, wie sie Stephenson in der Entstehungszeit des «Adlers» verwendete. Es steht fest, daß die Umkehrwellen für die Schieberbewegung in der Mitte der Kröpfung der Innenrahmen lagen, daß ferner

93 Im Sommer 1935 wird im Ausbesserungswerk Kaiserslautern letzte Hand an den «Adler» gelegt. Im Hintergrund die 93 1016 des BW Kaiserslautern. (H. Trautner.)

ADLER

95

96

94 An den warmen Frühjahrstagen des Jahres 1935 wurde in Kaiserslautern gerne im Freien am «Adler» gearbeitet. H. Trautner.

95 Erste Probefahrt im Werksgelände am 23.4.1935. Hinter dem «Adler» ist deutlich der alte zweiachsige Fremdlok-Tender zu erkennen, mit dem im Mai/Juni 1935 weitere Fahrten durchgeführt wurden. Im Hintergrund eine Lok der BR 38^{10}. H. Trautner.

96 Nach dem letzten Schliff in der Güterwagenhalle des RAW Kaiserslautern. H. Trautner.

97 Frisch lackiert im RAW Kaiserslautern, 8.5.1935. H. Trautner.

97

98

98 Das Rahmengestell eines im Nachbau befindlichen Personenwagens.
Archiv Verkehrsmuseum Nürnberg.

99 In einem der Wagen der ersten Klasse sind die Polsterer am Werk.
Archiv Verkehrsmuseum Nürnberg.

100 Ein Blick in das Innere eines Wagens erster Klasse mit seiner vornehmen Polsterung.
C. Asmus.

99

100

101 Der Wagen erster Klasse Nr. 6 nach seiner Fertigstellung im Jahre 1935.
Archiv Verkehrsmuseum Nürnberg.

102 Wagen Nr. 8 mit drei Abteilen erster Klasse im Jahre 1935.
Archiv Verkehrsmuseum Nürnberg.

103 Wagen Nr. 2 mit drei Abteilen der zweiten Klasse nach seiner Fertigstellung 1935.
Archiv Verkehrsmuseum Nürnberg.

104 Der Nachbau des offenen Wagens dritter Klasse 1935.
Archiv Verkehrsmuseum Nürnberg.

die Schieberstangen durch ein Bolzengelenk und nicht durch Schlitzführung betrieben wurden und daß die Hilfshebel zum Bewegen der Schieber stillgelegt werden konnten.

Die auf der Kropfachsmitte gelagerte Exzenterbuchse enthielt die zwei unter 90 Grad stehenden, zu einem Stück kunstvoll zusammengeschraubten Exzenter für die Schieberbewegung der beiden Maschinenseiten. Die Exzenter ließen sich geringfügig auf der Achse nach rechts und nach links verschieben, bis zum Eingriff der auf der Achse festgeschraubten Mitnehmerklauen. Diese Bewegung der Exzenter erfolgte durch den waagrechten Steuerhebel auf der linken Seite der Lokomotivführer. Wie schon bereits einmal erwähnt, stand ursprünglich der Führer der Maschine links. Drei Rasten, welche über der vorderen Geländerbrüstung angebracht waren, hielten den Steuerhebel in den jeweiligen Lagen. Vorwärts bedeutete links, ausgeklinkt Mitte, rückwärts rechts. Die Exzenterstangen waren mit senkrechten Gelenken an die Exzenterscheiben angeschlossen und konnten so die Verschiebung der Exzenter mit ihren hinteren Enden mitmachen, während sie vorne durch die Gabel der Umkehrhebel, in den sie abhebbar gelagert waren, seitlich geführt werden.

Die Umkehrhebel waren auf der Umkehrwelle befestigt. Jede Seite hatte ihre besondere Welle, die in zwei Lagern in der Kröpfung der zwei Innenrahmen der rechten und der linken Maschinenseite gelagert war. Der von den Exzentern betätigte Hebelarm saß am inneren Ende der Welle nach unten. Der die Schieberbewegung vermittelnde Umkehrhebel lag genau in Zylindermitte nach oben. Die zwei äußeren Wellenenden trugen je einen, etwas lägeren nach oben gerichteten Hebel für die Schieberbewegung von Hand. Die Exzenterstangen ließen sich durch einen Fußtritt auf der linken Seite und zweier auf gemeinsamer Welle festgelegter kurzer Hebel mit Spurrollen gleichzeitig von den Bolzen der Umkehrhebel abheben.

Der Handantrieb der Schieber griff rechts und links an den nach oben gerichteten, am äußeren Ende der Umkehrwellen sitzenden Hebel ein. Diese Hebel sind über das Bolzenloch hinaus gabelförmig verlängert. Durch Verlängerung konnte die in den Bolzen eingreifende Zugstange nach oben ausgehoben und somit außer Wirksamkeit gesetzt zu werden.

Die Zugstangen wurden durch die auf gemeinsamer Welle an der Feuerbüchsrückwand sitzenden, aber unabhängig von einander zu betreibenden langen und nach vorne gebogenen Handhebel betätigt. Die Ausschaltung der Hebel erfolgte durch zwei Spurrollen, welche gemeinsam für die zwei Seiten durch einen kleinen Handhebel mit Bügelsicherung gehoben werden konnten und dabei die Zugstangen außer Eingriff brachten. Die Schieberstangen wurden je von zwei Laschen in der Mitte aufgenommen und von rückwärts durch den Umkehrhebel betrieben. Sie sind unter dem mittleren Kesselträger nochmals gelagert.

Die Dampfverteilung erfolgte durch zwei Schieber für jede Seite. Die Anordnung hatte den Vorzug kurzer Dampfkanäle und geringerer schädlicher Räume und brachte eine Dampfersparung von nahezu 4% gegenüber einer Lokomotive mit gewöhnlichen Schiebern. Die alten Lokomotiven und auch der «Adler» liefen außerordentlich gut an. Ein Versagen beim Anfahren war fast unbekannt. Es kam deshalb auch kaum vor, daß eine Lokomotive aus diesem Grund im Stillstand hätte umgesteuert werden müssen.

Das Umsteuern war sehr leicht, wenn man bei den letzten Radumdrehungen in der einen Fahrtrichtung durch Ausklinken und Einrücken des Steuerhebels in die andere Fahrtrichtung die Umsteuerung vornahm. Man machte es sich zur Regel, den Steuerhebel niemals im Stillstand auszurücken, sodaß man immer nach irgendeiner Richtung anfahren konnte. Mußte doch einmal die beabsichtigte Fahrtrichtung geändert werden, so schadete es nicht, wenn das stillstehende Fahrzeug oder der Zug ein paar Meter im alten Richtungssinn anlief, die zum Umsteuern genügten. Diese Art des Umsteuerns ging ohne den geringsten Kraftaufwand vor sich, weil die Arbeit der Umsteuerung vom Fahrzeug selbst geleistet wurde. Übrigens hatte Stephenson ursprünglich die Umsteuerung durch einen Fußtritt vorgenommen. Wenn er bei den letzten Ausführungen der zwei Exzentersteuerungen zum Handhebel überging, so bekundete er damit selbst, daß auch er die Handhebel und Exzenterausklinkeinrichtung nicht mehr für so unbedingt nötig hielt. Es war nämlich bei jeder Benützung der Handhebel notwendig, daß der Heizer dem Führer zu Hilfe kam.

Beim Hinterstellen der Lokomotive oder bei Arbeiten unter der Maschine klinkte man die Exzenterstangen aus, stellte mittels der Handhebel die Schieber auf Abschluß und klinkte die Handhebel wieder aus. Diese Art der Sicherung war einwandfrei, sie war auch im Reglement vorgeschrieben und notwendig.

Ansonsten wurde nur in Ausnahmefällen von den Hilfseinrichtungen Gebrauch gemacht. Es muß gesagt werden, daß ihre Betätigung zum Umsteuern umständlich war und Kraftaufwand erforderte. Beim «Adler» war es nötig, daß der Heizer beisprang und mittels der zwei Handhebel die Exzenter in Umdrehung setzte, während der Führer den Steuerhebel bediente.

Von der Bewegung der Lokomotive bei ausgeschalteten Exzentern von Hand durch den Handhebel allein, war viel be-

105 Der offene Wagen dritter Klasse in den Räumlichkeiten des Museums Nürnberg.
C. Asmus.

106 Der «Adler» mit seinem Zug bei den ▷ vom 14.7.1935 bis 10.10.1935 stattfindenden 100-Jahr-Feierlichkeiten auf dem Ausstellungsgelände in Nürnberg. E. Schörner.

107 Zum 100jährigen Jubiläum der Deut- ▷▷ schen Eisenbahn 1935 in Nürnberg wurde dem Publikum als Kontrast zum «Adler» die neueste Dampflokomotive in Form der 01 150 gegenübergestellt. Archiv Verkehrsmuseum Nürnberg.

01 150

ADLER
2

richtet worden, und man stellte sich das als sehr schwierig vor, weil man glaubte, von Hand die Bewegung der Schieber mit der 90gradigen Phasenverschiebung gegen die Kurbel nachmachen zu müssen. Allerdings war dies nicht der Fall. Wollte man z. B. mit dem «Adler» auf kurze Strecke mit von Hand bewegten Schiebern fahren, so stellte man zunächst mittels der Handhebel alle Schieber auf Abschluß. Dann wählte man sich zum Einleiten der Bewegung eine Kurbelseite aus, die günstig stand. Das war sehr leicht, da ja die Kurbeln dem Führer unmittelbar vor Augen lagen.

Man überlegte sich nun, ob diese Kurbel Druck von vorne oder von hinten benötigte, öffnete den Regler und legte, wenn die linke Kurbel z. B. vorne Druck benötigte, den linken Handhebel kurz etwas mach vorne und gleich wieder auf die Mittelstellung. Die Lokomotive lief dann an, beschleunigte leicht, um sobald man über den Totpunkt gelangt war, wieder zu verzögern. Der entstandene Gegendruck gab dem Führer das Zeichen, den gleichen Handhebel auf kurze Zeit nach hinten zu legen, worauf sofort der Gegendruck in den Kamin abgelassen wurde und neue Beschleunigung erfolgte. Bei dieser Methode arbeitete man nur mit einer Maschinenseite, worin die Lösung des Problems lag. Am Tender fiel das hölzerne Rahmengestell auf, welches höher gebaut war als der Lokomotivrahmen, und höher, als es die Federn und die Bremsen erforderten. Vermutlich sollte damit bezweckt werden, den Pumpen das Wasser immer unter Druck zuzuführen und den Kohlenraum zu vergrößern. Auf jeden Fall machte die hohe Lagerung des schweren Wasserkastens einen bedeutenden Aufwand an hölzernen Diagonalverstrebungen und sonstigen schweren Verbindungen nötig. Der Wasserkasten des «Adlers» hatte einen Inhalt von 2 m^3, der Kohlenraum von 1 m^3, der Tender wog voll ausgelastet 6,2 t. Die Bremse war nur auf der linken, der Führerseite, angeordnet und wurde durch einen Keil betrieben, welcher auf zwei Holzklötze wirkte. Diese mußten deshalb häufig nachgestellt werden. Die Bremse war sehr wirksam. Der Zugapparat war mit einer Blattfeder gefedert, die Puffer hatten als Unterlage runde Ledersäcke mit Roßhaarfüllung.

Nachdem der Nachbau des «Adlers» vollendet war, wurden Probefahrten durchgeführt, hierbei wurden der Maschine ein alter zweiachsiger Tender mit 23 t Dienstgwicht, das der ungefähren Bruttolast des Nürnberger Zuges entsprach, angehängt. Mit dieser Last erreichte der «Adler» bei Neigungen von 1:110 bis 1:140 auf einer etwa 8 Kilometer langen Wegstrekke eine durchschnittliche Geschwindigkeit von 33,7 km/h. Auf der Horizontalen beförderte die Maschine ohne Schwierigkeiten dieselbe Last mit 40 km/h.

Mit seinem eigenen Tender gekuppelt erreichte der Nachbau des «Adlers» auf horizontaler bzw. schwach geneigter Strecke eine Höchstgeschwindigkeit von 75 km/h und auf 15 km Länge eine Durchschnittsgeschwindigkeit von 70 km/h.

Auf der im Jahre 1935 bei der 100-Jahrfeier der Deutschen Eisenbahn angelegten großen Austellungsbahn von rund 2 km Länge, hatte der «Adler» mit seinem aus fünf Wagen bestehendem Zug von insgesamt 23 t Gewicht während seines Einsatzes rund 5400 km zurückgelegt und hierbei über 200000 Personen befördert. Während der dreimonatigen Ausstellung lief der Adlernachbau ohne jegliche Störung.

Herr Regierungsbaumeister Dipl.-Ing. H. Trautner war vom 16.1.1935 bis zum 31.12.1935 im Reichsbahn Ausbesserungswerk Kaiserslautern, technische Abteilung, als Baureferendar tätig. Ergänzend teilte er zum «Adler-Nachbau» folgendes mit:

Verantwortlich: Werkdirektor Reichsbahnoberrat Carl Klensch
Konstruktionszeichnungen: Reichsbahn-Obersekretär Hermann Fernschild

Januar 1935:
Versuche mit Fahrgestell im Probegleis von 18 m Radius

23. März 1935:
Kessel-Dampfdruckprobe und Einstellung der Sicherheitsventile. Betriebsdruck 6,3 bar, Probedruck 11 bar.

11. April 1935:
Steuerung bei kaltem Kessel auf ca 60% Füllung eingestellt, durch Bewegen (mit Werkslok) kontrolliert und berichtigt.

13. April 1935:
Erste Probefahrten im Werksgelände (Fernschild, Trautner). Vorwärtsfahrt einwandfrei, Rückwärtsfahrt nur mit ausgeklinkten Exzentern und Betätigung der Schieber von Hand möglich.(Rückwärtsexzenter waren um 180° versetzt aufgeklemmt).

15. April 1935:
«Adler» mit kaltem Kessel hochgebockt, Exzentereinstellung berichtigt. Triebwerk mit geringem Luftdruck –ca 2 bar– über längere Zeit erprobt.

23. April 1935:
Probefahrten im Werkshof. Kleine Steuerungskorrekturen zur Berücksichtigung der Wärmedehnung des Kessels. Handbetätigte Kolben-Speispumpe (unter dem Führerstandsboden angeordnet) erprobt. Schmierpresse zur Zylinderschmierung – an Innenseite der linken Rahmenbohle neben Rauchkammer angebracht – eingestellt.

26. April 1935:
Erste Streckenprobefahrt nach Enkenbach. Wenden im Gleisdreieck bei Hochspeyer.

27. April 1935:
Streckenprobefahrt nach Mannheim a. Donnersberg (dort Drehscheibe). Auf Steigung 1:250 (Kaiserslautern-Hochspeyer) wurde die Geschwindigkeit mit «mäßiger» Regleröffnung bis 75 km/h gesteigert. Bemerkenswerte Laufruhe!

Mai/Juni 1935:
Nacharbeiten. Lastprobefahrten mit Fremdlok-Tender. Anstrich von Lok und Tender in staubfreiem Raum.

2./3. Juli 1935
Fahrten im Werkshof zur Schulung des Nürnberger Personals mit angehängtem Salonwagen der ehemal. Pfalzbahn. Eine geplante «Triumpffahrt» mit dem NS-Gauleiter Josef Bürckel in diesem Wagen durch das soeben wiedereingegliederte Saarland entfiel, da der Gauleiter in letzter Minute verhindert war.

5. Juli 1935:
Fahrt nach Ludwigshafen und zurück.

8. Juli 1935:
Überführungsfahrt nach Nürnberg.

Für das im Jahre 1960 stattfindende 125jährige Jubiläum der Deutschen Eisenbahn wurde die im Jahre 1935 gebaute Nachbildung des «Adlers» wieder in Betrieb genommen.

Hierzu war es jedoch notwendig, den «Adler» im damals noch existierenden Ausbesserungswerk Ingolstadt unter Leitung von Herrn Bundesbahn-Oberamtmann Siegmund Betzl völlig aufzuarbeiten. Durch die zurückliegenden Kriegsjahre hatte das Fahrzeug sehr gelitten, sodaß eine völlige Zerlegung des «Adlers» notwendig war. So mußte der Kessel mit völlig neuen Rohren versehen werden, auch war es notwendig, den Stehkessel grundlegend aufzuarbeiten. Hierbei wurde der untere Teil des Stehkessels neu angefertigt. Als der «Adler» Mitte 1960 im AW-Ingolstadt fertiggestellt worden war, wurden Probefahrten auf der Strecke Ingolstadt – München unternommen.

Mitte Juli 1960 wurde der «Adler» nach Nürnberg verbracht, um dort in der Nacht vom 20. auf den 21. Juli 1960 eine Probfahrt auf seiner Stammstrecke – nunmehr Sraßenbahn – zwischen Nürnberg und Fürth zu absolvieren.

Die Nürnberger Nachrichten vom 21.7.1960 berichteten hierzu unter der Überschrift «Der ‚Adler' auf seinem alten Weg» wie folgt: «Als heute Nacht die Stadt im tiefen Schlummer lag, zockelte ein fauchendes, feuerspeiendes Ungetüm den ältesten Nürnberger Schienenweg entlang, von der Maximilianstraße hinunter nach Fürth.

Die letzten Spaziergänger, die noch in der zweiten Stunde des heutigen Tages dort ihres Weges zogen, glaubten sich unversehens um 125 Jahre zurückversetzt: was da, voran ein mächtiger Schornstein auf einer ratternden Dampfmaschine, hintendrein fünf Abteilwägelchen, auf den Gleisen der Straßenbahn daherkam, was nichts anderes als der berühmte ‚Adler', Deutschlands erste Eisenbahn, Sinnbild eines epochemachenden Ereignisses für die Stadt.

Im Schutze der Dunkelheit – denn das ganze Unternehmen sollte sorgsam geheimgehalten werden – absolvierte das Paradestück des Nürnberger Verkehrsmuseums seine erste Probefahrt auf der historischen Strecke der Ludwigs-Eisenbahn für seinen großen Auftritt, den es zur Feier der 125jährigen Wiederkehr seiner ersten Reise am 7. Dezember dieses Jahres haben wird. An diesem Tage soll es gewichtige bundesrepublikanische Prominenz vom Plärrer nach Fürth ziehen und so eine bedeutsame Stunde in der Geschichte der Technik nachempfinden lassen.

Heute nacht nun mußte der ‚Adler' beweisen, daß er noch dazu im Stande war. Seit 1935 hatte er nämlich im Verkehrsmuseum gestanden, ohne daß er sich noch einmal aus eigener Kraft zu bewegen brauchte. Und obwohl es gar nicht mehr jene historische Lokomotive von anno 1835 selbst ist – sie wurde einst nach Augsburg verkauft und dort von den rationalgesinnten Menschen des technischen Zeitalters, zu dem er selbst das Signal gegeben hatte, kurzerhand verschrottet –, sondern eine originalgetreue Nachbildung aus den dreißiger Jahren, steckt in seinem Kessel doch nicht mehr Kraft als in dem seines Vorbildes, das der berühmte William Wilson einst vor den Augen einer ängstlich staunenden Menge in die Nachbarschaft kutschiert hatte.»

Der neue «Adler» war eigens für die Hundertjahrfeier der ersten deutschen Eisenbahn nach den ursprünglichen Konstruktionsplänen zusammengebaut worden. Bei festlichen Gelegenheiten, wie etwa der 900Jahrfeier der Stadt Nürnberg, wurde er zwar zwischendurch wieder einmal aus dem Museum geholt, aber den Nürnbergern doch nur auf einem fahrbaren Untersatz vorgeführt. Auf diese Weise rostete das gute Stück ganz schön vor sich hin, bis man seiner als «Star» des kommenden Festes wieder gedachte.

Daher nahm vor kurzem eine zweite, nichtfahrbare Nachbildung seinen prominenten Platz im Museum ein, derweil er im Ausbesserungswerk Ingolstadt für seine große Aufgabe flottgemacht wurde. Dort hatte er sich gefallen zu lassen, daß man seine ganzen Eingeweide herausbrach und zum großen Teil durch neue ersetzte, besonders, soweit es sich um die Kesselanlage handelte. Natürlich mußte jedes Ersatzteil eigens mit der Hand angefertigt werden. So dauerte die Prozedur eine gehörige Zeit und kostete die Bundesbahn eine Stange Geld.

NÜRNBERG–FÜRTH

108 In der Fröttmaninger Heide nahe München-Freimann entstand anläßlich des 100jährigen Eisenbahnjubiläums der Film «Das Stahltier», in dem auch der «Adler» zu bewundern ist.
Bildarchiv der Süddeutschen Zeitung München.

109 Die 64 244 rollt während der Jubiläumsfeierlichkeiten 1935 am historischen «Adlerzug» vorbei. Sammlung C. Asmus.

110 Auf seine nächste Fahrt auf dem «Adler» wartet der Nürnberger Oberlokomotivführer a. D. Schnitzenberger im Sommer 1935.
E. Schörner.

111 Ein Blick vom Führerstand des Cvt 135 008 auf den historischen «Adlerzug» im Ausstellungsgelände Nürnberg 1935.
E. Schörner.

112 Der «Adler» im harten täglichen Einsatz vor seinen fünf Wagen in Nürnberg 1935. Daneben die 01 146. H. Trautner.

Weil die Arbeit an so alten Vehikeln äußerst zeitraubend ist, wurde die Probefahrt auch schon so lange Zeit vor dem Termin veranstaltet: sie sollte nämlich zeigen, ob einerseits der «Adler» seine Anhänger überhaupt noch «derschleppen» kann und ob die Wagen ihrerseits die atemraubende Geschwindigkeit von 35 Stundenkilometer und dazu die Last der Prominenz ertragen. Nach den Erfahrungen dieser ersten Fahrt, bei der ein paar schwere Gewichte die künftige Passagiere ersetzten, sollten nun die Wagen entsprechend ausgebessert und verstärkt werden.

Nun haben Museumsstücke naturgemäß ihre Tücken. Die Bundesbahn hatte in weiser Erkenntnis dieser Tatsache gleich fünf ausgesuchte Lokführer mit der Handhabung des «Adler» – nach vergilbten Dienstvorschriften und alten Chroniken, die ebenfalls aus dem Verkehrsmuseum stammten – vertraut gemacht. Trotzdem hatte eine ganze Schar von Technikern in der vergangenen Nacht viele Stunden lang damit zu tun, die Sache ins Rollen zu bringen. Lange bevor der «Gespensterzug» auf die Strecke ging, waren im Straßenbahn-Depot Maximilianstraße Männer in verschmierten Monturen am Werk, um Öl ins Getriebe zu spritzen, den Kessel mit Wasser aufzutanken und das Feuerloch wie Großmutters Kanonenofen zu schüren: erst mit Holzscheiten, dann mit Schaufeln voll Kohle.

Immerhin brauchte der «Adler» volle eineinhalb Stunden, bis er neben dem Qualm aus dem Schornstein auch Dampf von sich geben konnte. Da war die Stunde auch schon nicht mehr fern, in der die letzten Großraumwagen die Gleise geräumt und damit die Strecke freigegeben hatten. Die Straßenbahn ging schlafen, der «Adler» erwachte: Schnaubend setzte er sich in Bewegung, ächzend folgten die fünf «Puppenwagen» 1. Klasse und 3. Klasse. Es dauerte eine Weile, bis alle Kupplungen auch wirklich fest waren und die ganze Geschichte halbwegs betriebssicher erschien.

Dann aber schien sich der «Adler» richtig wohlzufühlen auf seiner alten Bahn: er lief, erleuchtet von zwei schwachen Petroleumfunseln und einer elektrischen Lampe am hohen Schlot, die zwar nicht historisch, aber für die Verkehrssicherheit unerläßlich war, «wie geschmiert.»

Aufatmend sahen ihm die Männer nach, die ihm so liebevoll auf die Räder geholfen hatten. Und einer von den Wackeren, die sonst nur pfeilschnelle D-Zug-Lokomotiven unter dem Hammer haben, atmete den schwarzen Kohlenrauch der Romantik genüßlich ein und schwärmte: «Des warn halt nu Zeiten. . .»

Am 7. Dezember 1960 fanden die Feierlichkeiten zum 125jährigen Bestehen der Deutschen Eisenbahn statt. Aus diesem Anlaß verkehrte an diesem Tag der «Adler-Zug» auf seiner alten Strecke noch einmal. Im Laufe des Dezember 1960 wurden regelmäßige Publikumsfahrten des historischen Zuges zwischen Nürnberg und Stein auf der Strecke Nürnberg-Ansbach und zwischen Nürnberg und Mögeldorf auf der Strecke Nürnberg-Hersbruck durchgeführt.

Nach dem Ende des Zweiten Weltkrieges wurde im Jahre 1952 ein weiterer «Adler», jedoch als reines Ausstellungsstück, d.h. also nicht betriebsfähig, angefertigt. An dem Bau dieses Ausstellungsstückes beteiligten sich damals verschiedene Eisenbahnausbesserungswerke. So wurden die Radsätze in Augsburg, der Kessel in Ingolstadt, der Rahmen in München-Freimann, der Tender in München-Neuaubing und das Triebwerk in Weiden angefertigt. Der Zusammenbau dieser verschiedenen zugelieferten Teile erfolgte im Ausbesserungswerk Nürnberg.

Im Hinblick auf das 150jährige Eisenbahnjubiläum im Jahre 1985 entstand in den Filmstudios des Zweiten Deutschen Fernsehens (ZDF) in Hamburg ein weiterer «Adler». In monatelanger Kleinarbeit wurden die Fahrzeuge als zeitgemäße Requisiten für die ZDF-Fernsehserie «Die andere Straße» nachgebaut. Mit Hilfe eines im Tender des «Adlers» eingebauten Auto-Motors kann sich der «Adler» sogar aus eigener Kraft bewegen und dabei mit Hilfe von Dampfpatronen auch Dampfwolken ausstoßen.

Diese Fernsehserie spielt in der Zeit von 1846 bis 1848 und schildert die Geschichte eines armen Bauernjungen, der schließlich bei der Eisenbahn Arbeit findet und auf seinen späteren Lebensstationen auch immer wieder mit der Eisenbahn in Berührung kommt. Die Außenaufnahmen zu dieser Fernsehserie werden in einer Deutsch-Jugoslawischen Koproduktion nord-östlich von Belgrad gedreht. Die Innenaufnahmen entstehen im Studio Hamburg.

113 Rauchkammer, Kessel und Stehkessel des «Adlers» bei seiner Aufarbeitung im Ausbesserungswerk Ingolstadt im Jahre 1960.
Sammlung S. Betzl.

114 Einer der Zylinder des «Adlers» bei der Aufarbeitung 1960.
Foto: Sammlung S. Betzl.

115 Der Kessel bei der Wasserdruckprobe im Ausbesserungswerk Ingolstadt.
Foto: Sammlung S. Betzl.

116 Dieser Blick in die Rauchkammer des «Adler» ist besonders interessant, da hier entgegen den späteren Gepflogenheiten im Lokomotivbau im Innern der Rauchkammern die beiden Zylinder mit ihren Schiebern untergebracht sind.
Sammlung S. Betzl.

117 Die Aufarbeitung des «Adler» im Ausbesserungswerk Ingolstadt nähert sich ihrem Ende. Der Kessel hat inzwischen seine Holzverkleidung wieder erhalten. Stehkessel und Rauchkammer sind bereits lackiert. Sammlung S. Betzl.

118 Der Kessel wird auf das Fahrgestell aufgesetzt. Ausbesserungswerk Ingolstadt 1960.
Sammlung S. Betzl.

119 Der «Adlerzug», besetzt mit historisch gekleideten Fahrgästen, in der fränkischen Landschaft im Herbst 1960.
Archiv Verkehrsmuseum Nürnberg.

120 Im Herbst des Jahres 1960, anläßlich der 125Jahrfeier, fand eine Pressefahrt des «Adler» auf der Strecke Nürnberg-Gräfenberg statt. Die hier gezeigte Aufnahme entstand bei Kalchreuth. Archiv Verkehrsmuseum Nürnberg.

121 Zum 125jährigen Jubiläum der ersten Deutschen Eisenbahn veröffentlichte die Deutsche Bundespost diese Sondermarke.
Sammlung C. Asmus.

122 Ebenfalls bei Kalchreuth entstand dieses Foto im Herbst 1960.
Archiv Verkehrsmuseum Nürnberg.

120

121

122

123

123 Deutlich sind die auf die verschiedenen Wagen verteilten Bremser zu erkennen. Auf einem der Wagen befindet sich ein sogenanntes «Kabriolet», von wo aus der ganze Zug zu überblicken ist. Dr. F. Asmus

124 Dezember 1960, Nürnberg-Hauptbahnhof. Dr. F. Asmus

125 Gestern und heute, Nürnberg-Hauptbahnhof, Dezember 1960. Dr. F. Asmus

126 Langsam rollt der «Adler» mit seinem Zug aus dem Nürnberger Hauptbahnhof, Dezember 1960. Dr. F. Asmus

124

125

126

127 Im Bahnbetriebswerk Nürnberg-Hauptbahnhof Dezember 1960. K. Habler.

128 Der «Adler», hier die betriebsfähige Nachbildung aus dem Jahre 1935, in der Fahrzeughalle des Verkehrsmuseums Nürnberg.
J. M. Mehltretter.

129

131

130

129 Für einige Jahre stand der nichtbetriebsfähige «Adler»-Nachbau auch im Deutschen Museum in München. Neben ihm die berühmte bayerische S 3/6 Schnellzuglokomotive.
E. Schörner

130 Der «Adler»-Nachbau im DB-Ausbesserungswerk in München-Freimann. Im Hintergrund die E 19 12. E. Schörner

131 Das Treibrad des «Adler». C. Asmus.

132 Blick auf den Führerstand des «Adler»-Nachbaues aus dem Jahre 1952. Als die Aufnahme im Oktober 1983 entstand, war der betriebsfähige «Adler» zur Wiederaufarbeitung für die Feierlichkeiten im Jahre 1985 anläßlich des 150jährigen Eisenbahnjubiläums bereits in das Ausbesserungswerk Offenburg gebracht worden. C. Asmus.

133 Für den Film «Die andere Straße» entstand in den Filmstudios des Zweiten Deutschen Fernsehens in Hamburg im Jahre 1983 ein weiterer «Adler». In den Tender wurde das Vorderteil eines französischen Kleinwagens Renault R5 als Antriebsquelle eingebaut. G. Weden.

134 Der «Adler»-Nachbau aus dem Jahre 1952 war während der Feierlichkeiten im Jahre 1960 in der Bahnhofshalle des Nürnberger Hauptbahnhofes aufgestellt. K. Pfeiffer.

135 Der «Adler» nach seiner Aufarbeitung im Jahre 1960 durch das Ausbesserungswerk Ingolstadt unter Leitung von Herrn Bundesbahnoberamtmann S. Betzl bei seiner ersten Ausfahrt im Bahnhof Ingolstadt. Die Ecken des frisch lackierten Tenders sind noch sorgfältig mit Wellpappe abgedeckt. Sammlung S. Betzl.

136 Oberamtmann Betzl auf Probefahrt mit dem «Adler» 1960. Sammlung S. Betzl.

137 Der «Adler» legt auf seiner Probefahrt im Bahnhof Oberstimm auf der Strecke Ingolstadt-München eine kurze Verschnaufpause ein. Sammlung S. Betzl.

138 Während der Probefahrt im Sommer 1960 begegnete der «Adler» einem Planzug.
Sammlung S. Betzl.

139 In nächtlicher Stunde um 2.15 Uhr des 21. Juli 1960 steht der «Adlerzug» auf seiner Probefahrt vor dem Bahnhof Fürth.
Sammlung S. Betzl.

140 Bevor die nächtliche Fahrt nach Fürth beginnt, wird die Maschine nochmals sorgfältig geölt und überprüft. Sammlung S. Betzl.

141 Im Straßenbahndepot an der Maximilianstraße in Nürnberg startet der «Adler» in der Nacht des 21. Juli 1960 zu einer Probfahrt nach Fürth. Am hohen Kamin trägt er ein drittes, provisorisch angebrachtes Spitzensignal.
Sammlung S. Betzl.

142 Trotz des regnerischen Wetters am 7. Dezember 1960 hat sich die Fürtherstraße in Nürnberg mit Tausenden von Menschen gefüllt, die das seltene Gefährt bestaunen.
Bildarchiv der Nürnberger Nachrichten Nürnberg.

143 Der «Adler» am 7. Dezember 1960 unterwegs von Nürnberg nach Fürth.
Bildarchiv der Nürnberger Nachrichten Nürnberg.

144 Der «Adler» vor dem Fürther-Bahnhof auf seiner Fahrt am 7. Dezember 1960.
Sammlung Stadtmuseum Fürth.

145 Dicht gedrängt stehen die Menschen, um die Jubiläumsfahrt am 7. Dezember 1960 des «Adlers» in der Fürther Straße in Nürnberg mitzuerleben. G. Turnwald.

146 In der Fürther Straße während der Fahrt von Fürth nach Nürnberg am 7. Dezember 1960. H. Koppisch

147 Auch 1960, zur 125Jahrfeier, stand der «Adler» wieder unter Dampf. Hier bei der Ausfahrt aus dem Bahnhof Nürnberg zu einer seiner zahlreichen Sonderfahrten im Dezember desselben Jahres. K. Pfeiffer.

148 Am Sonderzug-Bahnsteig des Nürnberger-Hauptbahnhofes im Dezember 1960 wartet der «Adlerzug» auf seine nächste Fahrt.
K. Pfeiffer.

149 Im Winter des Jahres 1984 fanden ▷ nordöstlich von Belgrad die ersten Außenaufnahmen für den Film des Zweiten Deutschen Fernsehens statt. G. Weden

150 Im Bahnbetriebswerk Nürnberg-Hauptbahnhof begegnen sich im Dezember 1960 am Kohlenhof die moderne und die alte Eisenbahn. Sammlung A. Kauper.

V 200 065
TEE

151 Im Dezember 1960 fanden Sonderfahrten auf der Strecke Nürnberg-Furth im Wald statt; hier der Sonderzug bei Mögeldorf.
G. Turnwald.

152 Bei Nürnberg-Mögeldorf im Dezember 1960. G. Turnwald.

153 Der für die 150Jahrfeier voll aufgearbeitete «Adler» präsentiert sich erstmals dem breiten Publikum am 7. und 8. Juli 1984 im AW Offenburg. B. Wollny.

CHRONOLOGISCHE ÜBERSICHT

18. November 1833:
Gründung einer Aktiengesellschaft für den Bau und Betrieb einer Eisenbahn von Nürnberg nach Fürth.

19. Februar 1834:
Erteilung der Bauerlaubnis und des ausschließlichen Privilegs auf die Dauer von 30 Jahren durch den König von Bayern.

Juli 1834:
Berufung des Kgl. Bezirks-Ingenieurs Paul Denis zur Planung und Erbauung der Bahn. Denis wurde später als Direktor der Bayerischen Ostbahn auf Grund seiner außergewöhnlichen Verdienste in den Adelsstand erhoben.

November 1835:
Vollendung der 6,05 km langen Strecke. Das Gewicht der einköpfigen Stuhlschienen betrug 14 kg/m, zu 3/4 auf Sandsteinwürfeln, zu etwa 1/4 auf hölzernen Querschwellen verlegt. Stuhlentfernung 0,88 m, Stuhlgewicht 4,5 kg, an den Stößen 5,6 kg. Schienenlänge 4,38 m. An Schleppweichen wurden in Nürnberg und Fürth je eine, an kurzen Drehscheiben in Nürnberg 4, in Fürth 2 Stück eingebaut.

3. September 1835:
Verfrachtung der Lokomotive «Der Adler», erbaut von Robert Stephenson, Newcastle F-Nr. 118, nach Rotterdam.

13. September 1835:
Ankunft der zerlegt verfrachteten Lokomotive in Rotterdam und Verladung derselben auf ein Rheinschiff.

7. Oktober 1835:
Ankunft der Lokomotive in Köln, Verladung auf Straßenfuhrwerke, Transport über Offenbach – Kitzingen nach Nürnberg zur Fabrik von Späth am Dutzendteich.

26. Oktober 1835:
Ankunft der Maschinenteile in Nürnberg, Zusammenbau unter Leitung von Wilson mit Beihilfe des Professors Bauer der Polytechnischen Schule zu Nürnberg. Transport der fertigen Lokomotive durch einen Schwabacher Fuhrunternehmer von Dutzendteich auf den Bahnhof Nürnberg.

16. November 1835:
Beginn der Probefahrten auf der nahezu betriebsfertigen Strecke. Versuche mit verschiedenen Brennstoffen.

3. Dezember 1835:
Veranstaltungen von 3 Fahrten für das Publikum. Der Ertrag wurde den Städtischen Armenkassen Nürnberg und Fürth übergeben.

7. Dezember 1835:
Feierliche Eröffnung der Bahn. Die drei Eröffnungsfahrten wurden mit den 9 von Nürnberg und Fürther Meistern gebauten Personenwagen durchgeführt.

8. Dezember 1835:
Beginn des regelmäßigen Betriebes, vormittags mit Pferden, nachmittags um 1, 2 oder 3 Uhr mit Dampfkraft, dann wieder mit Pferden.

1836:
Anlieferung der zweiten Lokomotive «Pfeil», ebenfalls erbaut von Robert Stephenson, Newcastle, F-Nr. 148. Ausstattung sämtlicher Personenwagen mit Handbremsen.

14. November 1836:
Der «Kgl. priv. Ludwigs-Eisenbahn-Gesellschaft» wurde die Besorgung des Brief-Felleisens von Nürnberg nach Fürth übertragen. Diese Brief-und Paketbeförderung behielt die Ludwigs-Eisenbahn bis zum 1. Juli 1852, an welchem Tage dieselbe von dem Ober-Post- und Bahnamt Nürnberg übernommen wurde.

1840:
Erbauung der Bahnbrücke über den damals seiner Vollendung entgegengehenden Ludwigs-Donau-Main-Kanal bei Muggenhof. Am 8. Mai wurde das Gleis unterbrochen, am 22. August der Betrieb über die neue Brücke aufgenommen. Der Betrieb auf der Teilstrecke Bamberg-Nürnberg des Ludwigskanals wurde am 6. Mai 1843 eröffnet.

25. August 1844:
Eröffnung der Teilstrecke Nürnberg-Erlangen-Bamberg der Ludwigs-Süd-Nord-Bahn. Inbetriebnahme der «Fürther Kreuzung»,welche zunächst nur für den Personenverkehr über die Haltestelle Poppenreuth der Staatsbahn abgewickelt wurde.

1844:
Von hier ab wurden die seit Eröffnung der Bahn üblichen Pferdefahrten weiter eingeschränkt und der Dampfbetrieb vermehrt. Neue Kropfachse zum «Adler», von Stephenson bezogen, im Dezember 1844 in der eigenen Werkstätte zu Nürnberg eingebaut.

Oktober 1846:
Ersatz der gebrochenen Kropfachse von «Pfeil» durch eine schon früher von Maffei bezogene neue; der Einbau wurde ebenfalls in der eigenen Werkstätte in Nürnberg vorgenommen.

1845/46:
Gründliche Instandsetzung von «Pfeil» (1845) und «Adler» (1846) in der Nürnberger Werkstätte.

1851:
Außergewöhnliche Inanspruchnahme der beiden Lokomotiven anläßlich der Fürther Kirchweih. Das Direktorium hatte bereits in der Erkenntnis der nicht mehr genügenden Leistungsfähigkeit der beiden Lokomotiven im Juli 1851 eine dritte Lok bei Henschel u. Sohn, Cassel, bestellt. Dreiachsig mit freier mittlerer Treibachse, Lang-

rohrkessel, überhängenden Außenzylindern und überhängendem Stehkessel. Während des Baues wurde jedoch mit Rücksicht auf die ungünstigen Erfahrungen mit dieser Lokomotivform in Norddeutschland beschlossen, die Maschine mit Innenzylindern zu versehen.

März 1852:
Anlieferung der dritten Lokomotive «Nürnberg und Fürth» von Henschel, F-Nr. 14, die dann bis 1889, also 37 Jahre, im Dienst stand.

1852:
Verbot der Weiterbenutzung der Lokomotive «Pfeil» durch die Aufsichtsbehörde. «Pfeil» wurde an Maffei verkauft.

Mai 1853:
Anlieferung einer vierten Lokomotive «Phönix», erbaut von Maffei, F-Nr. 127. Die Maschine, ebenfalls eine 1/3 gekuppelte Innenzylinder-Lokomotive mit mittlerer Treibachse, hatte im Gegensatz zur Henschel-Maschine kürzere Heizrohre und einen durchhängenden Stehkessel. Ihr Achsstand war 2,591 m. Die Lokomotive «Der Adler» wurde danach abermals gründlichst instand gesetzt.

1856:
wurde die Außerdienststellung der ersten Lokomotive «Adler» wegen zu geringer Leistung und zu hohem Kohlenverbrauch beschlossen und eine Ersatzlokomotive «Adler» benannt, bei Maffei in Auftrag gegeben. F-Nr. 279. Dies war somit die 5. Lokomotive der Bahn.

28. Mai 1857:
Erste Fahrt der neuen «Adler», die grundsätzlich die nämliche Bauart wie die «Phönix» aufwies, nur etwas längeren Achsstand hatte, 2,692 gegen 2,591 m. Die alte «Adler» wurde nach 22jähriger Dienstzeit nach Ausbau der Radsätze und einiger wichtiger Ersatzteile an Herrn Direktor Riedinger in Augsburg verkauft. Es standen somit drei neue Lokomotiven im Dienst, außerdem nur noch 3 Pferde, die vorwiegend den Rangierbetrieb auf der Fürther Kreuzung besorgten.

1860:
Verstärkung des Oberbaues. Die 14 kg-Schienen wurden durch solche von 17,2 kg ersetzt. Der anwachsende Güterverkehr zwischen der Fürther Kreuzung und Fürth einerseits und der Fürther Kreuzung und dem Gaswerk Nürnberg andererseits (das Gaswerk lag an der Rothenburger Straße nächst dem Ludwigsbahnhof) zwang zu dieser Maßnahme.

7. Dezember 1860:
25jähriges Jubiläum der Ludwigs-Eisenbahn. Aus diesem Grunde wurde die Bahn in möglichst vollkommenen Zustand gebracht. Ihre Weiterführung war nach den mit dem Bayerischen Staat geführten Verhandlungen als aussichtslos erkannt, sodaß man sich darauf beschränken mußte, den Nürnberg-Fürther Verkehr möglichst zu verbessern.

1862:
Errichtung der Station Muggenhof. Am 1. Oktober wurde der Pferdebtrieb, der 27 Jahre durchgeführt worden war, endgültig eingestellt.

19. Februar 1864:
Erlöschen des Privilegs. Jedoch genehmigte der König von Bayern, daß der Fortbestand der Ludwigs-Eisenbahn neben den Kgl. Staatsbahnstrekken (Nürnberg-Fürther Kreuzung-Poppenreuth-Erlangen-Bamberg und Nürnberg-Fürth-Neustadt/Aisch-Kitzingen-Würzburg) ohne jeglichen Vorbehalt gesichert bleibe.

1865:
Erbauung des Staatsbahnhofes Fürth zur Bedienung der Strecke Nürnberg-Würzburg.

Dezember 1865:
Indienststellung der 6. Lokomotive «Johannes Scharrer», geliefert von Henschel & Sohn, Cassel, F-Nr. 108. Gegenüber der neuen Lok «Adler» wurden unter ungefährer Beibehaltung des Gesamtachsstandes die Kesselabmessungen beträchtlich vergrößert und Außen-Zylinder angeordnet. Die hintere Laufachse lag nunmehr, im Gegensatz zur «Phönix», unter dem Stehkessel.

1867:
Einführung der elektrischen Telegraphie.

1870:
Vollständiger Umbau des Ludwigs-Bahnhofs Nürnberg. Derselbe wurde mit 3 Gleisen und einer Drehscheibe am Ende der Bahn gegen den Plärrer hin versehen. Das alte, 1853 errichtete Bahnhofsgebäude und der südlich hiervon gelegene Wagenschuppen wurde abgebrochen und ein neues, zweistöckiges, monumentales Bahnhofsgebäude errichtet, der Bahnsteig im Norden wurde überdacht und auf der Südseite eine Anfahrt für Pferde-Fuhrwerke angelegt. Das Maschinenhaus samt Werkstätte wurde westlich des Bahnhofes, also gegen die Ausfahrt nach Fürth hin, verlegt und damit die Personenabfertigung vom Maschinendienst getrennt.

1872:
Ankauf der Lokomotive «Faust» von der Bayerischen Staatsbahn. Diese Maschine, zur Gattung A I gehörend, war 1845 von Maffei geliefert und aus dem Fernverkehr zurückgenommen worden. Sie stand auf der Ludwigsbahn bis 1881 weiter im Dienst, erreichte also ein 36jähriges Dienstalter.

1871:
Ankauf der Schwestermaschine «Peter Henlein», ebenfalls 1845 von Maffei (als F-Nr. 9) geliefert und bis 1880 weiter verwendet.

1875:
Ankauf einer dritten Schwestermaschine der Gattung A I, «Wallenstein», erbaut 1845 von Kessler, Karlsruhe, F-Nr. 27, bis 1886 weiter verwendet. Diese Lokomotive war mit einer Vorrichtung versehen, welche die Dampfzuführung zu einem Zylinder vollkommen abzusperren gestattete, sodaß die Maschine nach dem Instandsetzen bei geringen Leistungsanforderungen einzylindrig arbeiten konnte.

1876:
Umlegung der Bamberger Staatsbahnstrecke von Erlangen über Vach nach dem neu erbauten Hauptbahnhof Fürth, der anläßlich der Vollendung der Würzburger Strecke errichtet worden war. Am 17. Oktober 1876 wurde die Station «Fürther Kreuzung», die am 25. August 1844 eröffnet worden war und einen gewissen Gefahrenpunkt bedeutete, endgültig beseitigt. Der Güterverkehr von der Staatsbahn zur Ludwigsbahn, welcher das alte Gaswerk Nürnberg nächst dem Ludwigsbahnhof mit Kohlen versorgte, wurde nunmehr von der Station Doos bewerkstelligt.

1. Januar 1876:
Einführung von «Abonnement-Billets», die sich vorzüglich bewährten. Schon im ersten Jahr fuhren 23472 Personen «im Abonnement».

1879:
Beginn der Beschaffung von Tender-Lokomotiven, sämtliche von I. A. Maffei geliefert. Dieselben waren zunächst zweiachsig mit unterstütztem Stehkessel, Innenrahmen und eingehängtem Wasserkasten. Es wurden in Dienst gestellt:
1879 die «Bavaria», F-Nr. 1204
1880 die «Pegnitz», F-Nr. 1224, als Ersatz für «Peter Henlein»
1881 die «Franconia», F-Nr. 1248, als Ersatz für «Faust»
Später wurde ein Versuch mit einer 2/3 gekup-

pelten Tenderlok mit vorderer, fest gelagerter Laufachse, ähnlich der Gattung D IX der Bayerischen Staatsbahn, gemacht.

1879:
Verlegung eines neuen Oberbaues mit Breitfußschienen.

Oktober 1879:
Eröffnung der Straßenbahn-Linie Nürnberg-Muggenhof-Fürth, mit Pferden betrieben.

7. Dezember 1885:
50jähriges Jubiläum der Bahn, festlich begangen unter Leitung der Bürgermeister von Nürnberg und Fürth, Freiherrn von Stromer und Langhans. Grundsteinlegung des Kunstbrunnens in Nürnberg auf dem Plärrer und des neuen Ludwigsbahnhofs in Fürth.

1886:
Beschaffung der ersten 2/3 gekuppelten Tender-Lokomotive «Daniel Ley», erbaut von Maffei, F-Nr. 1414, an Stelle der außer Dienst gestellten «Wallenstein».

1887:
Außerdienststellung der im Jahre 1866 beschafften Henschel Lokomotive mit Schlepptender «Johannes Scharrer» und Inbetriebnahme einer zweiachsigen Tenderlokomotive gleichen Namens, geliefert von Maffei, F-Nr. 1453. In dieser Zeit bis 1889 standen 8 Lokomotiven in Betrieb: 3 alte Lok mit Schlepptender, nämlich: «Nürnberg und Fürth» (Henschel), «Phönix» (Maffei) und «Adler II» (Maffei) und 5 neue Tender-Lokomotiven, nämlich: die 4 zweiachsigen Lok «Bavaria», «Pegnitz», «Franconia» und «Johannes Scharrer» und die dreiachsige «Daniel Ley».

1891:
Legung eines zweiten Gleises von Muggenhof bis zur Nürnberger Stadtgrenze. Lokomotiven und Wagen wurden mit Westinghouse-Bremsen versehen.

1893:
Verlängerung des zweiten Gleises von der Nürnberger Stadtgrenze bis zur Einmündung in den Nürnberger Ludwigs-Bahnhof. Ab 7. Dezember 1893 Betrieb der Strecke Nürnberg-Muggenhof als Doppelbahn.

7. Dezember 1894:
Eröffnung der Haltestelle Nürnberg-West.

14. Oktober 1895:
Eröffnung der Haltestelle Fürth-Ost.

7. Mai 1896:
Eröffnung des elektrischen Betriebes auf der Straßenbahnstrecke Nürnberg-Maxfeld-Fürth. Die Einnahmen der Ludwigs-Eisenbahn gingen merklich zurück, es wurde jedoch versucht, diesen Verlust durch zweckmäßigere Fahrplanbildung wettzumachen.

1902/03:
Fortsetzung des Doppelgleises von Muggenhof bis Fürth-Ost, wozu vom Bayerischen Staat eine neue Brücke über den Ludwigskanal gebaut wurde. Die alte Brücke wurde am 15. Juli 1903 dem Staat überlassen. Die ursprünglich geplante Weiterführung des Doppelgleises von Fürth-Ost bis Fürth unterblieb wegen eingetretener Schwierigkeiten bei der Grunderwerbung.

1904:
Gleichzeitge Abfertigung der Züge in Nürnberg und Fürth, im Bedarfsfall im Abstand von 15 Minuten. Hierzu wurden folgende Verbesserungen eingeführt: Kupplung der Schranken an den schienengleichen Überführungen und Aufstellung von Flügelsignalen an Stelle der bisher verwendeten Scheibensignale.

15. Mai 1904:
Einführung des 15-Minutenbetriebes von mittags 12 Uhr bis abends 8 Uhr. Die zur vollen und halben Stunde abgehenden Züge hielten zunächst an allen Stationen, die eingeschalteten Züge nur in Fürth-Ost. Der 15-Minutenbetrieb wurde im Laufe der folgenden Jahre ständig weiter ausgedehnt.

1905:
Gegen Jahresende Anlieferung einer zweiten dreiachsigen 1 B-gekuppelten Tender-Lokomotive «Germania», erbaut von Maffei, F-Nr. 2511.

1906:
Lieferung der in gleicher Achsanordnung gebauten Lokomotive «Ludwig», Maffei, F-Nr. 2549, die letzte der 17 Lokomotiven, welche die Ludwigsbahn in Betrieb genommen hatte.

1909:
Gasglühlicht-Beleuchtung System Blau in den Personenwagen eingerichtet.

1920:
Betriebsergebnis mit vernichtendem Defizit:

Einnahmen:	1 577 672,53 RM
Ausgaben:	2 630 848,70 RM
Defizit:	1 053 176,70 RM

31. Oktober 1922:
Letzte fahrplanmäßige Fahrt der Ludwigs-Eisenbahn.

5. Juni 1925:
Abtransport des gesamten rollenden Materials zur Verschrottung durch die leidlich instandgesetzte Lokomotive «Bavaria» zu der «Eisenverwertungsgesellschaft Nürnberg-Dutzendteich». Die Lokomotive «Pegnitz» wurde später instandgesetzt und im Walzwerk Tafel in Nürnberg-St. Jebst noch etwa 10 Jahre verwendet.

QUELLENANGABEN

J. v. Baader: Neues System der fortschreitenden Mechanik, 1822

v. Berger: Erste Eisenbahn in Deutschland, 1836

Prof. Gaiser: Private Aufzeichnungen

H. Haarmann: Das Eisenbahngleis, 1929

Dr. R. Hagen: «Die erste deutsche Eisenbahn mit Dampfbetrieb zwischen Nürnberg und Fürth, Gedenkschrift zum 7. 12. 1885»

Erhard Hauck: «Josef Ritter v. Baader, ein bay. Journalist und Vorkämpfer des deutschen Eisenbahnwesens», 1933

R. v. Helmholtz/W. Staby: Die Entwicklung der Lokomotive im Gebiete des Vereins dt. Eisenbahnverwaltungen, 1930

Carl Klensch: Organ für die Fortschritte des Eisenbahnwesens, Heft 24, Dezember 1935

Claudia Kleppmann: Fürther Heimatblätter, Heft 2/1975

Theodor Lechner: «Die Privateisenbahnen in Bayern», 1920

Prof. G. Lotter: Div. Aufzeichnungen

Kosmas Lutz: Der Bau der bay. Eisenbahnen rechts des Rheines, 1883

Hugo Marggraf: Die kgl. bay. Staatseisenbahnen in geschichtlicher und statistischer Beziehung, 1894

W. K. Mück: «Deutschlands erste Eisenbahn mit Dampfkraft, die kgl. priv. Ludwigs-Eisenbahn zwischen Nürnberg und Fürth», 1968

A. Neumüller: «Der Eisenbahnfachmann», Heft Oktober 1956

Walter Popp: Gründung und Verwaltung der ersten dt. Eisenbahn zwischen Nürnberg und Fürth, 1943

G. Rebenstein: Stephensons Lokomotive auf der Ludwigs-Eisenbahn von Nürnberg nach Fürth in ihrer Ruhe und Thätigkeit dargestellt, 1836

Hektor Rössler: «Technische Beschreibung der Eisenbahn von Nürnberg nach Fürth, 1837

Gustav Schanz: Der Donau-Main-Kanal und seine Schicksale, 1894

Hermann Strach: Geschichte der Eisenbahnen der österreich.-ungarischen Monarchie, 1898

G. Witt: «Die Entstehung des nordostbay. Eisenbahnnetzes», 1968

Ohne Verfasser: Allgemeine Bauzeitung, 1838
Hundert Jahre dt. Eisenbahnen, 1938
Diverse Akten der Ludwigs-Eisenbahngesellschaft

Der Autor dankt folgenden Personen bzw. Institutionen, die zum Gelingen des Buches beigetragen haben:

Dr. F. Asmus, Marktoberdorf
Oberamtmann S. Betzl, Ingolstadt
Bibliothek und Sondersammlung des Deutschen Museums, München
Bildarchiv der Nürnberger Nachrichten, Nürnberg
Bildarchiv der Süddeutschen Zeitung, München
Germanisches Nationalmuseum, Nürnberg
M. Habler, München
Prof. A. L. Hammonds, Halesowen, England
E. Kästner, Schwaig
A. Kauper, Penzberg
H. Koppisch, Neu-Ulm
Oberrat J. B. Kronawitter, München
J. M. Mehltretter, München
A. R. Pilz, Kriftel
K. Pfeiffer, Wien
Stadtmuseum, Fürth
Prof. E. Schörner, Ottobrunn
Stadtarchiv, Nürnberg
Stadtgeschichtliche Museen Nürnberg, Graphische Sammlung
G. Turnwald, Ebersberg
Dipl.-Ing. H. Trautner, Walluf
Verkehrsmuseum, Nürnberg
G. Weden, Hamburg
B. Wollny, Stuttgart

Besonderer Dank gilt meiner Frau Renate sowie dem Ehepaar Heinz und Elfriede Krauße, Uffing, die mich bei den umfangreichen Arbeiten unterstützten.

Zu den von Prof. E. Schörner stammenden Aufnahmen sei auf das vom Eisenbahnclub München e. V. herausgegebene Buch «Einer Hundertjährigen auf der Spur» verwiesen.